Bernard Williams,
Shame and Necessity

# 恥と運命の倫理学

道徳を乗り越えるためのギリシア古典講義

バーナード・ウィリアムズ

河田健太郎・杉本英太・渡辺一樹 訳

慶應義塾大学出版会

パトリシアへ――

ἐταμέροι· τί δέ τις; τί δ᾽οὔ τις; σκιᾶς ὄναρ
ἄνθρωπος. ἀλλ᾽ ὅταν αἴγλα διόσδοτος ἔλθῃ,
λαμπρὸν φέγγος ἔπεστιν ἀνδρῶν καὶ μαίλιχος αἰών.
――Pindar *Pythian* 8.95–97

はかない定めの者たちよ！ 人とは何か？ 人とは何でないのか？ 影の見る夢
――それが人間なのだ。しかしゼウスが光輝を授けてよこす時には、
光芒《こうぼう》が男たちの上に宿って甘美な生が訪れる。
――ピンダロス『ピュティア祝勝歌集』第 8 歌 95–97



Published by arrangement with University of California Press
Through Japan UNI Agency, Inc., Tokyo

目次

## 凡例

・本書は、Bernard Williams, *Shame and Necessity*, Second Edition, University of California Press, 2008 の全訳である。
・ギリシア語の固有名詞や神名については、原則として一般的な表記を採用し、一般名詞については母音の長短を示した。
・原則として促音（パックス）を表記したが、例外的なものもある（アポロンとアキレウス）。
・古典作品からの引用に際しては、原則として既存の日本語訳を忠実に引用したが、文脈に応じて修正を施したものもある。「古典文献一覧」に書誌情報をまとめた。
・原著の強調箇所には傍点を付し、訳者による補足は〔　〕で記した。

# はじめに

本書は、一九八九年春、カリフォルニア大学バークレー校で行ったセイザー講義を元にしている。この連続講義はとくに優れた古典学者が行うことになっており、それゆえ私は、読者と、招聘の栄誉を与えてくれたセイザー委員会に対し、その栄誉にとりわけ感謝しつつも、私が本来古典学者でないことを明示しておかなければならない。私は、古典教育と呼ばれてきたものを受け、哲学者になり、そして、主に古代哲学の研究を通じて古典ギリシア研究に触れてきた者にすぎない。

私がこうしたことに言及しなくてはならないのは、私の古典学の経験が勧めうる限界を、本研究が超えているからである。たしかに私は古代哲学について（第五章ではアリストテレスのある見解について集中的に）論じてもいるが、本書の大部分で議論の対象となっているのは、哲学者ではなく詩人である。しかも私は彼らを、韻を踏みながら哲学している者としてではなく、詩人として論じようと試みた。この点については第一章で私なりの断りを入れている。たしかに、私がその考えに関心を払っている時代のギリシア人たちは、哲学を書かなかったし、哲学として書かれたものは、ほとんど断片的にしか遺されていない。しかしそれが理由で、私は詩に向かったわけではない。

悪しき学究の罪を犯している哲学者は、それを正しく責められるべきである。と同時に、文学研究者のなかには、自分の省察が悪しき哲学を含みうるという考えには至っていないようにみえる者もいるということは述べておかなければならない。彼らはそのリスクを少なくとも自覚すべきであろう。それは、彼らが誤って危ない橋を渡っているということではない——学問には正統（オーソドキシー）か否かの基準があるが、（昔からの冗句《じょうく》だが）哲学は誰にとってもドクサなのである。しかしそれは、学問が少なくとも何か興味深いことを言おうと試みるなら、それ自身の資格証明だけでは最後まで進むことはできない、ということを意味する。真実は、もし何かをしようとするならば、私たちは皆、正しく行うことができることよりも、もっと多くのことをしなければならないということなのである。T・S・エリオットが述べたように、「むろん人は「あまりにも遠すぎるところへ行く」ことができる。そして、あまりにも遠すぎるところへ行くことができる方向でなければ、そもそも行くことに面白みが存在しない。あまりにも遠すぎるところへ行く危険を犯すことのできる者だけが、人がどこまで行くことができるのか、見出すことができる」のである。

エリオットの輝かしい言葉はしかし、ただ勇気を与えるだけではなく、私のような状況にある者にとって警告でもある。文学的テクストを扱うことに慣れていない者が性急すぎて、学の要求する水準を満たせないことがときにあるかもしれない。それは同時に、独創的な批評という基準からすれば、十分遠くにまで届いていないというリスク、説得力がなくて薄っぺらに見えるリスクを冒しているということになる。文学に関する現代の著作に全く影響を受けていない考察は、既知の偏見を単に表現するものだと判明するかもしれない。アマチュアリズムの不利をヒロイズムの報奨へと変える安全な道など存在しないと、私たちは認めなくてはならない。

私のリサイタルの多くで使われた楽器がアングルのヴァイオリン〔下手の横好き〕なのは認めるとして、それでも私に勇気を与えてくれるのは、少なくとも私が幾人かの素晴らしい教師に手ほどきを受けたという事実である。オックスフォードの学生時代、私は二十世紀の最も優れた二人の古典学者、エドワード・フレンケルとエリック・ドッズに教わる幸運に恵まれた。彼らが古代世界を理解するために求めた基準は、全く異なる種類のものであったが、その要求はどちらも高かった。ついでに言えば、二人はどちらもオックスフォードで無条件の賞賛はされていなかった。フレンケルは、学生室の恨みをかってゲルマン的傲慢の権化と評されていた。性急さや思い上がりの誤りを指摘するとき、たしかに彼は厳しかったが、彼の教育から感じ取れたのは、また尊重するよう彼が教えていたのは、文献学的事実のもつ深さや複雑さに向かうときの謙虚さである。また彼はいま生きている人の誰も及ばない量の古典的知識をもっていたが、自分では、例えば彼が「偉大なレオ」と呼ぶ巨匠と比べれば乏しい知識しか持っていないと考えていた。

フレンケルがときに素人から嘲りを受けていたとすれば、ドッズは衒学者から低い評価を受けていた（言うまでもなくある場合には、素人と衒学者は同じ人々なのである）。政治的感情において極めてリベラルであり、社会科学に関心をもち、詩人であり、詩人の友でもあったドッズは深い想像力に満ちた学者でもあった。彼が一九四九―五〇年に行ったセイザー講義は、そのシリーズの中でも最も役に立ち、根強い人気を誇る著作を生み出した。その著作は本研究が関わる主題と最も近いものの一つでもある。彼は私が学生のとき極めて親切だった。だから私は、彼が携わった学究と関係させるには不足があるとしても、この仕事を引き受けたことが彼へのオマージュになると思いたい。

他にも数多くの人々、機関に私は感謝している。一九八一年、私はパリで生産的な年を過ごすことができた。それは、フランス国立人文科学館およびその館長クレマン・エラーのおかげである。同じ年にはケント大学で、本書の一部ともなる材料の草稿をエリオット講義として発表した。その招聘に感謝している、と同時に申し訳なく思っているのは、今あるものがその講義とはだいぶ異なる形に変わってしまったため、その名を冠した書籍の一つとして出すことができなくなってしまったことである。私の考えの幾つかは、一九八六年、ケンブリッジ大学古典学科で招聘されたJ・H・グレイ講義を経て現在のものに近い形に変わっていった。本書の各章の内容について講義や論文で発表する機会を与えてくれた大学には、イエール大学、UCLA、ハーバード大学、ミシガン大学、ウォーウィック大学、ニューヨーク大学がある。以上のすべての機会で、私は有益な議論とコメントに恵まれた。

私は、セイザー講義の招聘を受けた時期と実際講義をしていた時期の間に、バークレー校の一員として迎えられた。セイザー講義は外部機関から講師を招くことが通例であったため、状況は先例がなく厳密には規則から外れるものになってしまった。だが、古典学科の皆は哲学科からのこの訪問者を変わらぬ温かさで迎えてくれた。特にトニー・ロングは、責任者として求められた全てのことをしてくれただけでなく、よき友、また寛大な同僚として、本講義の、とくに第二章のいくつかの題材に関する彼自身の研究成果を惜しみなく与えてくれた。他にもジョバンニ・フェラーリ、マーク・グリフィス、ドン・マストロナード、トム・ローゼンマイヤーといった古典学科の教員には特別に感謝したい。デイヴィッド・エンゲル、クリス・シシリアーニには研究助手として助けてもらった。講義の助けとなるセミナーが二つ、ドレーン・B・タウンセンド・人文学センターで開かれた。そこでは、ポール・アルパース、サミュエル・シェフラー、ハンス・スルガに尽力いただいた。

他にも友人や同僚たちが寛大にもコメントや研究上の援助をしてくれた。本書を準備する様々な段階で、その一部、あるいは全体を読んでもらった人たちもいる。ジュリア・アナス、グレン・ボワソック、マイルズ・バーニェット、ロナルド・ドウォーキン、ヘレーネ・フォリー、クリストファー・ギル、スティーヴン・グリーンブラット、スチュアート・ハンプシャー、スティーヴン・ナップ、ジョナサン・リア、ジェフリー・ロイド、アンネ・ミッシェリーニ、エイミー・マリン、トマス・ネーゲル、ルース・パデル、ロバート・ポスト、アンドリュー・スチュアート、オリヴァー・タップリン、デイヴィッド・ウィギンズ。彼らには様々なかたちで親切にしてくれたことに感謝している。もし誤りがあった場合、その責任が私自身にあることは言うまでもない。

# 二〇〇八年版への序文

A・A・ロング

バーナード・ウィリアムズ（一九二九―二〇〇三）は、この時代の英語圏における、最も偉大な哲学者の一人だった。彼の著述のうちでは、繊細な概念的思考、読者のこころを摑む議論、想像力、文芸作品への感受性、人間らしさに溢れた洞察、これらがめざましい仕方で結び合わされている。ウィリアムズの思考はまた、アカデミックな哲学のうちでは稀有なほどに、一般読者に対して開かれたものである。それは、彼の論文集のタイトルにもなっているように[01]、人間性を理解することへの、とりわけ後期の彼における鋭い関心に由来している。初期の二つの著作のタイトル――『自己に関する諸問題（*Problems of the Self*）』と『道徳的な運（*Moral Luck*）』――も、この人間性を理解するというプロジェクトへの貢献を雄弁に語るものであるし、その早すぎる死の直前に完成させた最後の本である『真理と誠実さ（*Truth and Truthfulness*）』には、その姿勢が特に強く現れている。[02]とはいっても、ウィリアムズは、哲学者たちが学術誌で論じ続けてきた専門的な問題に、背を向けていたわけではない。彼は、人格の同一性、科学的実在論、意志の自由といった主題に関して、数多くの論文を書いてきた。ただ、その輝かしいキャリアのなかで、彼の主題はやがて倫理学へと焦点化されていったのだった。そして、道徳的に望ましい生や有意味な生を送るために、哲学には何ができるのか、また何よりも、哲学には何ができないのか、こういった問いへとウィリアムズは向かっていったのだった。

ウィリアムズが倫理的なものとして理解していた事柄は、今どきの哲学者たちがアカデミアにおいて典型的に理解しているそれよりも、はるかに広い。彼の著述は数多くの政治的な問題を扱っており、そこにおいては、歴史に対する深い関心が表れている。これは、哲学史に対する関心と同時に古典古代の歴史に対する関心でもあり、かく交差する関心は、『恥と必然性（*Shame and Necessity*）』〔本翻訳では『恥と運命の倫理学』〕において見事に示されている。表向き、この著作は、そのタイトルに含まれる恥と必然性という主題、そして、責任と行為者性の主題の、古代ギリシア文学・哲学における扱われ方についての選り抜かれた研究である。ウィリアムズの研究は、とても鋭い観察をもたらすもので、文献学的にも的確である――それは古典学そのものに対する大きな貢献である――だけでなく、彼の哲学的かつ文化的な洞察、そして、我がこととしてテクストに関わるひたむきな姿勢によって、全体をとおして示唆に溢れる研究となっている。彼が、その独特のスタイルで第一章の終わりに語るように、「ギリシア人たちは、私たちが誰なのかだけでなく、誰でないのかをも語ることができる。つまり彼らは、私たちが描く自画像の偽りや偏り、そして限界について告発しているのだ」。

本書の元となったのは、ウィリアムズが一九八九年にカリフォルニア大学バークレー校のセイザー古典文学教授として行った、六つの連続講義である。バークレーの古典学部は、毎年ひとりの研究者を客員教員として選び、任意の主題についての連続講義と大学院の演習を依頼している。セイザー教授職は、古典学の世界においては、ノーベル賞に匹敵するような名誉とされている。たいへん幸いなことに私は、ウィリアムズの在任中に古典学部の主任を務めていたので、彼の講義を聴講するだけでなく、彼をその都度紹介する役をしたし、何よりまた、講義が書籍化されるにあたって彼と議論する機会に多く恵まれたのだった。

職業哲学者ウィリアムズがアメリカで高等教育を受けていたならば、セイザー教授職に必要な古典学研究者の資質が彼にあるのかどうかと、疑う向きもあったかもしれない。というのも実のところ、イギリスの高等学校とオックスフォード大学で学んだことで彼は、望めば古典学や古代哲学の研究者になれるような、語学的かつ歴史的な素養を身につけていたのである。すでに書いたようにウィリアムズは、古典学者よりも独創的な哲学者としてのキャリアを選んだとはいえ、ギリシア文学や哲学への彼の関心が途絶えたわけではなく、それはむしろ、とりわけ後期の著述において、光り続けていた。ホメロスの詩句やソポクレスの悲劇の韻文を語るとき、あるいはそのギリシア語の原文を引用するときに、ウィリアムズが大きな喜びを感じていたことは、その講義を聴いていた誰もが知るところである。ウィリアムズの古典文学への情熱は抜きん出ており、それは聴衆に伝染していた。私たちバークレーの古典学者は、彼以上に古典学の情熱をもった者を選びえなかっただろう。

カリフォルニア大学出版局から一九九三年に初版が出て以来、『恥と必然性』はすぐさま古典の地位を獲得した。本書はそのままでも十分に読みやすいものではあるが、ウィリアムズはこの頃の学者とは異なって、自身の議論やその背景について長々と説明を行うことはせず、むしろ読者自身が思考し応答することを求めるスタイルを取る。本書の議論がもつ力は、注意深い読者にとってはすでに明らかなものだとはいえ、ウィリアムズのそれまでの思考の文脈を踏まえれば、さらなる重要性と魅力を帯びてくる。本書においてははっきり語られないその思考と文脈を、ここで手短に説明しておこう。[03]

ウィリアムズは一九八一年にギリシア哲学についてのすぐれたサーヴェイ論文「哲学（“Philosophy”）」を書いている。[04] 彼はそこで、プラトンの『国家』の登場人物トラシュマコスに現れる「エゴイスティックな……合理性」について、その立場の歴史的根拠と魅力が、ホメロスの英雄たちのように競争と成功を価値とするような「貴族的あるいは領主的な道徳」にあることを指摘する（二四三頁）。ウィリアムズによれば、そのような道徳にとっては、「恥こそが支配的な概念であり、面子を失うこと、嘲笑を受けること、名声を失うことへの恐れが主要な動機となる」。とはいえ、恥は、競争——負けず嫌いで自己主張の激しい手柄争い——での失敗においてだけ現れるものではない。恥は、「自己犠牲的あるいは協調的な仕方で振る舞うことへの期待に応えられないこと」によっても引き起こされる。

これら二つの混同（すなわち、競争における成功への価値づけと恥の機会の混同）は、キリスト教の……見地の基準によってギリシア人の態度をはかることでもたらされる。キリスト教の見地において道徳は、慈愛、自己否定、そして内面の基準あるいは罪（神あるいは自分自身に対する恥）とひとつなぎに結びつけられる。このキリスト教の見地は、自らを道徳的思考における進歩の到達点と捉え、それに至る過程で捨てられた――あるいは少なくとも以前ほどは信用されなくなった――種々のそれぞれに異なる観念を、すべて一緒くたにしてしまう傾向がある。（二四四頁）

凝縮されたこの一節は、あとの時代から読めば、本書の主要な課題をすでに先取りしているともとれる。とりわけ、ホメロスへの着目、恥が競争的な行為だけでなく協調的な行為の動機ともなること、キリスト教道徳への否定的評価、そして、進歩主義的な道徳的態度が混乱しており人間的経験にほとんど即していないことへの批判といった課題である。

この論文において、ウィリアムズはギリシア倫理学のいくつかの側面についての問題を指摘する。例えば、しっかり考えれば人は常に「低俗で刹那的な自己利益よりも……正義に適った行為をする、より強い理由がある」というソクラテス的理念、そして、アリストテレスにおける「性格の合理的な統一性」といった思考である（二四九―二五〇頁）。それでもなお、ウィリアムズは、多くの点において「ギリシア人の倫理的思考は、ほとんどの近代の倫理的思考、特にキリスト教の影響のもとにある倫理的思考と、単に異なっているだけでなく、それよりもはるかによい状態のものである」（二五一頁）と結論づける。

それはいかなる神ももたないし、必要としない。……それは、性格にまつわる問い、そして、道徳的考慮がいかに人間本性に基礎づけられるのかという問いを、中心的で第一義的なものとしている。すなわちそれは、個人にとって生きるのに合理的な生は何かということを問うているのである。それは、空疎な定言命法のようなものを利用することはしない。実のところ――ここまでの説明で「道徳」という語を便宜上しばしば使ってきたものの――それは、道徳というものの概念を全く欠いているのである。つまり、他の種類のそれから根本的に区別されるような特別な意味での道徳的な理由や要求といったものは、全く欠けているのである。

……関連して、公的な「道徳的諸規則」の世界と私的な個人的理想の世界との間の裂け目もない。すなわち、人が他者といかなる関係にあるべきかという問いは、社会の文脈であれ、もっと私的な文脈であれ、いかなる生が生きるに値するかという問い、そして、何が配慮に値するかという問いと、切り離されていないのである。

ウィリアムズは、このような倫理の、ギリシアの哲学者たちによる実際の適用は、そのまま利用可能なものでもなければ、完全に魅力的なものでもないことを認める。私たちは、ギリシアの都市国家に住むことはできないのだし、ましてや奴隷や女性といったものへのギリシア的な態度を支持することはできない。加えて彼は、ギリシアの倫理的思考が、「その後の倫理のほとんど」と同様に、「人間本性の客観的な目的論」に依拠してしまっているとみる。そのような目的論は、「前五世紀のソフィストたちが最初にそれを疑って以来、歴史上、おそらく現代の我々こそが最もそれを自覚的に否定している」ものである（二五二頁）。それでもなお、ウィリアムズは、ギリシアの倫理学が「私たちの道徳についての思考に本当のリアリティを与えてくれる、数少ない思想の一つ」であるとみる。

一九八一年の論文の終盤に至って、ウィリアムズは、主題をギリシア哲学からギリシア悲劇へと転換する。そこで彼は、先に指摘したホメロス的価値への言及と同様、のちに本書で強力に展開することとなる論点を簡潔に記述している。ギリシア哲学が「合理的な自己充足性への一貫した追求の中で」善き生を偶然から切り離そうとしたのに対して、ギリシア文学、とりわけギリシア悲劇は、「偉大なものも脆く、必然的なものも破壊的でありうる」という理解をもたらすのである（二五三頁）。この一節は、ウィリアムズによるニーチェへの条件付きの同意を強く示している。

西洋哲学の基礎にあるギリシア的なものの、範囲の広さ、力強さ、想像力、創造性。こういったものを認めてなお、さらに驚くべきなのは、私たちが、ニーチェの以下の言葉をただしくも真剣に受け止めることができることである。「ヘレネス〔ギリシア人〕の偉大な特徴のうちでも、最も特筆すべきは、彼らが最善とみなすものを反省にかけなかったことである」。

本書とそのもとになったセイザー講義は、ウィリアムズが、このニーチェの格言について、改めて詳細に議論するよい機会となった。彼は明らかにその機会を喜んでおり、実際、本書の中で特に目立つのは、ホメロスや悲劇作家たちに暗黙のうちに示された倫理学や心理学に対して、ウィリアムズが共感をもって議論している箇所である。同様に顕著でありながら、〔M・I・フィンリー編〕『ギリシアの遺産』の論文（「哲学」）とは驚くべき対照を示しているのが、ギリシアの哲学者たち――とりわけプラトン――の道徳心理学に対する、きわめて批判的な身振りである。この転換を理解するには、ウィリアムズが「道徳」とか「道徳システム」と呼ぶものに対して行う懐疑的な挑戦を見ておく必要がある。その議論は、『生き方について哲学は何が言えるか[05]（*Ethics and the Limits of Philosophy*）』においてまとめられており、サーヴェイと本書との間の時期に書かれたものである。

『生き方について哲学は何が言えるか』は、ウィリアムズのそれまでの思考の多くを基礎としつつ、現代の道徳哲学の一貫性や道徳心理学的な妥当性、そして、その実践性に対して、強力な挑戦をもたらすものである。彼は多くの「倫理学理論のスタイル」について議論しているものの、その批判の主要な標的は「特別な道徳的義務の概念」であり、それは、カントに由来していながら、「私たちのほとんどの見方、あるいは、その見方全体の中で緊張しつつ存在しているような一部分である」（原著一七四頁）。道徳的義務の概念において、ウィリアムズが見出す問題は多岐に渡る。その義務が、他の種類の動機全てを乗り越えるという定言性を主張していること。その義務が、何らかの自律的な意志に焦点化されているものの、それが具体的な人の性向、関心、そして社会的役割とは独立にあるということ。そして、最終的には、その義務が、共同体の成員としての生きられた経験から切り離されていること。つまり、倫理的な見方を部分的には共有しつつ、有意味な仕方で個人のものとするような共同体の成員として、人は生きるにもかかわらず、その経験から切り離されてしまっていることである。同書は、哲学的反省がただそれだけで倫理的規範を生み出すという考え、そして、哲学が、具体的な社会的文脈や心理的個別性を捨象しながらも、人々の倫理的な見方を形作ることができるといった考えに対する、全面的挑戦なのである。

ウィリアムズは、以上のように特徴づけられる「道徳システム」の批判を始めるにあたって、それを右に挙げた点でギリシアの哲学的倫理学と比較しようとする。とはいえ、本の冒頭から彼は、ギリシアのものであれ、いかなる道徳哲学も「人がいかに生きるべきかという問いに対して答えを与えうるものなのだろうか」という疑問を立てる（一頁）。それでもなお彼は、「いかに生きるべきか」というソクラテスの問いを、「道徳哲学の最良の出発点」とみなす（四頁）。その問いは、それがもつ一般性において、責務や善に関する特定の「道徳的な」考慮や前提に、何ら肩入れしていないからである。ウィリアムズの用語を使えば、ソクラテスの問いは、「道徳」ではなく、むしろ「倫理」に関わる。ここでの「道徳」とは、義務の概念を強調するような、倫理の狭い形態のことなのである。

『恥と必然性』の主要な対象は、プラトンやアリストテレスよりもさらに遡って、ホメロスや悲劇作家たちである。それらの作品は、ある特別な種類の言説や探究としての哲学——それはプラトンが初めに定めたものであるが――においては、扱われてこなかったものである。それらの作品、とりわけその恥と必然性という鍵概念の扱いにおいて、ウィリアムズは、彼自身の道徳哲学批判を回避するのみならず、「ギリシア人の倫理的概念を理解できるようになった暁には、私たち自身の内にも……認めることになる」〔一一頁〕ような倫理的な見方の、その裏づけを発見するのである（ここで彼が言うギリシア人とは、第一義的には、ソクラテスやプラトンに先立つテクストの書き手のことである）[06]。その次の頁で、またも私たちを釘付けにするような言葉で語るように、「ギリシア人への上から目線の誤解からギリシア人を解放することができるなら、それと同じ過程を通じて自身に対する誤解から私たちを解放することができるかもしれない」。読者の期待が高まったところで、古代と現代を往復するウィリアムズの卓越した能力についてあまりに多くを語りすぎることはやめて、この本に対する個人的な賞賛の言葉を述べて、この序文を閉じよう。

本書は、ギリシア語のテクストを扱う手捌きにおいて素晴らしいだけでなく、ウィリアムズという創造的な哲学者について、また、厳密に「哲学的」な思考とただの「文学的」な思考との間にあるとされてきた陳腐な区別を飛びこえる彼の卓越した能力について教えてくれる点で、おそらく最も示唆に富み、挑戦的である。画期的な論考である「道徳的な運」以来――そこでアンナ・カレーニナと創作上のゴーギャンを繊細に論じて以来――「文学」から説得力のある洞察を引き出すウィリアムズの才能はすでに明らかであったし、それはまた、『真理と誠実さ』におけるルソーとディドロの議論においても見事に現れている[07]。『恥と必然性』について私がとりわけ印象的だと思うのは、慣習的に文芸作品と呼ばれてきた古典的テクストに対して、ウィリアムズが哲学的に取り組む姿勢である。文芸への哲学的思考の模範となるような彼の手引きのもとで、ホメロスやギリシア悲劇の主要な登場人物たちは、倫理学的かつ心理学的な思考の素材を提供しながら、その文脈的なアイデンティティを保っているのである。そして、このことこそ、私が見るところ、ウィリアムズが達成しようとしていたことである――実際に生きられる人間的生、あるいはすぐれた想像力によって描かれる人間的生の、その複雑性に対して忠実な道徳哲学という彼の使命において。

バークレー
二〇〇七年八月

A・A・ロング
カリフォルニア大学バークレー校
古典学名誉教授

## 注

01 『人間性を理解する（*Making Sense of Humanity and Other Philosophical Papers 1982–1993*）』(Cambridge: Cambridge University Press, 1995)。

02 『自己に関する諸問題（*Problems of the Self: Philosophical Papers 1956–1972*）』(Cambridge: Cambridge University Press, 1973; *Moral Luck: Philosophical Papers 1973–1980*. Cambridge: Cambridge University Press, 1981)；『真理と誠実さ（*Truth and Truthfulness: An Essay in Genealogy*）』(Princeton: Princeton University Press, 2002)。

03 以下の文章は、*Bernard Williams*, ed. A. Thomas. Cambridge: Cambridge University Press, 2007 に寄稿した論考を抜粋して使用している。

04 "Philosophy," in *The Legacy of Greece: A New Appraisal*, ed. M. I. Finley. Oxford: Clarendon Press, 1981, pp.101–155. ウィリアムズは、『恥と必然性』ではこの研究について言及していない。なお、このサーヴェイは彼の論文集に採録されている『過去の感覚（*The Sense of the Past: Essays in the History of Philosophy*）』(Ed. M. Burnyeat. Princeton: Princeton University Press, 2006)。

05 *Ethics and the Limits of Philosophy*, Cambridge, Mass.: Harvard University Press, 1985.

06 『恥と必然性』一〇頁〔本書一一頁〕。

07 「道徳的な運」『道徳的な運（*Moral Luck*）』第二章、『真理と誠実さ』第八章。

# 第一章
# 古代の解放

私たちは今では、古代ギリシア人を異国的な人々であったと考えることに慣れている。四十年前、E・R・ドッズは『ギリシア人と非理性』の緒言で、「古代ギリシアの精神世界の一側面」を解釈するうえで人類学的な資料を使うことについて断りを入れた。あるいはむしろ断りを入れるのを断った。[01] 以来、文化人類学で用いられている手法を古代ギリシア世界の諸社会に用いることは、私たちにとって馴染《なじ》み深いものになってきている。こうした手法によって多くのことが成し遂げられたし、とりわけ、当時の神話と儀礼の構造をこうした観点から解明しようとする努力は、近年のうちでも最もめざましい研究成果を生み出してきた。[02]

この手法は私たちと古代ギリシア人の間にある違いを明確にする。伝統的社会で観察者として暮らすという文化人類学者のよく知られた立ち位置は、共同生活を営む人々と彼らを非常に近しいものにしつつも、文化人類学者はその生活を異質なものとみなすことにコミットしている。つまり彼らがそこを訪れる意味は、人間の別の形の生活を理解し記述することなのである。この種の研究は、古代ギリシア人を理解するために役に立つが、それはまず彼らを異質な人々――つまり、彼らの生が当たり障《さわ》りなく近代的な理解に取り込まれる際には、見かけよりもずっと異質な人々――と思わせることになる。私たちは、古代ギリシア人と共に生きることはできないし、共に生きることについて実質を伴うほどの想像力を働かせることもできない。彼らの生のほとんどは私たちには隠されている。こうした理由だけ見ても、古代ギリシア人が他者であるという感覚を私たちが保つことは重要であり、文化人類学の手法は、私たちがその感覚を維持する助けとなるのである。

本書はこうした手法を用いていない。私が論じる主題の多くは、こうした観点からも取り組まれてきたが、私はその議論のほとんどを取り上げていない。[03] その代わり、古代ギリシアの世界について別種の問いを立てたいと私は考えている。それは、古代ギリシアの世界と私たちの世界とを別の仕方で——そして一つの意味ではより密接に——関係づける問いである。しかし私は、古代ギリシア世界がもつ他者性を否定するつもりはない。紀元前五世紀〔古典期〕のギリシア人たちはこれまで想定されてきた以上に結局のところ近代的だったなどと言うつもりはないし、また、ヴィクトリア朝の英国紳士の中には好んでそう考える者もいたようだが、神々やダイモーンたち〔神、神の力〕、穢《けが》れや流血の罪、生贄《いけにえ》、豊穣祭、そして奴隷制といったものがあるにもかかわらず、ギリシア人が英国紳士と実際にはほとんど変わらなかった、といったことを言うつもりもない。[04]

私がしようとしているのは、古代ギリシア人たちが抱いていた理解と私たち自身が抱いている理解との間のまだ認知されていないいくつかの類似性を強調することである。言うまでもなく文化人類学も類似性を引き合いに出す。そうでないなら、文化人類学は研究対象の社会を私たちに理解可能なものとすることはできないだろう。類似性の中には極めて自明なものがある。それは普遍的なニーズ、すなわち、人類がどこにあっても生殖、食、死、暴力を扱うための文化的な枠組みを必要とするということを背景にしている。他方、類似性のなかには無意識的であるがゆえにそれほど自明ではないものもあろう。理論家たちは、あるレベルで私たちが共有している心的イメージの構造に訴えることで、ギリシア神話や儀礼、およびそれらの文学への反映を解明したと主張してきた。本書で述べることはこうした探究と衝突することはないであろう。とはいえ私が強調しようとしている類似性は、これとは異なる次元のものであり、私たちが自他の感情や行為を解釈する際に用いている概念に関わる。私たち自身の考え方と古代ギリシア人の考え方の間にあるこうした種類の類似性が自明でない場合があるとすれば、それは、無意識のうちに隠された構造からその類似性が生じているからではなく、文化的、歴史的な理由で、それらがまだ認知されていないからである。古代ギリシア人と似ているそのあり方の一部に盲目であるのは、私たちの倫理的な状況や古代ギリシア人に対する私たちの関係によるのである。

フィールドに立つ文化人類学者は、生まれ育った生──「近代の生」と呼びうる生活──と比較して、研究対象の生活に何か特定の評価を下すことはない。彼らは研究対象となる人々に対して優越感を抱かない理由を数多くもっている。だがそれらの理由はおそらく、文化人類学者と研究対象という両陣営の間に存する基本的な非対称性をいくらか用心深く見据えたものであり、その非対称性は、一方が他方を現に研究してしまっており、他の人々の研究に用いた理論装置をその関係性に持ち込んでいるという事実が作り出したものなのである。だが、古代ギリシア人との関係となると状況は変わってくる。彼らは私たちの文化的祖先であり、彼らに対する私たちの見方は私たち自身に対する見方と密接に結びついている。このことは常に、彼らの世界を研究する特別な理由であり続けている。ギリシア人の世界を学ぶとは、他の社会の研究の場合にそうでありうるのとは異なり、人間の多様性や他の社会的、文化的成果について知ること、また一方ではヨーロッパによる支配の歴史によって損なわれたり脇に追いやられたりしたものを知ることにとどまらない。そうしたことを学ぶことそのものも自己理解のための重要な助けとなるが、ギリシア人について学ぶとは、もっと直接に自分たちを理解することの一部なのである。このことは、近代的な世界が地球上に広まり、他の伝統を自らの内に取り入れるようになったとしても変わらないであろう。他の伝統は、近代的な世界に異なった輪郭を新たに与えてくれるだろうが、そのことが、ギリシアという過去こそ特別な意味で近代の過去であるという事実を消し去ることはない。

近代が他の伝統を取り入れる過程があるとしても、近代世界はヨーロッパが作り上げたものであり、その創造にギリシアという過去が主要な役割を果たしているという事実が覆ることはないであろう。だがこうした過程にとって、ギリシアという過去の果たした事実はもはや興味深いものとはならないかもしれない。歴史と称する次元では少なくともどこでも、その事実を忘れた方が新しい生にとって、より有益でより生産的だということになるかもしれない。ギリシアという過去が興味深いのはもっぱらそれが「私たちの過去」だからだという想定は、もはや時代遅れである[05]。私たちは、ギリシア人に関する歴史研究が近代社会の自己を理解する仕方と特別な関係にあると述べるためというよりも——そこまでは十分自明なのだから——、むしろ、ここでの自己理解の次元こそ重要なのだと言うための理由を必要としている。私はこうした理由が存在すると信じており、ニーチェはそれを次のように簡潔に述べている。「時代のなかで反時代的に——すなわち時代に反対してそうすることによって時代に向かって、望むらくは将来の時代のためにあるように——活動するという意味をもしもたぬならば、古典文献学が私たちの時代においてどういう意味をもつかを私は知らないだろう[06]」。それゆえ私たちはいまや、自分たちのもつ考えがギリシア人の考えとどう関係するのかを理解しようとしてみるべきである。なぜなら、そうすることは、私たちのもつ考えが様々な仕方で誤ったものでありうることを見て取るうえで特段の助けとなりうるからである。

本書は、ギリシア人の倫理的観念と広く私が呼ぶもの、特に、責任ある行為、正義、また賞賛や尊敬を受ける事柄を行うよう導く動機を対象とする。私の目的は、ある歴史的現実を哲学的に記述することである。復元して私たちの倫理的思考と比較しようとしているのは、一つの歴史的形成物、すなわちギリシア人のもっていた観念である。だが、この比較は哲学的なものである。なぜなら、それは思考と経験がもつ構造を暴かねばならないからであり、そして何よりも、その構造が私たちにいかなる価値をもつかを問わねばならないからである。これから論じるように、ある仕方ではギリシア人がもっていた基本的な倫理的観念は、私たちのものと異なり、しかもより良い状態にあった。他のいくつかの点においてはむしろ、私たちはギリシア人とほぼ同じ理解に依拠しているが、どの程度そうなのかについては認知していないのである。[07]

　これらの主張は、私たちと古代ギリシア人の倫理的関係についての馴染みのある描像に反している。たしかに、ギリシア人がこうした問題に対して抱いていた信念が私たちのものと同じであったと考える者はいないし、現代の道徳とギリシア世界の典型的な立場との間に真の違いはないと考える者もいない。ギリシア人の倫理的観念、また、それと私たちとの関係についての馴染みのある描像とは、むしろ、発展的で進化的、そして——今のところ避けようがないと思われる醜い言葉ではあるが——進歩主義的なものである。現代の学者の中にはこうした描像をはっきり提示している者もいるが[08]、暗黙のうちに当然のことと考えている者が、その背後にもっと大勢いる。進歩主義的な説明によれば、ギリシア人は、行為、責任、倫理的動機、正義などの原初的観念をもっていたが、それは歴史の流れの中で、倫理的経験をより成熟したかたちで定義できる、より複雑で洗練された理解へと取って代わられていったという。この説明で意見が一致しているのは、発展には長い時間がかかったこと、また、改良のうちのいくつかは古代ギリシアという時代が存続する間になされ、いくつかは後の時代を俟《ま》たねばならなかった、ということである。一方、さまざまな改良がいつ起こったのかについては、この枠組みのうちでも意見が一致していない。ホメロス〔前八世紀頃の叙事詩人〕の世界は恥の文化を体現しており、その後、恥のもつ重要な倫理的役割は罪に取って代えられたという考えは広く受け入れられている。その過程は、プラトン〔前四二九—前三四七。アテナイの哲学者〕の時代、あるいは悲劇作家の時代にさえ、すでに相当進んでいたと一部の者には考えられている。ギリシア文化全体が自由と自律を含意する道徳的な罪という十全な観念よりも恥に近い観念に支配されていたと考える者もおり、彼らは、道徳的な罪は近代的意識によって初めて獲得されたと信じている。[09] 同様の見解の相違は道徳的な行為者についても存在する。ホメロスが描く男性や女性は道徳的な行為者ではないと論じられる。次章で検討する影響力のある説によれば、彼らは行為者でさえないとされる。プラトンやアリストテレス〔前三八四—前三二二。哲学者〕が描く人々は行為者だと認められているが、おそらくそれでも道徳的行為者性は欠いている。というのも、これらのいくつかの説明からすれば、彼らには意志というものの適切な理解が欠けているのである。

こうした説明は、歴史的にも倫理的にも深い誤解を招く。そうした説明からは、発達した道徳意識を構成するあれやこれやの要素がいつ生じたことになるのかという問いが生じるが、それらの問いの多くは答えようがない。なぜなら、これらの問いを生じさせる発達した道徳意識という観念が、基本的には神話だからである。これらの理論は、古代ギリシア人の考えと経験を、自由、自律性、内なる責任、道徳的義務といった近代的概念を物差しにして測っている。そして私たちは、こうした倫理的概念そのものを完全にコントロールしていると仮定されている。だが正直に自問してみれば、私たちは、自分たちがこうした概念の中身について何ら明確な考えをもっていないのを見出す。それゆえまた、ギリシア人がもっていなかったと進歩主義者が説明するものが何なのかに関しても、明確な考えを何ももっていないのを見出すことになる。そう私は考えている。

ギリシア人がもっていなかったとされるものを指す言葉はたしかに存在する。それは「道徳《モラリティ》」という語である。もし、ギリシア人の全てであれ一部であれ、彼らには責任だとか是認だとか、とにかくそういった道徳的な観念が欠けていたと言われるとき、それは私たちが進歩主義者の世界にいることを示す確かなしるしとなる。進歩主義的な論者たちは、この「道徳」という語をイタリックで〔強調して〕書くことでそれがもつ議論を救う力を強化する必要があると非常にしばしば感じていた。そのことはおそらく、これらの論者たちが抱いていたある正当な不安の表れであろう。これらの論者たちはこの語がこうした前提を伝えうるのか（あるいはそもそも、それ自体でおよそ何かを伝えているのか）不安を感じており、この語を強調することでそれが内蔵する力を強める必要があると常に感じているのである。

これらの問題——特に道徳についてであるが、それだけでなく近代性やリベラリズム、進歩——について私たちがしばしばもつ考え方はあまりに単純に構造化されているので、いま私が述べたようなことを古典主義的な反動とみなされないように語ることはとても難しい。さらに、先述した最近の人類学的研究やそれ以前の高名な学者の研究は、正当にもギリシア語世界にさらに暗い影をつけてきたため、古典主義的な反動主義者もかなり暗黒とみなされるのはもっともである。だから私は次のことをできるだけ早く、かつきちんと述べておく必要がある。すなわち、私は現代の国家がテオグニス〔前五七〇—前四八五〕の原理に基づいて運営されるべきだと提案するわけではないし、〔アイスキュロスの〕『エウメニデス』の最後の場面がすでにリベラリズムへの危険な弱体化を示しているのではないかと疑う人々の味方になりたいと考えているわけでもない。ギリシア人が奴隷制に対して共有していた態度を復活させようと提案するのでもなければ、ギリシア人の女性に対する態度——つまり、男性がとっていた態度、そしておそらく多くの女性もとっていた態度——を引き続き維持するよう提案するのでもない。

進歩主義と私が呼んでいるものを批判する際、私は進歩が何もなかったと言っているわけではない。それどころか、ギリシア世界そのものに進歩は存在した。例えば、「アレテー」の観念、すなわち人間的卓越性という観念が、ある程度社会的地位による決定から自由になったことはよく知られている。ましてや、私たちとギリシア人との間には評価すべき違いも存在する。問題は、こうした違いをどのように理解すべきかということである。私の考えでは、行為者性や責任、恥、自由といった基本的な倫理的概念の変容という点からでは、この違いをうまく理解することはできない。むしろ、こうした概念そのものを捉え直し、私たちが古代社会とこれらをどの程度共有しているかをきちんと把握することが、近代世界に私たちが幻想を抱いていることを認める一助となるかもしれない。また、そうしたことを通じて、ギリシア人との間にある私たちが価値があるとみなす違いをよりきちんと摑むことができるのである。これは何かを復活させるといった問題ではない。失われたものは失われたのであり、たとえそれがどんな意味をもつのかを知ったところで、多くの重要な面でそれを復活させたいとは思わないであろう。ギリシア世界から生き残っているものはすでに生き残っているのであり、私たちが生き続ける助けに（多くの場合は隠れた形で）なっているのである。[10]

私たちとギリシア人との違いは基本的な倫理的概念の変容という点からは理解することができないと述べるとき、そこには二つの異なる意味が込められている。第一に、私たちの根底にある概念とギリシア人のそれが異なるとしても、両者にある違いのうちで最も重要とされるものは、通常これらの概念に由来しない。さらに第二に、こうした概念の変容は、進歩主義者が想定するほど、大きな転換があったとはいえない。どれほどの変容があったのか、自由や責任、個人の行為者性といった変化してきた観念に私たちがどれほど依拠しているのか、それは結局のところ完全には答えることのできない、捉えどころのない問いである。というのも、こうした問いに答えるためには、私たちが考えていることと、考えていると私たちが思っているだけのこととの間に、明確な線引きをする必要があるからである。これと同じ理由で、より未開とされるギリシア人の観念と対比される「発達した道徳意識」という観念が神話であると述べる際、私は衝突が避けられない二つの異なる考えを導入した。すなわち、こうした意識はある程度は存在するが、それ固有の内容は神話によって構成されているという考え、そして、こうした意識が存在することすらある程度神話なのだという考えである。確実に正しいのは、私たちは、進歩主義者が主張するよりずっと、ギリシア人と共有する諸観念に依存しているということである。そうであるに違いないのは、私見では、より発達しているとされる概念は依存するに足るものをそれほど与えはしないからである。こうした基本概念に関する限り、ギリシア人は頑強な地盤のうえに立っており、それはしばしば私たちのものよりも頑強な地盤だったのである。どのようにしてそうなっているのか、またいかにして、特定のギリシア人がいくつかの点で他のギリシア人よりも、より頑強な地盤のうえに立っていたのかが本書の第二、第三、第四章の主題である。そこでは行為者性、責任、恥に関して論じる。

ギリシア人の倫理的概念は多くの仕方で私たちのものよりも確固としていた。もしこのことが正しいとすれば、それは、例えば正義の問題に関して彼らと私たちの間に存在する違いの内容を否定するのではなく、むしろそれを新しい仕方で理解する道を開くはずである。奴隷や女性に対するギリシア人の態度（これについては第五章で論じる）と私たちとの間にある隔たりを正しく測るには、「道徳」と呼ばれる新しい構造的概念を基準にするのではなく、むしろ、それ自体古代ギリシア世界にまで辿ることができる考察——権力や運、そしてきわめて原初的な正義についての考察——を基準とすべきなのである。

私たちとギリシア人の倫理的概念を比較した場合、とりうる立場は論理的には三つしかないと考えたくなる。つまり、より良いか、より悪いか、ほぼ同じか、のどれかである。しかし、この図式は滑稽なまでに単純化されているうえに、異なる二つの問いを一緒くたにしている。実際、進歩主義の態度はそれを一緒くたにしているのだが、それらを分けることが重要である。一つめは、古代から近代に至るまでの倫理的概念の歴史を、発展や進化といった物語として理解できるのかどうかという問題である。その物語の締めくくりは、私たちの倫理的概念はギリシア人のそれの、より洗練されたより複雑な後継者になったというものだ。そして二つめは、両者の間で賞賛をどう分配するかという問題である。この点は、正統派マルクス主義のような人々によっても例証されている。彼らは、進化論的な観点をとりつつも、まさにその理由から古代の考えや実践を評価することは見当違いだと考えていた。フリードリヒ・エンゲルスなら、例えば古代の奴隷制についての近代の道徳談義に対して与えたのと同じ侮蔑を、進歩主義者の見方にも示したであろう。[11]

　しかし、ここに二つ以上の問いがあるという点は、（マルクス主義者とは異なって）近代的意識の洗練化そのものが問題の一部なのだと考える人々によって、より興味深い仕方で示されている。その一人はニーチェであり、私の探究が非常に密接ながらも、必然的に両義的な関係をもつ著述家である。「ニーチェの、ギリシアのある側面への痛々しく論争的な離反と、他の側面への苦悩に満ちた接近[12]」と最近の批評家がうまく評した面をここで追究するのは論点がずれるが、いずれにしてもニーチェについては二つの点がはっきりしている。一つは、ギリシア世界に対する熱意で、もう一つは、近代性のほとんどの側面に対する激しい嫌悪と侮蔑である。彼の態度が複雑なのは、一つには、自分自身の意識が自分の嫌悪する発展なしには不可能だったというニーチェが常に抱いていた感覚に由来する。とりわけ、彼のものの見方――ギリシアに対してにせよ他の何に対してにせよ――は、高度な反省意識、自意識、内面性に依拠している。ギリシア人には、こうした要素がなかったことが、彼らの魅力の一つであり、さらには力であると彼は考えていた。「ギリシア人は表面的であった。――深さからして」とは彼の有名な言葉だが[13]、この言葉が私の探究のなかで力を発揮する場面は一つにとどまらないだろう。

ニーチェは、この失われた世界への熱情のうちに退くことを馬鹿げたことだと考えていた。進歩主義者の立場が馬鹿げているならば、その単なる逆転も馬鹿げているのだと。私たちとギリシア人との倫理的な関係を理解しようとする場合、ノスタルジー以上のものが必要である。ニーチェの心を打った一つの考えは、ギリシア人はある種の反省と自意識を欠いていたため――彼はギリシア人を進んで子どもに喩えた[14]――ある種の自己欺瞞の能力も欠いていた、というものであった。ニーチェは、仮面を剝《は》ぎ取る者や、誠実さを追求することで最終的に自己破壊に至る者の役割を果たす際、ギリシア人、あるいは少なくともソクラテス〔前四六九―前三九九。アテナイの哲学者〕以前のギリシア人は、後代の人々、とりわけキリスト教とその子孫であるリベラリズムが、強まる自意識の中に隠さねばならなかった力への意志を、公然と露《あら》わにして生きていたという考えを使うのである。

ニーチェのこうした考えは、それだけでみても、私たちの概念と古代ギリシア人の概念との関係を、反省と非反省、回りくどさと率直さといった点から明らかにする。これに照らせば、ギリシア人の立場と私たちの立場の間の類似性や統一性は、アルカイック期〔前七世紀から前五世紀半ばまでの前古典期〕よりも近代的意識においてはさらに深く隠蔽されているとされる人間の基本的な動機の次元で主に生じていることになる。だがこの描像は、私たちの古代ギリシア人理解の裏付けや説明には十分ではない。私は次のように主張したい。ギリシア人の倫理的概念を理解できるようになった暁には、私たち自身の内にも同じ概念を認識することになるだろう、と。私たちが認識するのは概念の内容の同一性である。この認識は、単に古代人と共有している隠蔽されていた動機があったと認めること――それはこの脱構築主義者の詮索が突いた痛い所なのだが――を超えたものである。

実のところ、ギリシア人と私たちの関係を理解する助けになるものとして、ニーチェはこのような考え方よりもずっと多くのものを提示している。ニーチェ的な考えには、この探究の中で再び出会うことだろう。というのも何より彼は、ギリシア人をどう理解するかという問題が、自分たちをどう理解するかという問題と根本で結びついていると考えて問題を設定しているからである。彼はどちらの問題も自分では解決できなかった。彼は、ギリシア人に向かった初期の主要作品『悲劇の誕生』(一八七二年)で顕著に示されている、世界を美的現象とみなす考え方を超えてその先に進んだが、整合性のある政治学を提示するいかなる見解にも到達することはなかった[15]。彼自身は、自分の倫理的、心理学的な洞察を、近代社会についてのまともな説明と関係づける方法を示していない――この失敗は、ニーチェが近代政治について決然としているが酷《ひど》い思想を抱いていたという印象によっては隠し通すことができない[16]。だが私たちは、現代社会において権力が、どのように制限され、いかなる目的で行使されるべきかについて、整合性のある見解としての政治学を必要としている。私たちの倫理的観念が、これまで考えられてきた以上にギリシア人の考え方と共通しているということが正しいとすれば、これは、歴史的真理であるだけでなく、私たちが現在の状況を考える姿勢に影響を与える政治的真理なのだということを認識しなければならない。

このように進歩主義者の観点を否定するからといって、近代とは単なる破滅的な過ちだとか、例えばリベラリズムなどの近代世界に特有の見地は幻想にすぎないといった考えに陥らない方がいい。何人もの哲学者が指摘してきたように、幻想とはそれ自体現実の一部である。そしてたとえ、啓蒙の価値の多くがその擁護者たちが考えていたようなものではなかったとしても、そこにはたしかに何かがある。[17] それらが自己理解に失敗していたとしても、何かしらのものであるという説明に役立つことが、この種の探究に求められている。前に用いた言葉で言えば、私たちが依拠しているものは何なのか。私たちの近代の倫理的理解が現に幻想を含むとしても、それが続いているのは、この理解が認める以上に現実的な人間行動のモデルにこの理解が支えられているからである。これらのモデルこそ、異なる仕方で、そしていくつかの点ではもっと直接的に、古代世界で表現されてきたものである。本章のタイトルが示すように、これらの関係では過去と現在の間に双方向の道が存在する。もし、ギリシア人への上から目線の誤解からギリシア人を解放することができるなら、それと同じ過程を通して、自身に対する誤解から私たちを解放することができるかもしれない。

ギリシア人と私たちの関係に対する哲学的関心から構成されたギリシア人の歴史的な説明とは別に、こうした関心と結びついている別のもっと広大な探究ももちろんありうる。それは、私たちをギリシア人と結びつけている歴史の探究である。だが私は、これを論じるつもりはない。それを追究すれば、西欧世界の精神史のほぼすべてを知るか、ほぼすべてを無視するかのいずれかになるだろう。たしかに古代の諸観念が、改変されたり修正されたりすることなく近代世界に辿り着いた別の歴史の流れに思いを巡らしてみたくはなる。ニーチェの言葉を借りれば、キリスト教が「古代文化の収穫を奪い去る」ことのなかった歴史を夢想するのは魅力的である。[18] こうした夢想にはまりすぎてはならないが、そんな想像が時間の無駄であることが事実だからといって、その世界が不可能だったわけではない。紀元前五世紀から現代へと至る道は、実際に辿った道のり、とりわけキリスト教を経由した道のりを辿らねばならなかったと考える、ヘーゲル的、あるいはより伝統的な宗教的理由のほとんどを、私たちは持ち合わせていない。だが結果的に、私たちが現実に手にしている世界の成り立ちにキリスト教はあまりにも深く関わっているため、オスカー・ワイルドが述べる

「私たちの生活において現代的なものはすべて、事実上、ギリシア人に負うている。時代錯誤であるものはすべて中世紀の遺物である」といった魅力的な見解を受け入れることはできない。[19]キリスト教とは（共産主義と資本主義について東欧で流行《はや》っている言葉を借りれば）、異教から異教へと移りゆくまでの最も長く最も苦しい経路にすぎなかったとみなすのは、決して正しくない。とはいえ、キリスト教が私たちの世界の歴史形成に影響を与えているのは成り行きによるものである。こう考えたところでどうこうできるわけではないとはいえ、キリスト教が占めていた場所を、他の何かが占める、それも非常に異なる他の何かが占める可能性があったことはおそらく正しいだろう。例えば、ピーター・ブラウンが明らかにしたように「二世紀の途中でキリスト教徒たちの間で生まれた新しい考え方が、人間の弱さの本性に関する思想の重心を死から性へと移した」のは特殊な展開であった。[20]古代から近代世界へ移行していくなかでキリスト教が果たした圧倒的な役割は、それを差し引こうとすると他のありえた歴史についてはっきりした考えをもつことができず、そしてその場合の私たち自身にあたる人間をそもそも考えられなくなるという意味で必然的である。とはいえ、キリスト教の役割はこのように必然的でありながらも、そうでない可能性もありえたのである。

　ギリシアの諸観念を取り戻そうとする上で、私は哲学以外の素材にも目を向けることになるだろう。これは特に珍しいことではないが、標準的であるという事実によって、文学作品、とりわけ悲劇作品が私の企てにどう役割を果たすのかについて何かしら語っておく必要性は増しこそすれ、減じはしない。むろん哲学が文学に関心をもつことは、歴史的な理解を目指すこの種の探究に特有のことではない。哲学が歴史に関わらない場合であっても、文学を必要とすべきである。例えば、倫理的な生を反省的に理解しようとするとき、哲学はしばしば文学作品を例にとる。なぜ実人生を例にとらないのか。これはまったくよい疑問で、それには簡潔に答えることができる。[21]つまり、文学作品の代わりに哲学者が自分や読者の前に並べられるものは、人生というよりむしろ出来の悪い文学となってしまうのである。

哲学と文学を比べるとき忘れてはならないのは、ある種の哲学はそれ自体文学であるということだ。哲学者たちは、文学テクストが提起する類いの困難は、自分たちが哲学的なものに分類するテクストにはないと考えがちだが、こうした考えは、多くの場合使い方の選択によって生み出されている。哲学テクストがこのように読まれるとき、その一部がどれほど極端な扱いを受けているのかは心に留めておく必要がある。哲学者が熱心に見つけようとするもの――つまり議論の構造――を抽出する処理においては、大抵の場合ある種のテクストについては明らかに、他の種のテクストよりも再構成が要求される。そして、最も根本的な再編成を必要としたテクストが、ときとして最も興味深い結果をもたらすこともある。しかし、だからといって、それらのテクストがどのように読まれるべきかという文学的な問題が生じないわけではない。こうしたテクストは実際、テクストを再編成する方法を定めようとしている人々に対しそのような問題を引き起こす。事態はただ、哲学史家が自らの目的のために、扱うテクストを、こうした問題を起こさないようなテクストに還元することができるというだけなのである。

こうしたプロセスのコストが特に高くつく哲学者の一人は、目下の探究にとって重要な人物、すなわちプラトンである。彼の場合さらに、これらの問題を議論する際に用いている「文学」と「哲学」というカテゴリーを最初に提示した人物であるという特殊な問題もある。こうしたカテゴリーを開発した彼の作品そのものがそのカテゴリーに従っているということはほとんどありそうにない。たとえ彼が率直に意見を表明していると想定できたとしても、その点は期待できない。例えば、対話篇において権威ある話し手、特にソクラテスによって公言されていた教説を、彼が修正したり揺るがしたりするつもりはなかったと考えることができたとしても。さらに、そうしなかったと考えられる根拠が常にあるわけではないのである。[22]

プラトンのような難しい事例でさえ、哲学史家が扱う典型的な仕方でテクストを扱えば、必ず何か誤りが生じるわけではない。誤るとすれば、それが報われないことが判明する場合や、自分は「本当にそこにある」議論を解明しているとの考えにあまりに強く支配されている場合だけである。強迫観念から解放されれば、その営みは創造的で啓発的なものとなりうる。最近の一部の批評家は、ポスト構造主義的な精神のもと、哲学史家が「哲学」テクストと「文学」テクストを互いにまったく異なるものとして扱うことを攻撃し、同時に、テクストから確定したあるいは特権的な意味を引き出すことができるとする考えを嘲笑する。しかし、まともに受け取ると、二つめの考えは一つめの考えを揺るがすことになる。もし、過去のテクストに対してできることが、それと戯れることだけだとすれば、満足のいく戯れのスタイルの一つは哲学史で求められる再編成のうちにテクストを押し込めることであるかもしれない。

本書で考察の対象となっているテクストの多くは、哲学であるように見えさえしないわけであるが、そう見せることが私の目的ではない。とりわけ悲劇は、私が問いたい問題の多くにとって重要である。しかし、悲劇を哲学として扱ったとしても、あるいはもっと巧妙な論じ方として、哲学に取って代わられた議論の媒体として扱ったとしても、その重要性が明らかになりはしないだろう。[23]同じ理由から、こうした劇は哲学が生み出したものではないという明白な事実を指摘してみたところで、哲学にとってそれらの劇の興味深い点が何でありうるかはまったく分からないままであろう。故デニス・ペイジ卿が、『オレステイア』の作者に関するすばらしい最終評定の中で「アイスキュロスは、何よりもまず偉大な詩人であり、そして最も力強い劇作家である。鋭敏で深遠な思考をする能力は、彼の才能の中にはない」と述べたり、あからさまに堅苦しい言葉でもって「これらの頁を繰っても宗教は遅々として進まず、哲学には居場所もない」と評したりしたのは、この点で（この点に限ったことではないが）混乱があったからかもしれない[24]。

悲劇をこうした観点から考えると、悲劇と哲学との関係を誤解するだけでなく、悲劇を歴史的に理解することもできなくなる。悲劇は、劇中で説明されることのない様々な考えを軸に形成されており、悲劇の歴史を理解するということは、部分的には、そうした考えを理解することであり、悲劇を生み出した社会でそうした考えが占める場所を理解するということである。私たちが手にしているギリシア悲劇はすべて、一つの都市〔アテナイ〕で一世紀以内に書かれた。それらはポリスにとって重要な宗教的祭儀のうちで上演され、その素材の多くは蓄積されてきた伝承を基にしている[25]。最近の研究が明らかにしたところでは、悲劇の話の筋は、都市に蓄積された概念や影響力のあるイメージがはらむ対立や緊張を明確に切り出し表現する役割を担っていた[26]。こうしたすべてを可能にしたのは、非常に特殊な歴史的状況であり、それを理解することは、悲劇が人間の行為や経験のどんな像を提示、あるいは含んでいたか、またそうした像が上演された場に参加した人々の生とどう関係していたのかを問うことを必然的に伴うのである。

つまり私たちは、ギリシア悲劇を歴史的視点から理解する場合でも、それを悲劇として理解しなければならないということである。悲劇とは、たまたま演劇である記録資料でもなければ、たまたま悲劇と称される慣習的形式をもつ演劇というのでもない。悲劇をそれが置かれた歴史的な状況のもとで理解するということは、何よりもその悲劇的効果を捉えることを含んでいる。この関係は、逆から読み解くことで、この悲劇的効果そのものについて解き明かしてくれる。すなわち、悲劇的効果の可能性が、その同じ歴史的状況に関係するのである。こうした問題に関する優れた議論のなかでヴァルター・ベンヤミンは次のように述べている。「歴史哲学のもつ視野は……悲劇論の不可欠の部分である」[27]。

だが、この問題は、私が企てる探究にまつわるある重要な問いをもたらす。古代の悲劇が生まれたあの歴史的契機について説明を与えてきた学者たちの間ではほとんど意見が一致していることだが、この契機には、人間の行為を神的あるいは超自然的な秩序との関係において捉えるという特定の理解が関わっている。ベンヤミン自身もこれを信じていて、「悲劇的なものとダイモーン的なものとの関係は、逆説と両義性の関係にある」ときわめて示唆的に述べている[28]。ギリシア悲劇に関するよく知られた著作のなかで、ジャン＝ピエール・ヴェルナンは「悲劇の歴史的な契機」と題して次のように述べる。

あなたが悲劇的な責任意識をもつのは、人間という地平と神という地平が互いに対置されるほど区別されているにもかかわらず、不可分であるように見えるときである。責任の悲劇的意味は、人間の行為が、反省や議論の主題となりながらも、自己充足できるほど十分に自律した身分をまだ獲得していないときに生じる。悲劇に固有の領域は、人間の行為が神的な力と連動することになる未開拓の領野に位置づけられており、その領野においてこそ、人間の行為はその真の意味を明らかにする。その意味を行為者自身は知らないのだが、彼は、自らの責任を引き受ける際、人と神々との間にある人知を超えた秩序のなかへ自らを差し挟んでいるのである[29]。

この叙述には、ギリシア悲劇の多くで表現されている意識についての主張として多くの真理が含まれている。ヴェルナン自身にとって、これは進化の物語の一部である。悲劇的な立場とは、彼にとって「行為という観念の発達の一段階」なのである。[30] しかし、この進化論的な説明を私は受け入れるつもりはないので、ここに困難が生じる。私が言いたいのは次のこと全てである。行為や責任、あるいは他の私たちの倫理的概念について私たちがもっている考えは、私たちが通常考えている以上に古代ギリシア人のものに近いということ。ギリシア人のもつ観念の意味は、古代の悲劇に表現されており、悲劇のもつ効果にとって中心的でさえあること。悲劇は特定の時代に特定の歴史的な発展のなかで生じたものとして理解されなければならないということ。そして、この歴史的な発展は、私たちの世界の一部をなしてはおらず私たちがおそらく受け入れることのできない、超自然的なもの、人間的なもの、そしてダイモーン的なものに関わる信念にさらに連関していること。こうしたすべてのことがまとめて真であることなどありうるのだろうか。

悲劇作家たちのなかで、目下問題となっている行為と責任の観念を最も力強くかつ挑戦的な形で体現しているのがソポクレス〔前四九七—前四〇六。アテナイの三大悲劇詩人の一人〕であることを考えると、問題はさらに鮮明になるだろう。ソポクレスの韻文は僅かな言葉のうちに、対立し合い、不安を抱かせ、慎重に抑制された様々な意味合いを凝縮させている。[31] 彼の文体は濃密に暗示的であり、それのみで、そうした観念が根底で連関していることに気づかせてくれる。そしてまた、ソポクレスの悲劇にきわめて特徴的な、必然性が形をなしていく感覚にはっきりと寄与している（ソポクレスにおける劇的必然性と形而上学的必然性との関係については第六章で論じてみたい。そこでは、運命論と人間の行為に関する超自然的決定論について考えてみる）。この詩人の作品は概《おおむ》ね、私が論じる多くの考えの中心に位置する。このことは、私の議論が直面する困難を妥協のない光で照らし出すだろう。というのも、ソポクレスが描く人生観や、彼の劇で表現される人間と必然性の間にある関係は、古代宗教の様々な主題と解きほぐせないほどに結びついているように思われるからである。チャールズ・シーガルは、ソポクレスのことを「人間の生に内在する暴力と苦しみを説明する二つの方法、内なるものと外なるもの、心理的なものと宗教的なものを一つに結び合わせた偉大な巨匠」と呼んでいる[32]。ドッズは次のように述べる。

ソポクレスこそ、アルカイック的世界観の最後の偉大な代表者であった。彼は、古代の宗教的な題材のもっている意味を、そういう題材の道徳化されていない残酷な形式の中で、あますところなく展開したのである――それは、神の神秘に直面した人間の無力さの、また、あらゆる人間の功業を待ち受けているアーテー〔狂気、破滅〕の圧倒的な感覚である――そうして、ソポクレスは、これらの思想をヨーロッパ人の文化遺産の一部となしたのであった[33]。

だがこの見解は、非常に明白な仕方で問題を提起している。というのも、これらの思想はどのように、そしてどんな形で、「ヨーロッパ人の遺産の一部」となりえているのだろうか。アルカイックな世界観は、「ヨーロッパ人の遺産」の一部では全くない――少なくとも、私たちが実際にもつという意味においてはそうではなく、そしておよそ遺産はそうしたものであることが期待されるのである。

この問題で重要なのは、私はこれを自分の問題として提示したが、これらの作品が、自律的な人間的行為という観念の発展の過去の一段階とみなすヴェルナンや他の批評家にとっても、私にとってと劣らず実際には問題だということである。少なくとも、こうした批評家が悲劇作品に反応することができ、また私たちに反応することを期待するならばではあるが。もしこれらの悲劇的効果が本質的には二千年以上も昔の超自然的な考え方に基づいているとしたら、私たちはどうしてその作品に反応することができるのだろうか。たしかに、悲劇作品への反応は無媒介ではないかもしれないし、ある程度の知識を要求するかもしれない。翻訳は退屈で、上演されたものは残念ながらしばしば滑稽にみえるかもしれない。だが、その作品の意味を理解するためにある程度の知識と想像力が必要だからといって、私たちがその意味を理解したときの経験が、想像上のタイムトラベルの産物にすぎない——紀元前五世紀のギリシア人のふりをした程度の意味しかない——ということにはならない。それらが私たちにとって何かしら意味をもつところまで到達したならば、それらは私たちにとって意味をもっているのである。現代人の悲劇作品への反応は、それらの劇作品の内容によって決定的に形成されたものでありうることを忘れてはならない。すなわち、一連のイメージがもつ無意識の力だけでは、これを説明するには十分ではないのである。またこの現代人の反応は、グレゴリオ聖歌をある種のラーガ〔インド音楽の旋法〕と解して酔いしれている人のように、単なるありそうもない大きな誤解でもない。悲劇に旅行者としてでなく素直に反応できるという事実は、それだけでほとんど十分に、進歩主義的な説明が認めるよりもずっと、悲劇作品の観客たちと私たちが倫理的に共通していることを示しているのである。

　こうした矛盾が消えるのは、悲劇とその観念世界とがそれらが生じる歴史的状況とヴェルナンが主張するほど密接に結びついているというのが単に正しくないからだと言う人がいるかもしれない。ある意味ではその通りで、その方向の検討は必要である。だが悲劇には実際、超自然的概念、とりわけ必然性に関する超自然的概念が関わっていることはあまりにも明白である。[34] 悲劇作品のこの特徴を避けて、ベンヤミンが正しくも否定したあのあまりに使い古された観念、つまり、たまたまそれらの作品が表現したり引き起こしたりした非時間的な経験という観念に弱々しく頼ることはできない。悲劇作品が要求しているのは、私たちの経験や世界に対する感覚のなかに、それらが表現した必然性との類比を見出すことなのである。

いくつかの次元では、引き算をするだけでスタートを切ることができる。ヴェルナンも次のように述べている。

悲劇の視点からみると、行為すること、あるいは行為者であることには、二重の特徴がある。一方では、自分自身と対話し、賛否を天秤にかけ、目的と手段の連関を見定めるために最善を尽くすことにその本質がある。他方でそれは、未知のものや把握しきれないものに賭けることであり、また、自分には見通せていない土地でリスクを冒すことである。そこには、超自然的な力の戯れに参入することを伴う……ひとはそこで力が成功を用意しているのか災厄を用意しているのか知るよしもない。[35]

この文章から「超自然的」という言葉を削除するだけで、悲劇的なもののかなり生き生きした感覚を残せるかもしれない。しかしそれは、まだはじめの一歩にすぎない。残りの記述が単なる紋切り型ではないはずだとすれば、必然と偶然について、そしてダイモーン的なものを取り去った後それらの意味するものについて、もっと理解する必要が生じるだろう。ギリシア世界および悲劇で表現されているものから私たち自身の意識への移行に関しては、他の点でもより大規模でより精巧な構造的な置き換えが必要だろう。この置き換えを正しく理解することは、歴史的にも哲学的にも大きな課題である。この課題を私は本書で位置づけたい。そしておそらくは、私たちが、その課題が意味することをより明確にするような私たちとギリシア人との関係の理解に達する一助となることを願っている。

オックスフォード大学での講義のなかで、U・フォン・ヴィラモーヴィッツ＝メレンドルフは次のように述べた。「古代の人々に語らせるためには、私たちは自分たちの血を彼らに与えなければならない」[36]。古代の人々が私たちに語るとき、彼らは単に自分たちのことを語るのではない。彼らは私たちについて語っているのである。私たちが彼らに語らせることができるときにはいつでも、彼らはそうする。なぜなら彼らは私たちに、私たちが誰なのかを語るからである。むろんそれは、私たちが彼らに語らせようとする企てのうちで、最も一般的な目的にすぎない。ギリシア人たちは、私たちが誰なのかだけでなく、誰でないのかをも語ることができる。つまり彼らは、私たちが描く自画像の偽りや偏り、そして限界について告発しているのだ。私が思うに彼らは、とりわけ人間の行為者性、責任、後悔、必然性についての私たちの考えに対してそうした告発を行うことができるのである。

第二章
# 行為者性のいくつかの中心

ギリシア文学はホメロスより以前には遡ることができないのだから驚くべきことではないが、「進歩主義的」と私が名付けた立場は、原始的で非反省的で道徳を欠き、そして究極的には非整合的であるような倫理的経験の最も明瞭な表現をホメロスに見て取る。個人の道徳的発達とのアナロジーで言えば、ホメロスに登場する人物たちは事実上、未成熟とみなされる。

この解釈はどこかおかしいはずだと理解するのに、何らかの議論、ましてや哲学的論証も必要ない。というのもこの解釈は、詩そのものの権威の前に崩れ去るからである。ただこうした権威は、未成熟との言いがかりを黙らせるとしても、その解釈の何が誤っているのか、どれほど系統的な誤りを犯しているのかについては、詳しく明らかにはしない。本章とこれに続く二つの章で私は、私たちの倫理的な見地がもつ最も基本的な材料の多くはホメロスに存在すること、また、批評家が自分たちにあってホメロスに欠如していると思っているものは、道徳的成熟によってもたらされた恩恵というよりも、誤った哲学の積もり積もった堆積物だということを示すつもりである。

まず、ホメロスの詩には、様々な意思決定をし、それに基づいて行為する人々が登場する。これをわざわざ述べる必要があるのは異常と思われるかもしれないが、ブルーノ・スネルらが提起し、今も影響力のある理論が存在しており、それによれば人間を行為者《エージェント》という存在として理解するこの根本的な能力さえホメロスにはなかったのである。「ホメロス的人間は自身を決定の源泉とはまだみなしていない」とスネルは述べた。[01] こうした見解をもっていたのは彼一人ではない。クリスチャン・ヴォイトも、ホメロスにおいて「人間は、まだ自分で決定するという概念をもっていない」と述べる。ホメロスを読んだことがあって学者でない人は皆、こうした見解には驚かされるだろう。ホメロスの描く人物たちは常に、何をしようかと考え、そして何らかの結論に至り、行為している。戦場での日常的な例を一つあげてみよう。

デイポボスは二途《にと》に思いめぐらした。
豪勇トロイア勢の一人に退いて助勢を求めるか
それとも単身、相手と一戦を試みるべきかと。
思案の末、上策を思いつき、
アイネイアスを訪ねて行った。[02]

（『イリアス』第一三歌四五五―四五九行）

さらに登場人物たちは、自分のしたことを後悔し、他のことをすればよかったと望むことができ、同種の様々なことをすることができるようにみえる。そうすると、スネルが欠けていると考えていたものは何なのだろうか。

私は「ホメロスの描く登場人物《キャラクター》たち」と述べ、スネルとヴォイトは「ホメロスの人間《マン》」と述べた。スネルとヴォイトの言葉の背景には、詩の言語が、それをもともと読んだり聞いたりしていた人々の概念枠の手引きとなることができるという考えがある。すなわち詩は、その聴衆にとって自然な表現で表されていたとされるのである。この想定は誤っているわけではないが、かなり漠然としている。ホメロスの詩に、男が槍を投げたり、女がその夫に話しかけたりする情景を描く韻文が存在することは誰も否定しない。こうしたことを否定するなら根本から新しい訳を提示するほかない。詩はそうしたことを描いているのだから、それを聴衆は理解できたのである。だが他方で、初期〔紀元前八、七世紀頃〕のギリシア語話者が叙事詩の韻律で、あるいは——本当の問題はここで生じるのだが——叙事詩の詩形に適合する定型句で、互いに話し合っていたと考える者も誰もいない。私たちがテクストからそれを聞く聴衆について推論するためには、テクストの語を理解するために必要とされる前提をはっきりとしておかねばならない。こうした理由から、テクストにあるものから何かを結論することと、スネルがしたように、テクストにないと思われるものから何かを結論づけることとの間には違いが生じる。存在からの推論と、不在からの推論は全く異なるのである。不在が再び問題となる本章の最後で私は、私たちがどのように詩のなかに入ったり詩の外に出たりしうるのかという問いを問い直すつもりである。

意思決定に関するスネルの見解は、より大きなテーゼの一部である。ホメロス的人間が自分で意思決定できないと考える理由の一つは、そうするための自己をもっていないとされているからである。すなわち、ホメロス的人間は、自分自身に対する理解において、私たちが一つの完全な人格とみなすものではなかったのである。私たちはまず、この大きな主張を考察しなければならない。ホメロスによる人々の描写に含まれていないものがたしかに一つある。それは、魂と身体の二元論的な区別である。プラトンの時代〔前四世紀〕までに「魂」のようなものを意味するようになる語、「プシューケー」は、よく指摘されてきたように、ホメロスでは、誰かが意識を失ったり、瀕死の状態にあったり、亡くなっている際にのみ言及される何事かを指している。『オデュッセイア』第一一歌では、オデュッセウスが幾人かの死者を呼び出す冥界では、亡者のプシューケーはふわふわと頼りなく、羨ましいとは思えない状態で存在していると描かれている。[03]

二元論のもう一方も見当たらない。後代のギリシア語で魂に対置される身体に当たる語、「ソーマ」は、アレキサンドリアの学者アリスタルコス〔前二一六頃―前一四四〕によってすでに指摘されているように、ホメロスにおいては死体を意味する。[04] そしてスネルが述べるように、魂と二元論的な対をなすものを意味する語は他に存在しない。[05]「デマス」はそれに近いが、それは目に見える身体を指す（この点で私はスネルに従う）。つまりそれは、英語の「waist」〔日本語の「恰幅《かっぷく》」〕と同じカテゴリーに属するのである。[06] ここからスネルは「身体それ自体に対していかなる用意もない精神性」について語り、「初期のギリシア人は言語および視覚芸術において身体を一つの統一体として把握していなかったようにみえる」と語る。私は視覚芸術に関する彼の捉えどころのない主張について議論するつもりはない。だが、言語に関するかぎり、何かがすでに誤った方向に進んでいることは明らかである。

スネルは、ホメロスに出てくる語彙に四肢に関する様々な語が含まれている事実に注目している。初期ギリシア人は「身体を一つの統一体として把握していなかった」と述べるとき彼が言おうとしているのは、彼らが身体を、部分の寄せ集めとしてしか把握していないということである。しかし『イリアス』のすべての読者は、これが正しいことなどありえないと知っている。この叙事詩最後の、最も胸を打つ場面の一つで、プリアモス〔トロイアの王〕はアキレウス〔ギリシア勢の将〕から自分の息子〔ヘクトル〕の亡骸を取り戻そうとする。そのとき、彼は同行者（実はヘルメス神）に尋ねる。

倅はまだ

船の傍にいるのか、あるいは既にアキレウスが、
遺体の手足をばらばらに切り離して、自分の飼犬どもに与えたのか。
〔ホメロス『イリアス』第二四歌四〇五—四〇七行〕

アキレウスによってヘクトルの遺体はパトロクロス〔ヘクトルによって殺されたアキレウスの親友〕の墓の周りを引き摺り回され、ひどい扱いを受けたが、遺体は奇跡的に傷ついても腐敗してもいないとヘルメスは伝えることができる。

このように至福なる不死の神々は、ご子息の身を気遣っておられる、
屍になられたとはいえ。神々には大層お気に入りの方でしたから。[07]
〔同　四二二—四二三行〕

プリアモスがヘクトルの亡骸全体が保たれていることを望むとき、彼はヘクトルが生きていた時のままであることを望んだ。死体の完全性、プリアモスが望んだ完全性は、死においてしか獲得されないものではない。すなわちそれは、ヘクトルの完全性なのである。[08]

スネルは、ホメロスの描写のうちに自分自身の諸前提に基づいて期待するようなある種の全体的まとまり、すなわち統一体を見出せないので、初期のギリシア人はまとまりある全体の部分部分しか認識していないと推論した。そうすることでスネルは、初期ギリシア人や私たち、そしてあらゆる人間が認識している当の全体、すなわち生きている人そのものを見落としている。彼はすべての人が目《ま》の当たりにしているものを見落とした。ホメロスや他のギリシア人の場合には、こうした見落としは、死にゆくだろうこのもの、もしきちんと埋葬されないなら犬や鳥に食べられてしまうこ

のものが、まさにその人がそれであるものなのだ、とする考えに基づくギリシア人の感受性を破壊するのである。

スネルの生み出した定式化は非常に影響力をもってきたし、そのままの形でさえ今なお影響をもち続けている。スネルの定式化が依拠する諸前提は、それらの定式化のスネル自身による一層極端な表現が拒絶されてきた場合でさえ、議論に歪みをもたらし続けている。[09] たしかに彼の論法は独特であり、それは彼がどこに向かうつもりなのかを彼自身に見えづらくさせている。例えば彼は、次のように述べるのを好む。もしホメロス的ギリシア人があるものを認識していなかったら、それは「彼らにとって存在しなかった」。こうした表現の仕方は、何らかの誤謬をほぼ確実に生み出す。「もちろんホメロス的人間は後代のギリシア人と同様、身体をもっていた」と彼は述べる。「しかし彼らは身体を身体自体として知っていたのではなく、四肢の総計として知っていたにすぎない。これは別の言い方で言えば、現代的な意味での身体をホメロスのギリシア人はまだもっていなかったということである」[10]。すると、ホメロス的人間が身体を「もちろん」もっていたとは、どんな意味でなのかを問うほかないだろう。この不適切な定式化はスネルの議論において何らかの役割を果たしている。すなわち次のような考えを助長している。ホメロス的人間には身体が存在しなかった以上、それがあったはずの場所には空間が残される。ホメロス的人間が透明人間でないのなら、その空間は何かによって埋められていたのでなければならない。それを埋めていたのはその諸部分なのである。しかし、こうした考えはどれも、より重要な何かによって支えられていなければ、ホメロスのイメージをここまで劇的に歪ませることはなかっただろう。その何かとはつまり、魂と身体の区別こそ、後代のギリシア思想だけでなく、私たちの真のありようを記述しているという想定のことである。[11]

この点は、スネルが身体に使ったのと同じパターンの議論を魂に当てはめるとき、非常に明白である。「厳密に言おうとすれば」と彼は書く。「次のように言うしかない。すなわち、私たちが魂として解釈しているものを、ホメロス的人間は、身体器官との類推で定義した構成要素に分けている」[12]。この構成要素には「テューモス」と「ノオス」が含まれる（おおまかに「気性」と「心」と訳す。この点についてはまた戻るつもりである）。彼はまたしても、自分の前提から期待されるもの──つまり、魂──が見つけられないとき、その代わりになる部分を見つけることになる[13]。そして彼は再び、自分の目の前にあるはっきりとした統一体を見落とすのである。オデュッセウスが思いにふけるとき、ナウシカアが彼との別れを惜しむとき、あるいはヘクトルが死について考えるとき、こうした人物たちが、こうしたことを実際にしていることを、彼は否定はしない。それどころか彼は、それをはっきり認めている[14]。しかしそのことによって、自分の求めていたものをすでに見つけているということをスネルは分かっていない。思考や経験をもつために必要とされる統一体が、そこには存在する。それはまさに、考えたり感じたりしているとホメロスの登場人物たちが認識していた統一体、すなわち、彼ら自身である。

しかしながら、魂の場合、身体より複雑であり、スネルが基礎にしている理由に関するさらに深い論点も明らかになる。私たちは実際、身体についてある概念をもっており、自分たちがそれぞれ一つの身体をもっていることに同意する。しかし、プラトン、デカルト、キリスト教、スネルには申し訳ないが、私たちはそれぞれが一つの魂をもっていることに同意しているわけではない。ある意味で魂は身体より、思弁的かつ理論的な概念である[15]。そしてそれと同様に、身体の目に見える部分への分割については、理論的なものは何もないか、あるいはそれほどないのに対して、スネルによれば、「テューモス」、「ノオス」、その他は、原始的な心の理論に寄与する。ホメロス的人間はスネルにとって、諸部分のみに訴え、魂全体を認識していない初歩的な心の理論をもつのである。魂全体は心に関するより洗練された理論にしか登場せず、スネルの見方によればそれが正しい理論なのである。いまや彼の前提はずっと複雑であることが分かる。すなわち、すべての人は心の理論を必要とし、その心の正しい理論が魂の理論なのである。[16]

このように理論に訴えることで、事態は身体の場合よりさらに複雑にはなるが、犯されている誤りは基本的には変わらない。「テューモス」や「ノオス」といった語や、ホメロスが心の働きとの関係で用いた他の語、例えば「プレーン」のような語は、人《パーソン》そのものが必要不可欠で取り替え不可能な役割を果たすような語彙に属する。人々は「テューモス」でもって、そして「テューモス」において考え、感じる。つまり、彼らは通常自分たちの「プレーン」や「テューモス」でもって、あるいはそれらにおいて（前置詞）「カタ」）内省し熟慮する。もし人々が考えたり、感じたりするために、「テューモス」を必要とするなら、思考や感情が何であれ持続するのであれば、一つの「テューモス」が一人の人を必要とすることも等しく正しい。これは、「テューモス」や「ノオス」その他が、心の理論の一部なら、人そのものもそうであることを意味する。すなわち、この理論は結局、一つの統一体を事実上含んでいる。別の選択肢として私たちは、こうした語はまとまりがなく非形式的で、説明力をもたないので、理論の一部とはなりえないと言うかもしれない。その場合、これらの語は、魂に関するより統一された理論に後で取って代わられる理論の一部ではない。すなわち、理論がないことと、ないものに関する理論があることとは同じではない。こうした表現を理論的用語とみなすにせよみなさないにせよ、どちらの場合でも、これらの語は一つの全体に後で取って代わられる断片を表しているのではない。それらが断片であるようにみえるのは、真の統一が魂という統一体であると人が想定し、その上で初期のギリシア人は魂を見落とすことで、心の部品へとバラバラになってしまうのを防ぐただ一つのものを見落としてしまったのだと結論する場合だけなのである。

ホメロスの語を一つの理論の一部として理解するのは最善ではないのではないかと疑うべき主な理由は、その用語が何かを説明する力をもつよう意図されているようにはみえない点にある。それらが何かを説明するようどれほど意図されているかは、「テューモス」や「ノオス」が特に心の働きを整合的に説明できるのかという問いと密接に結びついている。この点は何度も議論されてきたので、[17]私は一つの一般的な主張を行う以外で、議論に貢献するつもりはない。これらの用語の間の整合的で理解の助けとなる区別の探究はあまり成功しているとは言えないが、その理由の一つは、こうした語の用法の背景にある構造を求める際の方向性が、自分たちが継承した心の区別に関する哲学的、心理学的前提にあまりにも強く支配されすぎているからである。後代のギリシア人がこれらの言葉をどう使用したかに注意を払うことは適切であるにちがいないにせよ——それらは一つの言語のなかで歴史をもつ語なのである——後代の用法の多くはそれ自体哲学的であるか、哲学的な先入観によって形成されている。そこで、後代における意味合いをふるい落とすためには、かなりの自己吟味が必要なのである。

こうしたことの明らかな例は、ギリシア人が性格や感情的性向を知的観点から見る傾向があったと研究者たちに考えさせてきた、いくつかの用語法である。こうした傾向は、ソクラテスが行った、徳と知識の同一視の自然な基盤になったと想定されている。[18]例えば、パトロクロスはアキレウスが無慈悲な「ノオス」をもっていると語る。「ヌース」〔「ノオス」の別形〕という語はのちに、知的能力、心や理性の意味をもち、この意味合いがこうした箇所に遡って読み込まれる。さらに顕著なのは「エイデナイ」という語の例である。この語はたしかに、ホメロスのギリシア語においても、後代のギリシア語においても、「知る」を意味していた（もっとも、ギリシア後代においてさえ、それは「あることが事実であると知っている」ということを必ずしも意味せず、技能を指すこともあった）。しかしながら、この語は、ホメロスのギリシア語では、後代のギリシア語と違って、性格や性向のあり方にも使用されていた。例えばそれは、ネストル〔ピュロスの王〕とアガメムノンの間の友好な関係を描くために使われ、「アガメムノン王が、わたしに優しい気持ちさえもっていてくれたら」といった考えを表現するために用いられた。[19] しかし、後世の「エイデナイ」の意味から、こうした例を知性主義的に理解する方に議論を進めると、確実に誤った方向に進む。より適切なのは、ホメロスにおける「エイデナイ」はそれほど特定された意味をもたず、大まかにいって「心に何かを抱く」とか「ある種の考えをもつ」といった意味であり、それが後に知識の観念に収斂していったのだと解釈することである。これは、知識の観念が初期ギリシア人の性格に関する観念を明らかにするというよりは、以上のことがギリシア人の知識の観念の手がかりになるということだ。問題をこのように捉える見方に対する論拠の一つは、もしホメロスからソクラテスまで通底する一般的な知性主義的傾向が存在し、それがホメロスのこの語の使用に表現されているなら、ホメロスの言葉の使用がなぜ変化したのかがわからなくなるという点である。より個別の論点として、アキレウスがこうした語を用いて獅子に喩えられる場合のように、ホメロスでの表現の用法のいくつかが知性主義的解釈に著しくそぐわないという点も挙げられる。[20]

それゆえ、ホメロス的人間が「自分で意思決定する」ことがないとしても、それは彼が意思決定の源泉となる自己をもたないからではない。ホメロス的人間は心的ないし身体的諸部分へと分解されるという、スネルが提示した一般性の高い議論は体系的に失敗している。とはいえ、それでも、熟慮と行為に関するホメロス的観念にはまだ何か特異なところがあり、その特異さがホメロスの描写には何かが欠けているとする考えを支えている。例えば「意志」と呼ばれるものがホメロスには欠けている。スネルや他の人々がこのように考える理由の一つには神々の役割がある。「とくに人間の真の自らによる決定というものをホメロスはまだ知らない。それだから、二つの選択肢の間で熟慮する場面でも神々の関与が重要な役割を果たすのである」[21]。もしこれがあらゆる場合に神が介入するということを意味しているのなら、それは単純に正しくない。何をしようかと思い巡らせることに対してしばしば使用される動詞は、「メルメーリゼイン（案ずる、思案する）」であるが、それは、本章のはじめで引用した文で、デイポボスが「二途に思いめぐらす」と描かれたように、あれかこれかという考えを表現する文にときおり見られる[22]。こうした状態に誰かがいるとき、たしかにときに神は介入する。例えば、オデュッセウスがリュキア人に対抗するか、サルペドンを追いかけるか迷っていたときに、女神アテネがオデュッセウスの「テューモス」をリュキア人に向けさせたように。しかし多くの場合、神々は介入しない。確信のない状態から一方が他方よりもよいと行為者が思う状態に至るだけなのである[23]。

しかし、たとえ神々が実際に定期的に介入するのだとしても、懐疑論者が言うように、ホメロスは自分で決定するという概念をもっていなかったと推論するのは誤っている。これには二つの異なる理由があり、そのどちらも決定的なものだと私には思われる。一つは、神々が介入するときでもその介入は基本的には、人に何かを行わせる――いわば彼らのぜんまいを巻いてある方向に向かわせる――といったことではないという点にある（次章ではいっそうこれに近い例についていくつか取り組むつもりであるが、それは正確には、熟慮された行為であるための通常の条件が幾分満たされていない事例となる）。ときには、神々の介入は行為者の心に――例えば上記の場合のようにその人の「テューモス」に――影響を与えたということだけが描かれ、行為者の心がどう影響を受けたのかは正確には語られない。だが、より詳しい説明が与えられることもある。神はこの場合、行為者に理由を与えることで介入する。『イリアス』第一歌の有名な文（一八七行目以降）では、アキレウスがアガメムノンをその場で殺すか否か迷っているとき、アテネはアキレウスの髪を摑む。彼女は彼に話しかけ、自分がヘラに送られてきたことを告げる。アテネは従うよう彼に求め、彼はそれに従う。

女神よ、お二方〔アテネとヘラ〕の言葉に従わねばなりません、
腹は煮えくりかえる想いではありますが、それが宜しいのでしょう。
お言い付けに従う者の願いごとは、神々も聴いて下さるのですから。

アキレウスは意思決定し、自分にとってよりよいと思えることを行う。女神は、彼がすでに思案していた観点から、一方の行為が他方よりもよいことを彼が見て取るのを助ける以上のことをした。この場合彼女は、彼がそれ以前にはもっていなかった、それがよりよいと考えるための新しく、決定的な理由を与えたのである。もちろん介入する神々が存在しないなら、この種の決定の理由をもつことはできないだろう。しかしだからといって、これが何をすべきかを様々な理由をもとに決定した事例でない、とはならない。

この事例はまた、行為者が迷っている行為の選択を検討する際に何らかの考慮が存在しなければならない、という重要な論点も明らかにする。彼はどの行為がよりよいのかを問う。神はその問いに答えるのを助けるかもしれない。すでに見たようにアキレウスの場合、女神は彼に新しい神的な理由を与えることで答えを出す手助けをした。神は同じようにして、行為者が元々もっていた観点から問いに答える手助けをするかもしれない。また神は、問いの観点を変え、もう一つ別の理由を

加えるが、ただしそれは、純粋に人間的な理由かもしれない。ディオメデスは戦いの最中、なしうる最もとんでもないことは何かという尋常ではない問いについて思案する。[24] ここにアテネがやってきて、何もしないで船に戻る賢明な道をとるよう説得する。だが神が行為者にどんな種類の理由を与えるのであれ、神が答えの手助けをしているその問いは、理由に基づき意思決定を行う行為者によって問われている問いである。そして、行為者がそれらの理由から意思決定をし、それに基づいて行為するとき、彼は自分自身の理由によって行為しているのである。[25] 彼の問いは「神が私にとらせようとしているのはどんな行為なのだろう」というものではなかったし、そうではありえなかった。それはまったく違う種類の問いとなってしまう。神の決定が、熟慮の領分である行為者の思考に何かこうした仕方であまりにも密接に関わるとき、私たちは運命論と関係する特別な部類の問題と出会うことになる。こうした問題はギリシア人の思考世界のうちにたしかに潜んでいる。第六章では、この問題を扱うことにする。

神々のさまざまな介入の仕方についての以上の考察が、自分自身で決定するという概念がホメロスにはないと神の果たす役割からは結論づけられない二つの理由のうちの一つである。二つめの理由は呆れるほど単純で、ホメロスの神々自身が熟慮し、結論に至っているという点にある。ホメロスの神々の結論が彼ら自身のものであるのは確かであり、別の神の介入の産物ではない。ホメロスの神々が完全に擬人化されていることを否定する者はいないだろう。[26] そして彼らの決定は、神が介入していないときの死すべき定めの者のそれと同じである。すなわち、疑いを表明する言葉も決定の定型句も同じである。神々が人間の決定にたとえ常に介入するのだとしても、それは、自分で意思決定するという概念をホメロスがもっていないことをいまだ示してはいない。もし彼が意思決定という概念をもっていないなら、神々にそれを適用することもできないはずだからである。

ある意思決定においての神が介入することをホメロスが語るとき、実際そこには特にどんな意味があるのかという問いはたしかにある。多くの箇所で神の介入への言及は単に、日常の心理的説明と共存している。つまり、神的な行為者性は、行為者の思考のうちで働いているのである[27]。しかしながら、〔『オデュッセイア』ではより頻繁に起こるように[28]〕ホメロスが神の介入とその不在を区別するときについては付け加えるべきことがある。ここでもやはり、神の介入と心理学的説明の日常的な材料との間にいかなる不整合も存在しない。それはむしろ、日常的な材料がこうした個々の場面で心の動きを説明する際、どれくらい成功しているのかという問題なのである。

『オデュッセイア』第五歌では、不幸なオデュッセウスを解放するようカリュプソ〔七年間彼を留め共に暮らしていた海の女神〕を説得するために神が介入する。読者は、カリュプソにはそうする気になるいくつかの理由がすでにあることを知っている。例えば彼女は彼がどれほど惨めな思いをしているかに気づいていた。しかし、それらの理由が十分なものかは明らかではない。オデュッセウスが後に彼を迎えてくれた王にカリュプソについて、「ゼウスの命令によるか、それとも自身の気持ちが変わったためか」〔『オデュッセイア』第七歌二六二行〕、彼女が自分を行かせてくれたと述べるとき、この二つの理由の背後にある違いは、次のように理解するのが最も的確だろう。すなわちそれは、カリュプソが完全で確定した理由を与えることができたはずの意思決定と、理由は存在するがなぜそれが優勢となったか最終的には謎のままである意思決定との間にある違いである。同様の例に次のようなものがある。テレマコスがピュロス〔メッセニアの都市〕になぜ旅立たねばならなかったのか、メドンは取り乱したペネロペイアに説明を試みなければならない。そして彼は「それがどなたか神に促されてのことか、ご自身の発意か、存じません」〔同　第四歌七一二―七一三行〕と述べる。それが、彼女の問いに対する答えである。というのもテレマコスには行くべき理由が特になかったからである。そして、メドンが述べているのは、自分たちが理由と呼ぶに足る十分なものが存在していたのか、それとも彼がただ行ったのかは分からないということなのである。[29]前に論じた場合（カリュプソの場合はこうした場合であったが、そのことに彼女は憤怒していた）のように、神々が誰かにある理由を与えるとき、なぜ行為者にある理由が生じたのか、そして生じた理由がなぜ優越したのかについてのいかなる説明も存在しないという事実に、こうした神々が介入する余地が残されている。こうした余地は私たちの世界にもいまだ存在する。人々はさまざまな理由で行為し、その理由は、しばしば彼らが何をするのかを説明する。しかし、なぜある理由が別のものに優越したのか、その人の注意を引くことになったのかが隠されたままであることはありうる。以上のような場合に、ホメロスの神々は、その隠された原因の代わりに機能している。ホメロスが、女神ヘラは思考と同じくらい早く動くと述べるのはまったくふさわしい。しかもそれはただの思考ではなく、多くの欲望をもち、どこに行こうかと考えを巡らす男のその思いのようなのである。[30]

神々の介入は、したがって行為を人間に帰属させるシステムの内部で働いている。そこではまた、行為を生み出すことになる熟慮、それゆえ行為が基づくことになる理由を人間に帰属させている。理由を人々に帰属させることで、このシステムは、彼らに欲求、信念、目的も帰属させる。もし私たちがホメロスに行為の理論を探し求めているなら、このシステムこそ、その理論の最もよい候補である。それは、「テューモス」や「ノオス」などへの言及より、はるかに広範で、そして最も重要なことに、説明としてずっと成立している。そしてもしそれがそもそも行為の理論であるなら、それは私たちの行為の理論と変わらない。そしてそれが理論であるなら、私たちは、なぜスネルやその他の人が誤った方向を見ていたのか、そのさらなる理由を見て取ることができる。信念や欲求は行為者ではなく、行為者の性質である。そして、行為者が役割を果たす理論とは、行為者となる人を含む理論である。「テューモス」や「ノオス」の理論が、もし実際、理論として見られうるなら、人を含まねばならないと私が先程述べたように。しかし、魂の理論が心の正しい理論であるというスネルの仮定は、それに加えてある内的行為者を措定する諸理論を探し求めるよう彼を動かしてしまう。それゆえ、ホメロスの語彙を、単に一つの理論としてのみならずこうした種類の一つの理論とみるとき、スネルがそれを、当の種類の断片的理論、すなわち、複数の内的行為者を措定する理論とみなしてしまうのは驚くことではない。

　行為についての私たちの日常理論（それが適切な呼称だとして）には存在し、ホメロスの中には、それに対する名詞もそれに直接相当する動詞も存在しない一つの概念がある。それが意図である。しかし次章では、この観念はホメロスに存在すると主張するつもりである。誰かがホメロス的世界で行為するなら私たちの世界におけるのと同様に、彼または彼女はさまざまな事態を引き起こすが、実際引き起こすつもりだったのは、その事態の一部にすぎない。このことはそれ自体、意図という観念を根拠づけるに足るものである。さらに言えば、ホメロスの詩の言葉のうちにそうした意図の観念の存在、また信念、欲求、目的の存在を見出すことができない場合、その詩歌を人間的行為について語るものと理解するのは実際難しいだろう。これらの観念、あるいはそれに類する諸観念は、人間的行為という観念にとって構成的であると思われる。もしそれらがその観念に構成的であるなら、この事実そのものは、それらが行為の理論を形成していることを否定する理由と考えられるだろう。おそらくそれらは理論を形成してはいない。だが、理論を形成しているのか否かをめぐる問題は、哲学的には重要かもしれないが[31]、次の基本的な論点には影響しない。すなわち、ホメロスと私たち自身との違いを示す諸々の語の背景には、個々の行為の説明に用いられる概念の複雑な網が存在し、その網は、私たちにとってもホメロスにとっても変わらないのである。実際仮にそうでないなら、どうやって私たちは、ホメロスが人間の行為を私たちに示していると理解できるだろう。進歩主義の批評家は彼をどのように理解しうるのだろうか。ホメロスが示しているのが行為だと私たちが理解できる場合にだけ、私たちは、人々、社会あるいは人間以外の事物の世界と行為を関係させるホメロスの方法と私たち自身の方法との間に存在する類似点や相違点の発見へと進んでいくことができるのである。

こうした議論をする際、以上の一連の観念が常にホメロスにとって当然とみなされていること、そしてそれが豊かで説明の役に立ち、完全に馴染み深いものであることを、思い起こさねばならない。『オデュッセイア』第五歌の終わり（四六四―四九三行）で、オデュッセウスは、疲れ果て身を包むものもなく塩にまみれて、パイアケス人の島の川辺に泳ぎ着く。

己《おのれ》の大いなる心に語りかけるには、
「俺はどうなるのか。揚句の果はどうなることやら。
川の側で不安に満ちた夜を眠らずに過ごせば、
凍てつく霜としとどの露が一緒になって、
弱って気息奄々たる気力を打ちのめすだろう。
夜明け前には、川から冷たい風も吹いて来よう。
だがもし、寒気と疲労が俺から去り、甘い眠りが
訪れてもくれようかと、坂を上り、
陰のある森に入って、灌木の茂みに眠るとすれば、
野獣どもの恰好の餌食となる怖れがある」

このように考える中、この方がよいと思われて、
森を求めて歩み行くと、水に近く、開けた場所に
森があった。オデュッセウスは同じ所から生える二本の灌木の下に
入り込んだが、一つは鼠李《クロウメモドキ》、一つはオリーブであった。
そこにはじめじめと吹く強い風も吹き込まず、
大雨も下まで徹ることがない。それほどみっしりと
絡み合って生えている。その下にオデュッセウスは
潜りこんだ。直ぐさま手で広い寝床をかき集めにかかったのは、
落葉がうづ高く積もっていたからで、
どれほど苛酷な冬の季節であっても、
二人か三人の男を守るには充分なほどあった。
我慢強く気高いオデュッセウスはこれを見て喜び、
真ん中に身を横たえると、落葉の山を体に振りかけていった。

こうした極限状況にいる一人の人間のものとしては、これらの実践的な思考の明快な知性は、それだけで心を深く揺すぶる。そしてこれが、物語のこの段階で「ポリュメーティス〔知恵豊か〕なるオデュッセウス」の思考であるのはとりわけふさわしい。というのは、ここが『オデュッセイア』の転換点、彼の彷徨が終わり、故郷へ向かう最後の旅が始まる節目に当たるからである。海から逃れた彼が次の日のために、来《きた》るべきもののために携《たずさ》え守ってきたもの、それは彼自身の命であった。

あたかも農場の外れに住み、近くに隣人もいない男が、
余所から火を貰わなくてもよいよう、火種を守って、
黒い灰の中に燃えさしの薪を埋《い》けておく、
そのようにオデュッセウスは落葉で身を覆った。アテネが
その目に眠りを振りかけ、眠りが瞼を覆って、
一刻も早く苦労続きの疲れを休めるようにしてやった。
〔第五歌四八八―四九一行〕

ホメロスがこれほど豊かな諸観念をもっているのだとすると、彼は何をもっていないと想定されているのだろうか。初期のギリシア人に欠けており、そしてその後のギリシア人も充分に展開しきれなかったと学者たちが指摘する意志の概念とは何なのだろう。たしかに彼らが指摘するように、ホメロスには端的に「決定する」を意味する語はない。しかし彼はその観念をもっている。[32] というのも、彼は何をしようか思い巡らせ、ある結論に至り、その結論に至ったが故にある事柄をなすといった観念をもっているからである。これこそ意思決定である。[33] 彼はまた、何を後でするかについて結論に至り、そしてその結論に至ったが故に、そのときになったらそれをなすという観念ももつ。ホメロスが取り残しているようにみえるのは、結論に至ることとそれに基づいて行為することとの間に必ずあると想定されている、もう一つの心的行為という観念だけである。それを省いた彼は正しかった。というのもそうした行為は存在しないからである。その観念は悪しき哲学の創造物なのである。

さらにホメロスには端的に「実践的熟慮」を表す言葉もない。すでに言及した「メルメーリゼイン」という語は端的に「心配する、思案する」「疑う」などを意味する。「ホルマイネイン」という

動詞は実践的熟慮について用いられることが多いが、何かがそうであるか否か思い巡らせる状態も意味することができる。[34] しかしこのことは、何をすべきか「思い巡らす」あるいは「思案する」ことについて語る現代の英語話者にも当てはまることであり、「決定する」という言葉そのものも実践とのつながりに限定されない。「実践的熟慮」のみを意味する唯一の語は、「熟慮（deliberation）」であり、これは今や、実質的に哲学の専門用語である。私たちのものであろうとホメロスのものであろうと言語そのものが、決定とは特別な種類の行為でないことを私たちに思い出させてくれる。そして、何をすべきか思い巡らすことは、物事がどのようにあるのかについて思い巡らすことと共通する何かをもつことを思い出させてくれる。すなわちそれらはどちらも、人が確信をもつことで完全に解決される事柄なのである。

もしかすると、欠如していると私たちが考えるよう想定されていたのは、単なる決定ではなく、意志と通常呼ばれるものとより直接に結びついた何か、例えば意志の努力といったものかもしれない。スネルは実際、私が意志の努力、働き、あるいはむしろその不在とみなすものに訴えている。しかし、それが彼が意図していることであるなら、そう論じる文脈は彼にとって大変都合の悪いものであると言わざるをえない。「私たちは人間というものは自ら、自分の意志の作用によってそれ以前の状態を超えるものであると考えている。他方ホメロスにとって、力のこうした新しい源がどこにあるのか説明しようというときには、神がそれを授け給うた、と言うほかないのである」[35]。彼は『イリアス』で、グラウコスが腕を負傷し、痛みがひどくて動かせない場面に言及する。グラウコスはアポロンに祈る。

わたくしは今このように重い傷を負い、腕一面に

刺すような痛みが走り、血が
止まろうとせず、傷のために肩も重くて動かせません。
されば槍をしっかり握ることも、進んで
敵と戦うこともできぬのです……
でも神よ、あなたはどうかこの深傷《ふかで》を癒《いや》し、
痛みを眠らせ、力をお授けください……
祈ってこういうと、ポイボス・アポロンはその願いを聴き届け、
直ちに痛みを止め、無残な傷口から流れる黒い血を乾かし、
その胸中に気力を吹き込んでやった。

（第一六歌五一七―五二九行）

アポロンがグラウコスのためにしたのは、痛みを和らげ傷を癒し、グラウコスがしたいことをすることができるようにすることであった。もしスネルが、こうした神々の助けが現代世界では意志の努力（意志するよう努める）に取って代わられると本当に考えていたのだとしたら、私はスネルが病院の責任者でなくてよかったと思う。他方、努力をすることが物事に影響を与えるとき、ホメロスの人物は努力することができるのである。[36]

努めることは心のうちでもすることができる。ホメロスの描く人物たちは自分の思考のなかで急に我に返ったり、ある考えに引き戻されたりすることがある。風変わりな定型句が、これを表現するために一度ならず使われている。ある登場人物〔オデュッセウス〕が「自分のテューモス〔心〕に語りかけ」、それに続く台詞《せりふ》のなかで次のように言う。「だが、どうして私のうちで心はこんなことを、あれこれ論じたのであろう」[37]〔『イリアス』第一一歌四〇七行〕。ヘルマン・フレンケルはすでに、

「テューモス」に対してなされた主張が、それに続いて「テューモス」によってなされたと表現されていることに気づいていた。「あれこれ論じた」と訳された語、「ディエレクサト」は、驚くことではないが、双方向の会話を意味する。[38] そしてこの定型句は、自身の「テューモス」に語りかける際、人は自分自身に語っているという考えを捉えている。〔注37に挙げた〕これら二つの例で起こっているのは、登場人物が、それまで思案していた行為の方針から身を引いて、より自らと同定できるような行為の方針へと向かう事態である。二つの例で行為の選択はまったく異なる。オデュッセウスは進み、メネラオスは尻込みする——しかし、その違いは実際、彼らの異なる自己同定を表しているのである。[39]

『オデュッセイア』には、自己抑制を描く一節があり、プラトンはそこに感情〔とりわけ怒り〕を乗り越えた理性の力を読み込んだ。オデュッセウスは〔妻ペネロペイアへの〕求婚者らと情を通じていた召使いたちを殺す気になるが、そうしようとする自分を抑える。

だが胸を叩き、己《おのれ》が心を非難して言うには、
「我が心よ、我慢するのだ。狂暴で手に負えぬ
キュクロプスが、逞しい仲間たちを食ったあの日でさえ、
お前はもっと大きな屈辱を耐え忍んだ。我慢して遂には
死まで覚悟したお前が、知恵の力で洞窟から脱出したではないか」
胸の内なる我が心に語りかけてこう言うと、
彼の心はすっかり納得して、辛抱強く
耐え続けた。[40]

（第二〇歌一七—二四行）

このように、ホメロスが描いた人物たちに自制の能力があることは確かである。しかしながら、自制、およびそれに関係した忍耐に関するホメロス的観念は――後代のギリシア人にとってもある程度同じことが言えるが――、私たちとは興味深い仕方で異なる。オデュッセウスが抱く苦しみは、彼が本当にしたいと思い、そうするもっともな理由もあることを、賢慮に基づく諸々の理由からすることができないとき、彼が引き受けなければならない苦しみである。苦しみは、知性が要求することを彼ができるようになるまで待つために必要なコストであり、この場合彼の忍耐は、外部から課されているものの、内的原因から生じている苦しみに耐える能力である。起きていることの辛さは、たしかに外部から、つまり他の行為者たちが行っている様々なことから、およびそれらについてのオデュッセウスの感情から生じている。しかし、待つ必要性とその長さは、忍耐を要求するものであり、それらは彼自身の「メーティス」、すなわち彼自身の合理的な計画から生じている。このことは、オデュッセウスを描写する典型的表現の一つである「ポリュトラス（我慢強さ）」を新しい光のもとに置く。つまりそれは、この資質をオデュッセウスのもっとずっと有名な資質、「ポリュメーティス（知恵豊かな）」と結びつける。オデュッセウスは彼に課されたものに耐える意志だけではなく、自分がすると意志したことから生じる帰結に耐える意志ももっているのである。

これと同じつながりを示す印象的な描写が『イリアス』の終わり近くにも存在する。すでに言及したプリアモスがヘクトルの遺体を求める場面で、アキレウスは彼に変わった言葉をかける。「あなたの心は鉄のようだな」（第二四歌五一八行）。彼のもっていた覚悟のゆえにこのように呼びかけたのである。プリアモスはギリシアの船に単身で乗り込むだけでなく、息子たちの多くを殺した男に対峙しようとしてみせたからである。ほとんど同じ台詞が、少し前にアキレウスに対してヘクトルから言われている。しかしその文脈は全く異なるものである。命乞いを求めたヘクトルに対しアキレウスが情け容赦のない拒絶を下す際、ヘクトルはこの男はそうするだろうと思っていたと言う。「あなたの胸のテューモスは鉄のようなのだからな」[41]〔第二二歌三五七行〕。この二つめの場合の「鉄」は、人間らしい訴えへの非情な無関心を表している。他方でプリアモスの場合、この語は、人間に深く根ざす必要性を充足するのに必要なことをやり抜くため、感情に反しても行為する能力を表している。この二つの「鉄」をつなげるものは忍耐ではない。アキレウスの頑《かたく》なさは、ヘクトルの懇願に対し、彼が耐え忍ぶべき感情をまったくもたないことを意味していた。むしろ両者を結びつけているのは、両者とも、通常感情の対象となるものに対して、思いもよらないくらい無関心だということである。

オデュッセウスは、感情に抗って耐え忍ぶ点でプリアモスに似ていた。つまり、彼らの忍耐力はどちらとも自らの意志によって補強されている。しかしながら、それらは非常に異なる種類の感情に向けられている。より一般的にはギリシア人は、感情や欲求に抗って耐え忍ぶ能力を、感情や欲求の内容や由来に関わりなく、すべて同じものとみなす傾向がある。それが性的欲求か、痛みに屈する欲求か、あるいは逃げ出したり、復讐したりしようとする欲求かは関係ない。そのためギリシア人は、少なくとも最近まで慣習的に受け入れられてきた近代の見解に馴染みのある仕方とは異質な仕方で、強さと弱さを一緒くたにする傾向がある。つまり彼らは、男性の方が女性より恐怖と性的欲求の両方に抗うことができると考えるのである。[42]

欲求や破壊的感情に抗って何かを自らに行わせる忍耐の能力は、ホメロスや他の多くのギリシアの著述家にとっては、その忍耐が当人に課された苦しみに対するものなのか、それとも行為のために引き受けられた苦しみに対するものなのかに関わりなく、ほぼ同一の性向とみなされる。さらに異なる種類の感情や欲求に抗って行使された忍耐も、ほぼ同一の性向である。そして最後に、苦しみを引き受けたり欲求に抗ったりする動機が何であろうと、少なくともホメロス、そしてソクラテス以前の他の著述家にとって、忍耐はほぼ変わらない気質なのである。オデュッセウスは、召使いたちが部屋の中で笑っているのを自らの家を取り戻すために耐える。ポリュペモスの洞窟では、誰か一人でも助けるために見捨てねばならなかった仲間たちの叫びに彼は耐えた。プリアモスは、息子を取り戻すという敬虔の念、信義と愛に基づく行為を遂行するために、自身のもつ憎しみと嫌悪、そして恐怖に耐え、愚弄される可能性に耐えたのである。

　そうすると結局のところ、欠けているものは何なのだろうか。進歩主義者が欠如しているとみなした「意志」とは何なのだろう。ここまで来ると私は、彼らの方がそれを説明すべきだと言いたくなる。このホメロス的世界には、人間的な生に必要な行為の基本概念が充分に備わっているのは確かであると少なくとも私には思える。すなわち、熟慮する、結論する、行為する、自分を奮い立たせる、自分自身に何かを強いる、そして耐えるといった能力である。誰がこれ以上のことを要求しうるだろうか。

　だが、これ以上のことが求められてきたのである。これから考えたいのは、それが仮に見つかるとするとどういったものかではなく（その答えは存在しない）、なぜそれが探し求められてきたかについてである。私の考えでは、行為に関するホメロス的観念に対してある人々が感じる奇妙さは、究極的には次の点にある。すなわち、それらの観念は、道徳的動機と非道徳的動機の間の区別に関わらないという点である。また、人々が見当たらないと考えてきたのは、次の二つの特徴をもつ「意志」なのではないかと私には思われる。第一は、意志が忍耐ではなく行為によって表現されているという特徴である。意志の行使こそが行為の典型とされるからである。もう一つの特徴は、意志は道徳というただ一つの種類の動機に対して役割を果たすという点である。とりわけそれは義務のために働く。抽象的で現代的な意味での義務は、概ねギリシア人に、とりわけアルカイック期のギリシア人には知られておらず、むろんこの点は、進歩主義者の目を引いたギリシア人の特徴の一つであった。[43]この欠落にどれほど多くのものが関わるのか、それが私たちとギリシア人の間にどれほど大きな違いを生むのか、この点で私たちの考えは彼らの考えよりどの程度優れていると考えればよいのか。これらは、この探究全体を通して繰り返し様々なかたちで問われることになるだろう。しかし、それらの問いは目下の問題に関係するのだろうか。義務に関する違いが何であれ、それがどれほど重要であれ、そうした違いは、行為の観念そのものに関わる違いであるようには一見思えない。ギリシア人が義務について私たちと一致しないからといって、そのことから、ギリシア人は意思決定することがなかったとか、自分で意思決定することがなかったとか、自分自身に何かを強いることができなかったなどと考えるべきではない、と思う者もいるかもしれない。それは、彼らが理由をもって行為しているのかどうか、行為する際に意志を行使しているのかどうかの不一致ではなく、むしろ自分の行為に対してもつべき理由、あるいはおそらくもちうる理由がどんな種類の理由なのかについての不一致なのかもしれない。

だが両者の不一致は、これほど単純ではない。例えば行為者を利するためになされた行為が、外部から、すなわち、道徳的あるいは理性的自己にとって外的な欲求によって決定されているならば、それはそもそも本当は行為ではないとする考えに導きうる哲学的、宗教的前提が存在する。[44]この見解によれば、純粋に自律的な道徳的義務のみが、私が行うこと――私が生み出した運動、と言うべきかもしれない――をある種の反応以上のものにする。この図式は行為について述べるべき事柄をひどく歪曲しているので、本当に行為について考えるなら、これを採用したいと思う者はほとんどいないだろう。しかし、ホメロスのギリシア人に欠けているとされるものをめぐる混乱した議論のなかで、間違いなくそれは一定の役割を果たしている。

これほど極端ではなく、かつ歴史的には一層重要な考えとして、行為と努力の観念を、道徳的、倫理的諸観念と結びつける考えが存在する。それは、行為の基礎理論そのもの、すなわち、人間とは何であり、いかにして行うのかに関する説明は倫理的観点から表現されねばならないとする考えである。これは単に、倫理学をめぐる心理学がなければならないとする考えではない。すなわち、倫理的な性向、信念、感情をもつ限りにおいて私たちの心理の説明がなくてはならないとする考えではない。こうした考えは明らかに正しいが、ここでの考えはそうしたものではない。むしろその考えは、心の機能、とりわけ行為に関する心の機能が、倫理学によって意味が与えられているカテゴリーから定義されるというものである。これは、ホメロスや悲劇作家にはたしかに欠けている考えである。その案出は後代のギリシア思想を俟たねばならなかったが、それ以降、その考えが私たちの元を離れたことはほとんどない。

この考えを考案したのはプラトンであろう。『国家』における魂の三分説は、この考えの最初の十全な表現であり、かつ最も極端な表現の一つである。この理論は、初めから政治的目的を視野に入れて設計されているが、心理学的なモデルとして提示されている。このモデルは、ある種の精神的葛藤を説明し、理解可能にすることが意図されている。そしてこのモデルの与える説明上の区分を必要とするのは、一部の種類の精神的葛藤のみである、という点はこのモデルにとって重要である。魂の分割は基本的には、二つの動機の間の葛藤を記述し説明するために生み出された。すなわち、善を目指す理性的関心とただの欲求である。欲求同士の葛藤は欲求に特有の問題であり、プラトンはそれに念を押すことに非常に熱心なのであるが、この葛藤は魂のうちに下位区分を求めない。

欲求同士の葛藤が起こるのは、ただ一つの区画においてである。そこは、上位の理性の働きによって秩序がもたらされない限り、慢性的な交戦状態にある魂の部門である。倫理的な考察、また性格や動機に関する倫理的に重要ないくつかの区別に照らさねば、プラトンの図式は理解できない。とりわけ、行為の選択に達する際に理性的能力が行使されるというだけでは、魂の理性的部分が関与するには十分ではない。例えば、何らかの欲求を実現する方法を見出す際にもそうした行使がなされうるが、それは、上位の理性的部分を欲求的部分の葛藤に巻き込むだけだろう。[45] 理性は、諸欲求を制御し、支配し、そらを超越する限りで、魂の他の部分とは異なる部分として働いているのである。

私は『国家』の倫理化された心理学で、プラトンが、批評家が求めていた「意志」を導入した、と言っているのではない。それどころか批評家、特に彼らのなかでもよりカント主義的な人々は、プラトンにはいまだ意志は存在していないとみなす。[46] とはいえ、彼らはプラトンを、正しい方向への決定的な一歩を踏み出した人とみなしうる。なぜなら彼が、倫理的カテゴリーから意味を与えられた心理学を生み出したからである。そうした批評家からは同じ理由で、彼は行くところまで行かなかったともみなされている(もっとも、そこまで行ったとしたらどこに行くことになると彼らが考えているのかは、はっきりしないままなのであるが)。[47] こうした視点からすれば、プラトン以前のギリシア人は目を閉ざした未開の状態にあり、その道筋を垣間見てさえいないように思われるのである。

実際にギリシア人は、こうした旅路が必要だとは正当にも感じていなかった。彼らはその旅路に関心をもたなかったが、とはいえ少なくともアルカイック期においては、最終的に役に立たなくなった他の前提に取り囲まれていた。神や運命や当然視されていた社会的な期待がもはや存在しないか、人間を取り囲む世界を作り上げるにはもはや十分でなくなったとき、プラトンは、人間本性の内部、かつその最も基礎となる次元で、倫理的意義を備えたカテゴリーを発見する必要を感じたのだと思われる。つまり、ソクラテスがすでに考えていたような倫理的知の能力というかたちにおいてのみならず、魂の構造において、行為の理論そのものの次元でカテゴリーを発見する必要を感じたのである。魂の三分モデルは、『国家』でそれと対をなすイデア論と同様、目まぐるしいくらいさまざまな事柄をなさねばならない。それは、動機の理論、性格の類型論、政治的アナロジーを提供している。加えて、そこで描かれた魂は不死である。こうした要素のそれぞれは困難を生み、これら全てを組み合わせると、危ういほど不安定になる。とりわけ、私たちが出発点とした問い、すなわち行為するとは何かという問いにおいて困難は存在する。ホメロス的な方向に理論を弱めることによってしか、魂、あるいは魂の一部がどのようにして身体的行為を生み出すのかについて説明を始めることはできない。そして、そうした方向に理論を弱めることはすでに、『国家』でプラトンが当の理論に望んだもののいくつかを諦めることになるのである。[48]

ペリパトス派〔アリストテレスの学園リュケイオンで活動した学派〕[49]はいつもの上から目線で、魂に非理性的な要素が存在することを発見したとプラトンを賞賛した。そして彼らは、はるかに劇的でなく現実的な方向にプラトンの魂の分割を改編した。だが、行為の理論に倫理的カテゴリーが基盤として関わる点は変わらないままだった。こうした主題に対するアリストテレスの最も有名な貢献は、「アクラシアー」の議論である。この語は大抵「意志の弱さ（weakness of the will）」か「無抑制（incontinence）」のどちらかに訳される（異なる理由から、どちらもあまり適切な訳語ではない）。その状態についての彼の定義は完全に倫理的な関心で形成されている。「アクラシアーの人は低劣なことであると知りながら、感情のゆえにこれを行うのであり、エンクラテイアの人は、自分の欲望が低劣なものと知って、理《ことわ》りのゆえに欲望に従わない」[50]。私たちがいまアクラシアーをドナルド・デイヴィドソンの言うように「本質的に道徳哲学の問題としてではなく、行為の哲学の問題」[51]として理解しようとすることは、合理的な行為と決定の問題を基本的に倫理的な語彙で定義する古代の伝統から「アクラシアー」を引き離そうとすることである。

私たちにはこの伝統から離れるための十分な理由がある。しかし、この「アクラシアー」という特異な概念は、その倫理的起源から引き離されることに強く抵抗する。というのも、この観念そのもののうちに倫理的意義を有する何かが存在するからである。アクラシアー的と呼ばれるにふさわしい現象が、アリストテレスが考えたように、善に対する悪の、倫理的理由に対する欲求の一時的な勝利を表すものでは必ずしもないということは、いまではたしかに認められている。[52]にもかかわらず現代の議論でもいまだに「アクラシアー」は、長期的視野に短期的視野が勝つこと、あるいは自己と同定できる選択がそうでない選択に敗けること、あるいは少なくとも、行う理由が多くあることよりも行う理由がより少ないことをそうと意識しつつ行うこと、といった点から認識される。だがこうした理論に対する探究も、依然として倫理的関心との不明瞭な関係のうちに心理学的説明「アクラシアー」の理論は、こうした出来事を説明するための構造を提供することが期待される。を位置づけている。なぜこうした観点から同定された出来事が、ある独特なタイプの心理学的説明をもつような出来事のクラスを形成すると想定すべきなのだろうか。起こった出来事に関する記述を、自分の自己同定や、ある理由を他よりも重要とすることを規定したり再規定したりする解釈の一部として利用できるのは、多くの場合回顧的にだけである。結果的に、あるエピソードがそもそも「アクラシアー」のエピソードであるかどうかは、事後の理解に決定的に依存することになる。ある既婚男性が、妻以外の女性と不貞関係を結ぶが、それを終わらせようとする。そう試みる際、彼はどうすべきか迷い、もう会わないと決めた愛人に会ってしまうかもしれない。彼が最終的に妻の元へ戻る場合、彼はこのエピソードをアクラシアー的とみなすかもしれない。一方、彼と妻が別れ愛人と共に暮らすようになるなら、そのエピソードは「アクラシアー」とはみなされず、むしろ、真により強い理由を明らかにすることになる結果の兆候とみなされるかもしれない。物事が一方の結果に終わった場合には生じており、他方の結果に終わった場合には生じていなかったようなある特定の種類の心理的出来事が、それらのエピソードが起きている時点になければならないと想定するのは幻想である。とはいえ、「アクラシアー」は、心理学的説明を与える程度に応じて出来事を説明すると考えられている。私たちは「アクラシアー」を、心理学的概念というよりも、（広い意味での）倫理学的概念、すなわち、倫理的に意味のある物語を与える役割を果たす一つの要素とする理由をもっているのである。

私たちが心理学的概念と倫理学的概念を区別し、心の基本的な働きを、消去不可能な仕方で倫理的であるような観点から分類することを要求しない限りで、私たちはその分だけホメロスの状況に戻ることになる。もちろんホメロスには存在しない、価値ある心理学的カテゴリーはたくさん存在する。彼がすでにもっていた基本的な道具に、多くのものを加えることができるのは言うまでもない。しかし、西洋文学の始まりに彼は、私たちが必要とする基本的なものをもっており、私たちが必要としないいくつかのものはもっていなかった。とりわけ、心の基本的な力は本質的に倫理的秩序から構成されているといった幻想は彼にはなかったのである。

したがって、批評家がホメロスのうちに発見できなかった「意志」には、いくつかの異なる意味が与えられているかもしれない。私は、その全てについて、ともかくもそれらを同定できる限りで、ホメロスがそれらをもっていたか、あるいは、彼も私たちもそれらなしの方がうまくいくのかのいずれかであることを示そうとした。とはいえ――とはいえなのだが、心の哲学のこうした議論から一歩引き下がると、ホメロスの描く人物、とりわけホメロスの英雄たちが行為するその仕方に関しては、言っておかねばならないことがたしかに存在する。それは、英雄の内的な生の本性あるいは不在に関することである。ヘルマン・フレンケルは、ホメロスにおいては自己と非自己の対立がまだ存在しないと述べる。「『イリアス』において人間は、自分の世界と完全に一体なのである」[53]。ホメロス的英雄には内面性も隠された動機もない。彼が語り、行うことが、すなわち彼のありようなのである。そして、叙事詩的英雄は悲劇的英雄ではないとはいえ、このような考えは、悲劇における英雄の「沈黙」と「空虚」に関するベンヤミンの所見を思い起こさせるかもしれない[54]。多くの批評家はこうした観点からホメロス的英雄が描写する事柄に注意を払ってきた。すなわち、彼らは何かに対して語りかけているのである。

その通り。しかし、ここで私たちは、詩そのものが何をしているのかという問いに戻らなくてはならない。こうした人物たちの特性――威厳、よそよそしさ、与えられた運命や幸運を重々しく受け止めること――は、ジェイムズ・レッドフィールドが強調するように、彼らが表現される仕方の特徴であり、叙事詩という様式の所産である[55]。だが様式的なものと心理学的なもの――叙事詩を聴いていた者たちが互いに適用していたと想像できる、単純な意味での心理学的概念――の間に境界を定めようとしても、それはとりわけ語りの制約によって課された沈黙のために、著しく複雑で捉えどころのない追究となるだろう。アキレウスがパトロクロスの死を聞いたときと彼がアガメムノンと和解するときとの間で、彼のうちにいかなる変化も起きなかったのだろうか。それは状態が一続きに連なったものにすぎないのだろうか。『イリアス』第一六歌六〇行以降で、まだ生きていたパトロクロスにアキレウスは次のように語る。

もう済んだことにしよう。
所詮、胸の内でいつまでも腹を立てているわけにもゆかなかったわけだが、わたしとしては、
……戦いがわたしの船に及ぶまでは
腹立ちを収めまいというつもりであったのだ。

第一八歌一〇七行以降で、彼は母テティスに向かって言う。

争いなど神界からも人の世からもなくなればよいに、それにまた怒りも。
怒りというものは、分別ある人をも煽って猛り狂わせ、
また咽喉にとろけ込む蜜よりも遥かに甘く、
人の胸内に煙の如く湧き立ってくる。
このたびも丁度そのように総帥アガメムノンは、わたしを怒らせたのでしたが、
それらのことも、今はやむなく胸の心に鎮めて、
辛《つら》くはあるが、もう済んだことにしよう。
さてかくなる上は、最愛の友を討った仇、ヘクトルを求めて出陣いたします。

ここでの「やむなく」は、必然性のかなり漠然とした表現であり、その必然性はヘクトルを殺すことに関係するものである。

第一九歌六五行で、ついにアキレウスがアガメムノンと向かい合うとき、彼は再びこの同じ二行の台詞を言う。

だが、もう済んだことにしよう……

そして彼は続ける。

わたしは今ここで怒りを収めることにする、そもそもわたしが頑なにいつまでも腹を立てていてはならぬのだ。[56]

いまや必然性は、さらに内面化されており、彼と他の人々との関係に関する彼の見方に一層組み込まれている。[57] 繰り返される定型句と、私たちには表現とそれに続いて起こる場面場面のみが提示されているという事実は、その間アキレウスを占めている思いについて、裏付けのない伝記的な憶測を拒絶する役割を自然と果たしている。しかしそれは、そうした思いがありうるという見方を無効にするわけではない。そして、これらの表現のもつ力自体は、それらが経験の表現であるという感覚、つまりそれらが現にある過程をほのめかしているという感覚に——そうした感覚は曖昧なものに留まるとはいえ——由来しているのだ。

深く追うつもりはないが、より難しい例は『オデュッセイア』第一七歌から第二三歌までのペネロペイアの振る舞いである。彼女がオデュッセウスを本人であると気づいていたのか、いなかったのか、「無意識下で」本人と認めていたのかという問題は、度々論じられてきた。そしてその診断も、不整合で非論理的だとする拙い分析家による非難から、「ペネロペイアの歩みを注意を払って追う読者は、……ホメロスによる人間の思いと行いへの有機的な構想に最大の賛辞を贈るにちがいない」[58]といった主張まで幅広く存在する。私たちがそれをどう評価するかは脇に置くとして、語りそのものが行っていることを真剣に受け取らないことには、ペネロペイアの目的に辿り着くことができないのは明らかである。語りが課す先送りは、多くの理由から必要である。その一つは、回復の全体性は一つの出来事で表現されねばならないからというものである。つまり、その出来事そのものが一つの次元の心理学的表象なのであって、それこそ、回復が何を意味するかを表現するのである。[59]

疑いなく、ホメロスの叙事詩に含まれる心理学には、それらが詩であるという事実を無視する方法のみによっては到達することができない。しかし同時に、それらの詩に特有の効果の多くは、詩に含まれる心理学に依存している。とりわけそれは、その登場人物について私が主張してきた統一性にまさに依存している。すなわち、考え、行為し、肉体的に現前している人《パーソン》という統一体、生者と死者の統一である。[60]こうした統一の全てが、数ある例の一つとして、例えば英雄ケブリオネスの死の描写に集約されている。ケブリオネスの死体の周りでは激しい戦いが繰り広げられていたが

渦を巻いて立ち昇る砂塵の中に、
今は馬を駆る術も忘れたケブリオネスの巨軀が長々と横たわっていた。
〔ホメロス『イリアス』第一六歌七七五―七七六〕

第三章
# 責任を認識すること

『オデュッセイア』の終盤、オデュッセウスと〔息子の〕テレマコスが〔ペネロペイアの〕求婚者たちと戦っているときに、オデュッセウスをひどく狼狽させることが起きる。オデュッセウスが、襲撃前に思慮深く蔵《くら》に仕舞《しま》っておいた武具を求婚者たちが身にまとい、槍を手にしているのを見たからである。誰かが蔵の扉を開けたにちがいない。それをしたのは誰か、とオデュッセウスは思い巡らす。「父上、それは私の過ちです」。テレマコスが言う。

〔父上、〕他の誰にも咎《とが》はない、
内蔵の頑丈に取り付けた扉を開けたままにしておいた、
私の過ちです。それを見つけた向こうの方が一枚上でした。[01]

（ホメロス『オデュッセイア』第二二歌一五四―一五六行）

これは、前章でホメロスに見出した行為の説明に暗に含まれていた事柄を明るみに出す。なるほど、ホメロスには抽象名詞「意図」と同じ意味をもつ語はないが、意図の観念と同一視できる観念が、この記述のうちには暗に含まれている。テレマコスは扉を開けたままにしておいた——それはまさに彼がしたことであった——が、彼はそうしようとするつもりはなかった。私たちであれば特定の概念を用いて記述するような出来事をホメロスが提示しているという単純な理由から、彼が当の概念をもっていたとまで言えないことは明らかであろう。しかし、ホメロスと彼の描く人物が特定の概念からしか理解できないような区別をしているとき、彼のうちにはその概念が存在するというのは妥当である。テレマコスの言葉に関して言えば、意図の概念は間違いなくそうである。そして、ほとんど同じ点が、これほど明確でないにせよ、人々が槍を当てたり外したり、もっと一般的に言って、試みに成功したり失敗したりする場面で、多くの文章に見られる。[02] こうした用例によって、ホメロスが意図の一般的観念に関する語を一つももっていなかったとしても、意図の概念をもっていたと十分言ってよいだろう。

とはいえ実のところ、ホメロスには、意図に相当する語、「ヘコーン」がある。それはたいてい「意図して」や「わざと」を意味し、『イリアス』では他の意味で使われることはほとんどない。例えば、ディオメデスがドロンに向けて槍を投げるが外すとき、外すつもりでわざとそうしたことを言うために「ヘコーン」が使われる。[03]『イリアス』『オデュッセイア』でこの語が、単数主格でしか現れないのは、非常に重要な事実である。つまり、この語は、行為の動詞に付属して副詞的に働いている。この用法はそれ自体、この語の意味を意図に焦点化させる。もし「ヘコーン」が、ときにそう意味するように「欲望に沿って」を第一義的に意味するのなら、こうした用法の制限には理由がないことになろう。というのも、何かを自分にされたり、自分に何かが起きたとしても、欲望に沿っているということは可能だからである。実際、制限が成り立たないというこの事態こそ、「ヘコーン」の否定的な対応表現である「アエコーン」において成り立っている。この語はほぼ常に

「嫌々ながら」や「意に反して」、あるいは「そうでなければ欲していたであろうことに反して」を意味し、多くの場合、行為だけでなく、人々に起こること（それはしばしば主格以外の形で現れる）も指示する。[04] この語はまた、同じ意味で行為についても用いられる。人がこのような意味で行う行為、つまり嫌々ながら行う行為は、人が意図せず行う行為から区別されねばならない。事実この二つは互いに排除しあう。つまり、今の状況での行為者は、自分がしないですむよう願ったことを意図して行う人のことである。それゆえ、「ヘコーン」と「アエコーン」は、その典型的な用例において対義語とはならない。すなわち、それらは異なる空間で働くのである。この事実こそ、ヘラの要求に譲歩しているとゼウスに語らせるときに、ホメロスが凝縮された仕方で用いているものである。「ヘコーン・アエコンティ・デ・テューモーイ」（「不本意ながら（アエコンティ）自ら進んで（ヘコーン）言うことを聞く」）。アルベレヒト・ディーレが正確に解釈したように、ゼウスは、「ヘラの怒りによってトロイが破壊されるという計らいについて、自身の気持ちとしては反対しながらも、意図的にそのまま運ぶようにした」のである。[05]

自分が扉を開けたままにしてしまったことについてテレマコスが述べたことは、意図の観念を含んでいる。そして彼の発言は、さらにいくつかの観念を活用しており、それらは組み合わさって一語のギリシア語になっている。テレマコスは、他の誰でもなく自らこそ「アイティオス（原因）」であると述べる。これはまず第一に、彼が出来事――求婚者たちが武器を手に入れたこと――の「原因」であることを意味する。そして、第二に、起きたことに対する好ましからざる評価を受ける者がいるとすれば、それは彼だということを意味する。また彼は、何らかの仕方で自分の過《あやま》ちを償う必要があるかもしれない。まさにこれらの意味において、彼は非難されねばならないのである。さらに、テレマコスがこうしたことを意図せず行ってしまった次第、つまり、自分がしていたことを彼がきちんと確認していなかった次第については、私たちにもお馴染みの説明がなされている。すなわち、敵の中には彼よりも上手《うわて》の見張りがいたのである。ホメロスには（他のどこでもそうであるように）この種の日常的な誤りと、意図せずもたらされた悪果が数多く現れる。

これらを背景にすれば、目を引く有名な場面もはっきりと見えてくる。それはホメロス的世界を学ぶ者たちによってさまざまに議論されてきたが、いくつかの点で状況が典型的ではないことを心に留めておかねばならない。アキレウスが〔自分に非道を行った〕アガメムノンに対してその怒りを鎮めたと話した後、アガメムノンは争いが始まったときの自分の精神状態を説明する。[06] そこでは、テレマコスが用いた言葉と反対のことを述べる。すなわち、私はアイティオスではないと。彼は言う。

その責めはわしにではなく、ゼウスならびに運命《モイラ》の女神、そして闇を行くエリニュスにある。
その方々が集会の場で私の胸中に無残なアーテーを打ち込まれたのであった――
このわしがアキレウスの受けた恩賞を奪い取ったあの日のことだが。
だが、わしに何ができたであろう、神というものはどのようなことでも仕遂げられるのだから
な。

（第一九歌八六―九〇行）

それから彼は、「アーテー」――「妄想」「迷妄」――の働きを、そして、ゼウスでさえそれにいかに惑わされたかを説明し、そのときのきわめて長い逸話を語るのである。

テレマコスは彼が意図せずしたことによって「アイティオス」となった。アガメムノンは自身が「アイティオス」ではないと述べる。だが、アガメムノンがこの件でしたこととは、彼が意図して

行ったことだ。そのとき彼がブリセイス〔アキレウスの愛妾《あいしょう》〕をアキレウスから奪い去り、彼のもとに置くつもりでいたことは確かなのである。その流暢で過度な自己弁護の極みにあってもなお、彼は、過ちが偶然だったとか、あるいは、自分が何をしているか知らなかった、とは決して言わないのである。彼が言うのは、彼がその意図をもったとき、自分は異常な精神状態にあったということであり、その精神状態には超自然的な説明がある、ということである。「アーテー」は、それが精神状態を意味するとき、常に神的な原因で起こされるように見える。[07] そしてこの場合たしかに、「アーテー」が、彼がその名を示すことができるほぼすべての超自然的行為者によって引き起こされ、それどころか目論まれたという事実は、自分が「アイティオス」ではなかったというアガメムノンの主張を大いに助けることになるのである。

テレマコスが非難されるとき、そこに含まれている一つの事柄は、それを償うのは彼の役目かもしれないということであった。これに対してアガメムノンは、テレマコスと違って、自分が「アイティオス」ではないと述べつつも、それを償うのは自分の役目ではないとは言わないのである。むしろ反対に、

> しかし一旦惑乱に陥ったからには――つまりゼウスがわしの正気を奪われたことが動かせぬ今となっては、
> 過《あやま》ちの償いをし莫大な補償を支払いたいと思っている。[08]
> （第一九歌一三六―一三八行）

アガメムノンの行為がどのように生じたのだとしても、彼はアキレウスに埋め合わせをせねばならない。その意味で彼は責任を受け入れている。[09] 実際彼は「私は惑わされたのだから」と言うが、そ

う言ったからといって、もし自分が惑わされておらず、正常な精神状態で同じことをしたら償いは必要なかっただろう、と言おうとしているのでは決してない。「ゼウスが私の正気を奪われたのだから補償を払いたい」と彼が言うとき、彼が言おうとしているのは「ゼウスが私の正気を奪い去ったときに私がしたことのために」ということである。彼が支払わねばならないのは、彼がしたことのためなのである。そうすると、自分が「アイティオス」ではないと言ったとき、彼は何を言おうとしていたのだろうか。もちろんこう言うことで、彼は自らの弁明をしようとしている。というのも、彼には〔ギリシア軍勢の一人として〕アキレウスに戻ってきてもらう必要があり、彼を怒らせるわけにはいかず、幾らかでも自分の面目を保たねばならないからである。とはいえ、弁明の言葉がそれに役立つためには、彼の言葉のうちに何らかの意味がなければならないだろう。それゆえ私たちは、その意味が何であるかを問うことができるのである。

テレマコスの場合、彼が「アイティオス」であることには、二つの考えが含まれている。彼が正常な行為を通じて起きたことの原因であること、またそれを償う必要があるかもしれないということである。アガメムノンの場合でも、自分がしたことについて償うことに同意している。さらに言えば、彼は起きたことの直接の原因であり、それこそが、彼が補償を払わねばならない理由である。彼が「アイティオス」でないことの一つの意味は、彼がそうした事態を引き起こし、実際それを意図的に行ったとき、彼は正常な精神状態にはなかったという点にある。つまり、危うげな言葉づかいが許されるならば、彼はいつもの自己ではなかったのである。彼はむしろ、いわば自分の行為を、自分自身から切り離しているのである。[10]

このことはテレマコスに関して、さらに二つのことを思い出させてくれる。第一点は、彼が間違いを犯したとき、彼の精神状態はどれだけ正常だったのかという点である。その意味で彼はいつもの自己であった。意図せず何かをする際、ゼウスも、運命《モイラ》も、闇をゆくエリニュス〔復讐の女神たち〕も、彼女たちの従えるアーテーも必要ではない。そうしたことは、誰もがいつもしてしまうことである。これと関係し、同じだけ当たり前に感じられる第二点は、人が意図せずに行為したという事実は、それ自体では、その行為をその人自身から切り離さないということである。テレマコスは自分が意図せずに行った事柄に対しては責任を問うことができる。そのことはもちろん、私たちについても同様である。

アガメムノンの場合、彼をしばらくの間狂わせるという神々による介入があった（もしくは、そう彼は述べる）。しかしそれは、神的な行為者性によって行為が誤った方向へと向かう唯一の方法ではない。神々は、より日常的な次元でも力を発揮しており、物事が行為者の意図に反してなされることにしばしば貢献する。神々は因果連鎖のさまざまな分岐点でそうしうる。戦士がある人に狙いを定め、それが別の人に当たるとき、彼はいつも通り狙っているのだが、神がその槍の方向を逸らせる。あるいは同じ状況で、神はもっと直接的に介入して、戦士が狙いを見誤るようにするかもしれない。だがそれもまた、誰にでも起こりうる種類のことである。こうした事例で神々に言及することには、熟慮の事例と同様に、明確な説明のない事柄に対して説明を与えるという眼目がある。[11]他方、恐ろしきアーテー〔狂気〕は、行為者の精神状態を大規模にそして神秘的な方法で転覆することに関わっている。アガメムノンの場合、彼は自分の意図が根本的に変えられたと主張するが、アーテーによる心理転覆は、さらに別の形をとりうる。行為者の意図は変わらぬままであるが、自分がいましていることの知覚が根本的に変えられることもある。結果、行為者は、最も馴染み深い意味において、妄想に陥っているのである。これこそ、ソポクレスのアイアスに起きたことであり、彼については後で扱うことになる。

かくして、ホメロスの作品に見られる以上の二つの出来事だけから、私たちは四つの考えを得た。自分のしたことからよくない事態をもたらす者がいること。そしてその者はその事態を意図している場合と意図していない場合があること。その事態を引き起こすとき、正常な精神状態であるときとそうでないときがあること。そして、よくない事態について償うこと、さらにそれを誰かが償うとするならば、それはその者の役割であること。この四つの要素を、原因、意図、状態、そして応答と名づけることができるだろう。これらは、責任についてどのような理解をするのであれ基本となる要素である。

これらの要素をそれぞれ互いに調整しあうたった一つの正しい方法——こう言っていいなら、責任についてのたった一つの正しい理解——は存在しないし、存在しえない。私たちとギリシア人の実践の違いはまず別としても、私たち自身は、様々な状況で責任についてそれぞれ異なる理解を必要とする。それらの理解は全て、これら四つの要素を異なる仕方で解釈し、それらの間の強調の度合いを変えることで作り上げられる。この四要素はすでにホメロスのうちにも存在するし、存在せねばならないだろう。というのも、これら四つを必要とすること、また、それらを何らかのパターンで組み合わせる観念を必要とすること、こうした必要性はひたすら、普遍的に見られる事柄に由来するからである。あらゆる場所で人間は行為し、その行為は何かを引き起こすのであり、ときにそれは意図されたものであり、ときにはそうではない。もたらされた物事はときに後悔され、ときに咎められる、行為者自身かそれに苦しむ者によって、あるいはその両者によって。そして、そのようなとき、当の行為者による何らかの応答に対する要求がありうるのであり、その要求は行為者自身や他者によって、あるいはその両方からもたらされる。これら全てのことが可能である場合はつねに、行為者の意図に対する何らかの関心がなくてはならないのであり、それは起きたことを理解するというただそれだけのことであってもそうである。もしテレマコスが意図して扉を開けたのだとすれば、それは明らかに、自分が何をしているかよく考えずに扉を開けたままにしてしまった実際のテレマコスとは、少なくとも全く異なる計画をもっているし、おそらくオデュッセウスとも全く異なる関係のうちにあるだろう。やはり、ある時点での行為者の意図と行為が、別の時点でのその行為者の意図と行為とどのように整合し、あるいは整合しないかと問うことは、常に可能でなければならない。いかなる社会環境であれ、その行為者と共に生きねばならない他の人々にとって、それは一つの問題なのである。

これら四つは真に普遍的な材料である。私たちがしてはならないのは、それらがいつも同じ仕方で互いに関係すると前提すること、あるいは、それらが互いに関係すべき一つの理想的な方法があると前提することである。それらを関係づけるにあたっては多くの方法が存在するのであり、とりわけ意図と状態を応答に関係づける多くの方法においてそうである。これらの諸要素を解釈するに当たっては多くの方法がある。例えば、何を事態の原因とみなすのか、原因とみなすのに十分なものは何か、ある種の事案において十分な応答とは何か、誰がそれを要求できるのか、行為と行為者を切り離すのに足る異常な精神状態とはどんなものか。さらに言えば、これら四つの要素はどれも、あるいはその全てが共に、懐疑論の攻撃を受けやすい傾向にある。これらの材料を解釈し配置するギリシア人の方法のいくつかは、すでに見たように、私たちが今まさに行なっている、あるいは望むような方法とは異なっている。ギリシア人の他の方法は、私たちのいくつかの方法と同じであり、さらに別の方法は私たちが気付いていない諸要素の関係づけに注意を向けてくれさえする。とにかく私たちが前提してはならないのは、これらを組み合わせる決定的に公平かつ適切であるような一つの方法――例えば道徳的責任と呼ばれる一つの方法――を自分たちが進歩させてきたということである。それは事実ではない。

これらの要素のうちの一つめである原因こそが第一次的な要素である。つまり、あらゆる他の論点は、ただひたすら、ある行為者が生じた事柄の原因であるという事実との関連でのみ生じる。[12]原因なしにはそもそも責任という概念は成立しない。こうした理由から、古代ギリシアでもすでに知られていたスケープゴートやそれに類するものは、概念の境界線の反対側にある。[13]つまり、スケープゴートとは、いかなるものの枠組みにおいても責任あるものではなく、むしろ責任ある誰かの身代わりなのである。類似の区別は現代の世界でもなされている。たしかに、近代法には厳格責任《ストリクト・ライアビリティ》〔故意や過失でなくとも責任が成立すること〕の規定が存在し、それに抵触する場合、自分が意図していなかった結果――この問題には後で触れる――に対してだけでなく、ある場合には自分が原因ではない結果に対しても刑事責任を負わされる可能性がある。これに従えば、雇用者は、その従業員が犯した法規違反に関して、それが自らの意図に反していても罰せられることがある。近代の厳格責任の帰属が意図のみならず因果関係さえ考慮しない背景には、責任についてのある一般的な前提が先行して存在するという考えがあるのだろう。従業員のある種の過誤に対し責任を負うのは、ある種の事業を行う者にとっては、引き受けることの一部なのである。ここでは因果性なき責任が、ある意味で導入されている。しかしながら、責任についての様々な考えによって規制された私たちの生活のほとんどの領域において、その主要な規則は応答を原因へと関係づける。すなわち、被害の原因となる行為をした人に対して応答が帰属されるべき、というのがその目的なのである（これと対応して、たとえこのシステムが腐敗しても、これこそが物事のありようであるとの見せかけが必要になる）。

もっともこの真理は、私たちが人生のある領域で、私事にまで責任の構造を用いて規制すべきなのかどうかを決定しない。それはまた別の問題である。その問題は、応答とは何であるのか、応答することの眼目は何であるのかを知ることなしに決着のつけようがない問題である。そして、そのことはとりわけ刑法における応答を考える際に、念頭に置くべきことである。

原因と応答との間のつながりは、ギリシア人にとって彼らの言語に組み入れられていたものである。動詞「アイティアオマイ」は「非難する」「問責する」を意味する。「彼は恐ろしい男だ」と、パトロクロスはアキレウスについて述べる。「アナイティオスである者でも非難するのだから」。「アナイティオス」は、何も間違ったことをしていない者のことである。[14] 口論や戦争を非難する場合、原因に関する問いは——十分自然なことだが——それを始めたのは誰か、という問いである。ペネロペイアの求婚者たちが殺されたのは、彼らがはじめに恥知らずなことをしたからであるし、[15] また『イリアス』においてメネラオス〔妻ヘレネをパリスに奪われたギリシアの軍将で、それをきっかけにトロイア戦争が始まった〕は、「私の争いと、そしてパリスによってもたらされたその始まりのゆえに」と、私たちを驚かせるような表現でもって、苦しみをもたらしてきた災厄の原因を語っている。[16]「アイティオン」という語は、ヒポクラテスの著作群以来「原因」を意味する標準的な単語となり、その類語、「アイティアー」は、非難と原因という二種類の意味との関連をもち続けてきた。すなわち、「アイティアー」は苦情や咎めを意味していたのだが、ヘロドトスの著作の頃にはすでに、単に「原因」や「説明」を意味しうる語となっていた。[17]

責任がこのように原因の観念と第一に結びついていることは、私たちにとってより問題だと感じられるような、責任に関するいくつかのギリシア的な見解を理解する助けとなるだろう。ソポクレスの『オイディプス王』で、クレオンはテバイの地が疫病に苦しめられている原因についての神託を受けるために遣わされる。戻ってきた彼はオイディプスに、そのわけは、前王ライオス王を殺害した者が罰せられていないことにあり、殺害犯を見つける必要がある、と伝える。問題を解決することに躍起になっているオイディプス王はすぐさま捜索を開始する。彼は問う。「どこを探せば昔の犯罪《アイティアース》の見分けにくい跡が見出せようか（プー・トデ・ヘウレテーセタイ／イクノス・パライアース・デュステクマルトン・アイティアース）」[18]。ソポクレスのこの台詞には複雑なメッセージが含まれている。「アイティアース」が犯罪を指すのは確かだが、ここでは、訴えられた事柄という役割として用いられてはおらず、原因という役割で用いられている。というのも、ここには訴えられた事柄は何もないからであり、そして、「アイティアース」そのものがこの街の抱えた問題の根にあるからである。「アイティアー」は「原因」を意味し、ここでは、診断や合理的探究の言語に属している。そしてこの語は、この劇を満たしている。オイディプスは、そう実際語るように[19]、この問題を、スフィンクスを打ち破ったときと同じ手段によって、つまり「グノーメー（合理的な知性）」によって克服しようと企てる。この「グノーメー」を、トゥキュディデス（前四六〇頃―前三九八頃。アテナイの歴史家）は、ペルシア軍撃破とペロポネソス戦争の始末について演説するペリクレス（前四九五頃―前四二九。アテナイの政治家）を表現する際に用いている[20]。「デュステクマルトン」も同じく、合理性に関わる語彙の一つである。すなわち、オイディプスが直面したような場合において、「テクマイレスタイ（推論すること）」が難しいと述べている[21]。ただし、この語彙がここでこのように用いられているのは不穏である。「イクノス」は、生き物または狩りと疑いの余地なく関連した語である。すなわち、それは人間の足跡や動物の痕跡を意味し、より古代からの技能について語っている。そこでさらに「イクノス」が「デュステクマルトン」であるとはどういう意味かという問いが生じる。つまりこれは「イクノス」が「見つけるのが難しい」、あるいは「解釈するのが難しい」ことを意味するといっていいだろう。オイディプスの問いはまず第一に、「イクノス」が見つけるのは難しいであろうことを含意している。しかし、彼は、「トデ（この足跡）」とも言っており、それは、彼が「イクノス」をすでに見つけたこと、そしてそれがどんな種類のものか分かっていることを強く示唆している。この探求についてオイディプスが最初に述べる際、その言葉はすでに、過去と現在、そして原因とその捜索を、不安になるほど接近させているのである。

昔の原因と現在の疫病を結びつけるのは、「ミアズマ（穢れ）」である。そして、すでに神託が述べているように、それを引き寄せたのは殺人である。すなわち、のちに判明する近親相姦よりも、まさに殺人なのである。ここで考えられていることは、殺人が、ある家族あるいは一つの街全体に苦難をもたらしたということであり、それに責任のある人物、つまりそれを行った人物が死ぬか追放される場合にだけ、この苦難を生み出している超自然的な力が鎮められるというものである。こうした考えの組み合わせは、ホメロスでは十分には出ていない。つまり、〔近親相姦の〕苦難と責任について関連して言えば、ホメロスでエピカステという名で呼ばれているオイディプスの母は縊死《いし》したが、オイディプスはテバイを治め続けたという点はしばしば注目されてきた[22]。先述した考えとそれに関わる浄めが、生活においてより重要とみなされるようになったのはおそらく前七世紀の間のことなのだろう。前六世紀以前のあるときのこととして、クレタのエピメニデス（論理学者たちには嘘つきのパラドックスを生んだことで知られる人物）が、「自分の「カタルテース」としての能力」でもってキュロン事件の穢れを被《こうむ》ったアテナイを祓い浄めたと言われている[23]。こうした考えには否定的な声も存在したが、その概念は生き残り、前四世紀中頃のプラトンの『法律』で提出された立法の枠組みにおいても、まだ一定の関心が払われている[24]。

「ミアズマ」は、意図した殺人でもそうでない殺人でも、全く同じく背負われるものであった。それは単に、人間を殺すことが招く一つの結果だとみなされていた。そして、現代哲学で言うところの「因果関係の外延性」が含意するのは、こうした結果が生じるときは常に、それが意図されたかどうかと関係なく、人間を殺すという出来事こそが、その結果をもたらすということである。[25]「ミアズマ」は、超自然的な結果でもある。そして、「ミアズマ」がこうしたあからさまな因果的観点から見られているという事実を鑑みれば、それはある特別な超自然的結果だと、つまり、単に宗教というより呪術に関係した超自然的結果なのだと私たちは言いたくなるかもしれない。

しかし、オイディプスの場合は特別に、超自然的なものがもう一つ異なる次元で関わっている。穢れはオイディプスが行ったことの結果であった——それは、彼が言うところによれば、知らないうちに自分で引き寄せた、忌むべき呪いであった[26]——のだが、ダイモーン的なものは、無論、彼が行ったことの結果と同様にその原因にも関わっていたのである。なぜなら彼がそれを行うということは、彼が誕生する以前にすべて運命づけられていたからである。後で検討するつもりであるが、コロノスで死ぬことになるオイディプスは、これまでの長い年月に身に受けた恐るべき出来事について振り返り、初めて、自分は非難を受ける必要はなかったと言う。そのとき彼は以下の二つの異なる物事について言及し、それらを区別している。つまり、彼は行ったことを意図していなかったこと、そして、それはいずれにせよ運命づけられていたことの二点である。[27]ダイモーン的な関わり合いについての半分——運命、必然性、神のたくらみ——は、本章の関心ではない。これらについては第六章で論じるつもりである。ここでは「ミアズマ」の意味や、「ミアズマ」と人々の意図との関係、あるいは関係の欠如がもつ意味について考えてみたい。

超自然的な結果と超自然的な原因とを切り離しうるという論点は、単に詩的な区別、あるいは哲学的な区別を意味しない。まったく意図しなかった殺人によってさえ背負わされうる穢れという観念は、悲劇的運命はもちろん、神による定めも問題にならないアテナイの法廷においても重要だった。日常的な問題の分析の際立った例——そして法律家や哲学者がこうした主題を扱う際にしばしば乗り気で持ち出すような創意工夫の例――を与えるものとして、アンティポン〔前四八〇―前四一一。アッティカ十大雄弁家の一人〕のものとされる前五世紀頃の著作『四部作集』がある。これは、原告側の二つの弁論と弁護側の二つの弁論の計四部の弁論から成る作品が三つ収録されている。そのそれぞれが殺人事件を扱っているが、この著作が、実際の事件を扱ったものでなく、教材として作られたということは見解の一致を見ている。この弁論の中に、穢れは、何かしらの応答を必要とする殺人の結果として登場している。とりわけ「第三集」の始まりと終わりにおいては、穢れの超自然的な作用への言及さえ見出せる。だが、これらの創意に富み、かなり洗練された議論の中で、穢れが果たす主要な役割は形式的なものである。議論の主題は、穢れやその贖《あがな》いに関するものではなく、因果性に関するものである[28]。ただしそこでのさまざまな問題は、穢れの観念から生じる一つの条件によって定められている。その条件とは、行為から生じた結果は、「全人的」な応答と呼ばれるものによって充足されねばならないというものである。すなわち、誰かが殺されるか追放されるかしなければならないのである。それゆえ、中心となる争点は、特定の種類の因果的問題、すなわち、誰の行為がその死をもたらしたのか、という問いとなる。例えば「第三集」では、ある男が酔っ払ってある第二の男に喧嘩を売り、この第二の男が第一の男を殴り怪我をさせてしまう。この被害者は無能な医者に治療され、のちに亡くなる[29]。もし問いが単に「彼の死をもたらしたのは何か」であったならば、話の記述の中ですでに答えられていると言うことが可能だっただろう。争点はある「全人的」な社会的応答にあり、それゆえ問いは「彼の死をもたらしたのは誰か」でなければならない。それは弁論が示すように、はるかに議論の余地のある問題である。

「第二集」の主題となる事件は、ペリクレスと哲学者のプロタゴラスによって一日中議論されたと伝えられている[30]。そこでの事件は偶発事故である。一人の若者が、運動場で槍投げの練習をしている。彼が的にめがけて槍を投げたとき、別の少年が用事があって槍の軌道に走りこみ、槍に当たって死んでしまう。それが事故だということを否定する者はいない。とはいえ、次の問いは答えられねばならない。「彼の死を引き起こしたのは誰か」。槍を投げた若者の被告弁護人は、彼が被害者に当てたことは認めるが、彼が被害者の死を引き起こしたことは認めない。

> 息子が投げたのは事実ですが、彼がやったことの真実に即して言えば、息子は誰も殺していないのです。他人が自らの身に犯した過ちのゆえに、彼にはいかなる過失もなく「アイティアー」を蒙ることとなったのです。[31]
>
> （アンティポン「第二集」第二弁論三節）

他のほとんどの状況では、被害者が亡くなるならば、誰かに槍を当てることがその死の原因とみなされるだろうということは同意されている。事実、弁護人は、槍が例えばただ観客席にいた人に当たり、その人を死に至らしめたならば、槍を当てた行為が、その死の原因であることを否定することは全く不可能だろうと指摘する（同四節）[32]。しかし実際には、被害者は自らの死を自らの過ちによってもたらした。すなわち、それは私たちの側がなしたこと（「エルゴン」）ではない、と弁護人は論じる。それは自分の走っている場所をよく見ていなかった少年のなしたことなのである（同五節、八節）。被害者が自分自身の死を引き起こしたと述べてもいかなる逆説もない（と弁護人は続ける）。それは例えば、原告が主張するように、「被害者が自分で槍を投げて自分に当てたことになってしまう」といった馬鹿げた帰結をもたらさない。そのように主張することは、決定的な論点を誤解することなのだ。つまり、被害者を殺したのは、槍投げという行為ではなかったのである。

この論点の裏付けに弁護人は、他の人々も練習中に槍を投げていたし、誰にも当たらなかったと主張する。彼らが誰にも当てなかったことの説明は、彼らが投げなかったことにあるのではなく、走り込んでくる者が誰もいなかったことにある。それゆえ、走者が槍に当てられたことの説明は、投者にではなく走者にあるのである。（被害者の父である）原告弁護人は、これに対して即座に答えることができただろう。すなわち、それなら同様に、他の人々も槍に当たらずに走ることができていたのだと。原告は、実際のところそのような弁論をせず、何らかの中間点に議論を落とし込もうとしている。すなわち、最低でもまず投者と被害者は一緒に死をもたらしたのだということが認められねばならない。そして、それが正しい説明であるならば、両者が代償を払わねばならないのだが、彼の息子はすでにそれを命でもって払っているのだというわけなのである。

こうした弁論は、呪術的信念を背景に展開されているとはいえ、それ自体呪術に関わるものではない。そして、それらは愚かな議論ではないのであり、賢さと両立するような意味での「愚かさ」とも違うのである。なるほど私たちは、まさにこのような仕方では問題を論じないだろう。たしかに『四部作集』は、ある種の原因、つまり殺人と、ある種の応答、つまり全人的な応答との間にある、かなり厳格な連関を前提にしている。こうした連関は、因果性に関する議論をひどく硬直したものにし、呪術的信念なしには不正で理解しえない柔軟性のない応答を要求する。[33]ギリシア人自身、こうした連関を合理的でないとみなすようになっていった。批評家たちは、『四部作集』の議論全体が、責任に関する原始的な理解に基づくと主張し、それは本質的に呪術的観念と繋がっており、私たち自身における責任の理解とは根本的に異なるのだと主張してきた。たしかに私たちは先のような例で「全人的」な応答を求めないだろう。しかし、ここで用いられている責任の理解が、私たち自身のいくつかの理解と全く異なるとするのは正しいことではない。

ギリシア人が私たち自身とは非常に異なる仕方で責任について考えており、そしてとりわけずっと原始的な仕方で考えているといった考えは、かなりの程度、刑法についてしか考えず、〔民事の〕不法行為法を忘れることで生み出された幻想である。実際には私たちは、誰かが意図せず引き起こした事柄から生じた損害に関わる事件で、因果性について、ギリシア人とそれほど変わらぬスタイルで法的に論じている。二人の男が出発しようとしている電車に駆け込む。車掌が彼らを電車に押し込んだ。この過程で、二人のうちの一人が一見普通に見える荷物を落としてしまう。だが実のところ、そこには花火が入っていた。花火は爆発し、プラットフォームの反対側にあったいくつかの重量計を吹き飛ばした。女性がそれに当たり怪我をし、彼女は鉄道会社を訴えた。これは実際にあった事件である。こうしたことが起こると、人々は何か埋め合わせを必要とするし、応答が要求される。そこから責任という体系の下で問いが提起されることになる。それは、行為者がその結果を意図していたのかどうかではなく——意図がなかったのは明らかである——、彼の行為が引き起こしたと言いうるのは正確には何なのかという問いである。[34]結果と行為者の因果性との結びつきは『四部作集』で示されたほど極端なかたちをとる必要はないが、いずれにせよ行為者に対する要求が、行為者の意図を超えてしまうのは確かである。災厄の大きさはその応答に影響するに違いないが、その大きさは、そのような場合においては、単に不運の問題である。まさに「第二集」で繰り返されたような理由でもって、自分が実際にしたことをしながらそのような災厄が引き起こされないことが容易にありえたと、行為者はそれなりに正当に考えることができる。そのような場合において、応答は、単に意図によってのみ制御されることはありえないのである。何らかの悪い結果が存在しないなら、いかなる「アイティアー」、つまり、不平を言うべき事柄は何もない。このような場において論じるべきものがあるという事実それ自体がすでに行為者の意図を超えているのである。

進歩主義の著述家は、道徳的責任の概念に言及し、それは私たちが享受していてギリシア人には欠けていたとするが、彼らがそこで何を念頭においているかは、はっきりしない。進歩主義者の典型的な思考は以下のようなものと思われる。ギリシア人、少なくともアルカイック期のギリシア人は、意図せずしたことについて人々を非難し、制裁を加えていたのであり、あるいはまた――この区別はしばしば見過ごされるのだが――アガメムノンがそうであったように、意図的であるにせよ異常な精神状態でしたことについても同様であった。そして、私たちはこうしたことをしないし、少なくともそれを不正とみなすのだ、と。だがこれが、ギリシア人は意図に全く注意を払っておらず、その一方で私たちはすべてを意図の問題次第であるとしている、あるいはそうすべきだと考えていることを意味するのだとしたら、それは二重に誤っている。テレマコスの例を検討したことで、アルカイック期のギリシア人でさえ意図に関心を払いえたことは、すでに私たちも気づいている。それと同時に私たちも、行為に起因する被害への応答を、ひたすら意図されたものへと一致させるわけでも、そのようなことができるわけでもないのである。

私たち自身が行っている刑事訴訟に目を向けると、もちろん古代の慣行との多くの違いに気づく。だが、その違いは単純ではない。私たちは、民事訴訟と刑事訴訟を区別するが、これはギリシア人にはない区別である。例えば、古代アテナイには公人の検察はいなかった。意図の有無は、今日の刑事訴訟では大きな役割を果たすが、すべてを決定するわけではもちろんなく、実際例えば、無謀(recklessness)や過失に関して、あるいは、死といった有害な結果が予見可能であったが意図されていなかった事例に関して、意図が何を決定しうるのか、決定すべきなのかについて、複雑な法的議論がある。こうした議論の究極において、先述した通り、意図も他のいかなる犯意ある精神状態も要件としない厳格責任違反(offences of strict liability)がある。これらの違反はしばしば傾向として、自然犯（mala in se）ではなく法定犯（mala prohibita）と法的に呼ばれる違反に関連し、また、公共の福祉への侵害と呼ばれるものを含んでおり、そこでの裁判所の裁定は、より深刻な名誉の毀損を引き起こす事案の場合においては、意図の問題を完全に無視することには抵抗する傾向がある。[35]

根本的に重要なのは、私たちが刑事責任を古代とは異なった仕方で扱うとき、それは、責任一般に関する異なる見方があるからではなく、むしろ、行為や被害に対して応答を要求するから、つまり責任を帰属する際に、国家が有する役割について異なる見方があるからである。近代世界は、古代の政治体制では考えられなかった事柄を遂行する権力を国家に付与している。そしてそれと同時に、リベラルな社会では、その権力の行使に対して枠組みを定めることが望まれている。こうした調整の一つの目的は、国家の懲罰権が市民に行使されるのを、意図的に行った事柄で市民自らが危険に陥る場合に限定することである（先に述べた厳格責任の問題では、危険に陥っているのが少し違っていると言えるかもしれない）。こうした理念がどれだけ実現されているかは定かではない。よりいっそう定かではないのは、国家が意図的行為に対して応答をもたらすとき、そうした応答はいったい何を意味するのか、すなわち、近代国家における刑事司法制度がいったい何を目指しているのかということである。古代世界を批判する進歩主義者たちは、近代の刑罰理解が完全に合理的な意味をなすと考えているような印象をときに与えるが、彼らがこうした奇妙な信念をもっているか否かは重要ではない。重要なのは、司法制度のどんな点であれ、それが適正なのかどうかという問いは、私たちが司法制度に対して何を求めるのか、国家権力をどう考えるのかという観点からしか議論されえないという点にある。

私たちは、法的責任についてギリシア人がもっていたどんな理解とも違う理解をもっているが、そのわけは、私たちが法について異なる理解をしているからである。すなわち、それは、私たちが責任に関して異なる理解をしているからではそもそもない。ギリシア人の諸々の責任観があり、それを私たちが純化された道徳的責任と呼ばれる観念に何とか置き換え、そして、可能な限りその観念を国家の法において具現化しようとしたわけではないのである。私たちがなお責任について関心をもつ限りにおいて、私たちはギリシア人たちと同じ要素を用いている。私たちがそれらの要素を異なる仕方で調整するとき、つまりいくつかの繋がりにおいて――決してすべてにおいてではないが――ギリシア人よりも意図的なものを強調するとき、それは部分的には、私たちが特定の行為についていかなる応答が要求されるかについて、異なる理解をもっているからである。とりわけ私たちは、応答の多くを非常に特殊な構成体、すなわち近代国家に託してきたのであり、また、私たちはこうした国家がなしうること、そしてすべきことを統制する諸原理をもつのである。これらの諸原理を作る際に手掛かりとなる重要な理念は、個人は、可能な限り、国家との関係において自分の人生をコントロールすべきだというものである。この理念は近代の法に対して力をもち、[36]また人生の他の側面に対しても同様である。このような理念から法的責任についての観念が形成される限りにおいて、この観念は、近代国家における自由についての何らかの理論によって統制されることになるが、それは責任の理解そのものの道徳的洗練によって統制されるのではない。

前章と本章のはじめで、私たちはギリシア人が意図的なものという観念を用いているのを見てきた。そのことは、二つの真理から導かれる。第一は、ギリシア人が人々の行為を、起こることの原因に含まれるとみなしていたという点である。第二は、人々の熟慮、つまり何をすべきかに関する彼らの思考が行為を生み出すと理解していたという点である。これらの真理はどちらも明白である（とはいえ第二点については、すでに見たように、より高いもの、より深いものを探しつづけて全く地上的なものを見なくなってしまった学者たちの解釈からそれを解き放つ必要があったのだが）。ギリシア人はまた、すでに見たように、意図的にではあるものの異常な精神状態で行われたことについての理解をもっていた。これらの材料から、自発性という観念――本質的に曖昧で限定された観念ではあるが――を構築することが可能である。すなわち、ある事柄が自発的になされたと言えるのは、（ごく大雑把に言えば）その事柄が行為のうちで意図されたことであり、そしてそれが正常な精神状態でなされたときである。テレマコスがそうしたように、責任についてのいかなる理解においても、このような意味で自発的なものとそうでないものとの間に、何らかの区別を設けるのである。とはいえ、同時に、責任についてのいかなる理解においても、応答の対象が自発的なものに完全に限定されることはない。

これらの制約に囲まれた広い空間のうちで、様々な文化がそれぞれに異なる重要性を自発性に付与している。個人にとって重要な帰結をもたらすような問題においては、古代社会よりも近代社会の方が自発性を重視するということはあるかもしれない。単に刑法の一部の側面についての理想化された説明についてはともかく、形式的なものも非形式的なものも含めて全ての範囲の責任帰属を検討したとき、近代社会がはたしていっそう自発性を重視していると言えるのか、私は確信できない。どちらにせよ、私は自発性の重視を否定するつもりはない。私が否定するのは、このような自発性の重視が、「本当に」責任があるということについての基本的な考え、つまり（とりわけ）法制度の諸実践の評価尺度となりうる考えによって何らかの深いレベルにおいて基礎づけられている、とすることである。たしかに、行為を自発性という観点から区別すること、そして、ギリシア人には知られていなかったような方法で区別することは、様々な目的に役立つ。非常に重要なことであるが、そこには正義に関わるいくつかの目的が含まれている。だがこうした目的を特定するには、個人と社会的権力の関係をより一般的に検討するだけでなく、私たちが法や責任帰属の主体に対して何を求めるかといったことまで検討するほかない。責任帰属の公共的な実践は、それに先行する道徳的責任の観念から導出できるとか、あるいは、自発性の観念は責任にとって唯一無二の重要性をもつなどと考えるとすれば、私たちは自己欺瞞に陥っているのである。

自発性という観念自体が、ある一定の地点を超えて洗練されうると考えるのもまた誤りである。自発性という観念は有用であり、正義の諸目的の役に立つが、本質的に表面的な観念である。意図されていたのは正確にはどんな結果だったのか、精神状態は正常だったのか、行為者はある瞬間において自身をコントロールできていたのか、こういった問題を、ある地点より先に押し進めようとするとどこかで、私たちは、日常的で完全に正当な懐疑論の蟻地獄へと沈んでしまう。こうした懐疑論は、日常的に見られるものであり、人間に巻き起こる様々な事柄と真正面から向き合うことでもたらされる。自発性の観念は深遠なもので、それを脅かすのは世界についての対立する何らかの深遠な理論（とりわけ、決定論が真であるという趣旨の理論）のみである、と想定するのは誤りである。このような想定が、自由意志に関する伝統的な形而上学的問題の下敷きになっている。自由意志の問題（これについては第六章でもう少し論じよう）は、形而上学的な期待をもつ者にとってしか存在しない。世界が善であることを期待する者にとってのみ「悪という問題」が存在するように、自由意志の問題は、自発性という観念が形而上学的に深められると考える者にとってのみ存在する。この観念は様々な仕方で拡張されたり縮小されたりしているが、実のところ深められることはほとんどありえない。自発性という観念を脅かすのは、それを深遠にしようとする試みであり、その試みの結果は、あらゆる認識を超えたところにその観念を置くことである。ギリシア人はそのような試みに関わらなかった。すなわちここは、深さゆえに表面的であったギリシア人の才能に私たちが出会う場所の一つなのである。

これまで私たちは、ある人々、あるいはある制度によって要求されるような、他者による応答に関心を払ってきた。だが責任には別の側面もある。それは、公的な存在、国家、隣人、あるいは被害者たちが行為者に求める応答ではなく、むしろ行為者が自分自身に対して求めるものから問いを説きおこす際に現れる側面である。ここで私たちは、法と哲学から悲劇へと、運動場での事故から三叉路《さんさろ》で起きた過ちへと戻らなくてはならない。

オイディプスが〔疫病の原因が殺人という自分の行為にあったという〕ことの真相を発見したとき、彼の応答は自分自身によって下された。「私がこの手で目を突いたのだ」。そう彼は、盲目となったことについて語る。[37] だが彼は、その後を描く別の劇のなかで、自身に下した事柄が度を越していたと後に考え直したと言う。[38] 彼はまたコロノスにおいて、その代償として自分自身を盲目にすることになった事柄を本当は行ったのではなかったと、著しく簡潔な表現で次のように言う。「私のしたことは、私の仕業というより、むしろ被害だった」[39]。ある進歩主義の批評家はこれらを「ぎこちない言葉」と呼び、『四部作集』に見られる類の考察を言語に適合させようとする無理やりな試みとみなす。私は、ソポクレスが道徳意識の成長に自らを適合させるようもがいていたなどとは信じておらず、そして、単にオイディプスのしたことを記述したかったのならば、彼にはそうするに足る言葉があったと確信している。オイディプスのこれらの言葉が表現しているのは、もっとずっと困難な何かである。すなわちそれは、その「エルガ〔行い〕」が彼自身の生にとってもつ意味と折り合いをつけようとするオイディプスの試みなのである。というのも、問いをきわめて率直なかたちで立てることができるとして、もし、単なる空想ではなく現実の生において、自分の父親を殺して、自分の母親と結婚していたのが分かったとすれば、人はそもそも何をするべきなのだろう。死を前にした数日で表現されたように、オイディプスでさえ、目を潰すことと追放こそが応答でなければならないとは考えなかった。しかしだからといって、いかなる応答もなくてよいのだろうか。あたかも何も起こらなかったかの如くに。いやむしろ、問いを正しく言い換えてみよう。そのような出来事は起きたのだが、しかしオイディプスの行為者性によって起きたわけではない、ということだろうか。例えば、ライオスは死んだし、否《いな》、殺されさえしたのだが、しかし、オイディプスが当初信じており、またしばらくの間望んでいたように、殺したのは他の人であるといった如くに。『オイディプス王』の全体の筋、あの恐るべき舞台装置は、まさに一つのことの発見へと向かう。すなわち、彼はそれをしたのだと。私たちがその発見の恐ろしさを理解できるのは、単に、殺人がもたらす罪についての呪術的信仰や責任についての古代《アルカイック》の観念の残余を共有しているからだろうか。決してそうではない。私たちがそれを理解するのは、人の生の物語において、自分が意図的に行ったことによってだけでなく、自分がただ行ったことによって発揮される影響力が存在することを私たちが知っているからである。

　私が先に引用した、悲劇に関するヴェルナンの言葉[40]——それらの言葉が悲劇にとって意義を有するために、彼はそれらを神々が存在するような世界に対してのみ適用するのだが——の中で、行為の二つの側面が挙げられている。それらは熟慮と結果の側面であり、それらの間には必然的な溝が存在する。後悔は、その多くの部分を、意図を超えて生じた結果に左右されざるを得ない。ときには、後悔は単に、行為を誤らせた外的状況に焦点を置くことがありうるし、そこでの思考とは次のようなものだろう。私は自分がなしうる限り最もよく熟慮し行為したのであり、あのようになってしまったのは悲しいことだ、と。しかし後悔がいつもこのように距離を置いてなされることはありえず、それは熟慮と行為の瞬間へと遡っていき、そのように行為したことを後悔してしまう。それでもなお、この後悔は、きちんと熟慮しなかったことを含意するわけではない。というのも、あなたはなしうる限り最もよく熟慮したのであり、それでもなお、そう熟慮したこと、そしてそのように行為したことを深く後悔するということがありうるからである。それは、傍観者が抱きうるような起きてしまった事柄を遺憾に思う気持ちとは異なる。それは行為者の抱く後悔であり、こうした後悔は消し去ることができないこと、そして、自分の生が、自分が意図して行ったことと自分にただ起きてしまったことの二つに切り分けられないこと、こうしたことは、行為というものの本性に含まれているのである。

ここまで、意図せず行ったことのために、あなたが他者によって責任を負わされうることについてみてきた。傷ついた人々は応答を必要とする。人々に起きたことはそれだけで、何らかの応答を求める権利をその人たちに与えると考えられるし、人々が目を向けるにふさわしい場所が、そのことの原因であるあなたより他にどこにあるだろうか。現代の世界では、こうした要求に対応するために、あなたは保険に入っているかもしれないが、保険の構造そのものは、被害者があなたの方に目を向けていることをすでに含んでいる。さらに、保険のある現代にあっても、それですべての要求が満たされうるわけではない。他の人々に与えたあなたの影響や彼らの生に対するあなたの態度は脇へ置くとしよう。それでも、自分自身に対するあなたの態度という問題が存在する。ある者は端的に自らの生を破滅させてしまうかもしれない。あるいは、こうした完全な最終決定はしないにしても、自分を捨て鉢な状態にしてしまい、そこから生きるに値する状態へと回復するには、とてつもない力と幸運が必要になってしまうかもしれない。もしそうしたことが起きたのなら、それこそがその人に起きた事柄である。しかし同時にそれは、その人が起こした事柄でもある。その人に起きたこととは、実のところその人がそれを起こしたということである。それがコロノスでオイディプスが述べた言葉の眼目である。彼に起きた酷《ひど》い事柄とは、彼自身にいかなる過失がないにせよ、自分がそれらのことを行ってしまったということなのである。

転落のあと、彼の苦難の多くは単なる苦難、すなわち、彼に起こる事柄である。それらのうちのいくつかは、彼が行ったことに対して他の人々が起こす反応によって彼の身に起こる。例えば、ソポクレスの『コロノスのオイディプス』の冒頭、神域の森に立ち入った者がこの穢れた男であったのを見出したときに叫ばれる〔村人役の〕合唱隊《コロス》の恐れは、こうした反応の一つである。いったん穢れの観念は脇に置くとしよう。また、オイディプスが、彼が行い苦しんだことがまさに理由となって、その死において善なる力、守護の力へと変容するというこの劇の終わりで示される考えも脇に置いたとしよう。彼の行為によって生まれた違いは、忌まわしきものであれ祝福されたものであれ、その行為によって新たな因果の力が彼に与えられたことだという考えも脇に置いたとしよう。これら全てを脇に置いたとしても、彼がそれらのことを行ったということは、変わらず彼にまつわる真理であり、現在形の真理である。すなわち、彼こそがそうした事柄を行ったその人なのである。

この現在形の真理の重要性は、多くの事柄に依拠している。彼が行ったことによってどれほどのことが変化しただろうか。例えば、彼はテバイの輝かしい王であったが、今はそうではない。あるいは、彼その人がそのことについていま思うことも変化している。そして、『コロノスのオイディプス』の最も優れた特徴の一つは、苦々しい思いといまだ消えない怒りを抱いたこの救いのない男が、自分自身の生に対する理解を示すことで、他者に影響を与えるありさまである。はじめはオイディプスを拒絶していたコロスが態度を変えていくとき、彼らコロスは、幾人かの学者がそう主張するように、オイディプスの生に対する新しい理解を得たという単純な話ではない。彼らが得たのは、自分の生に対して彼が抱いている理解なのである。

この生の理解とは、まるで彼があれらの事柄を行わなかったかのような理解では全くない。たとえ「ミアズマ」が前景から消えているとしても、そうではありえない。コロスは、彼を穢れた者とだけ考えるのをやめたときから、彼を地に眠る力とみなすようになるまでの間、彼と日常的な人間関係を、とりわけ憐れみによって形成された関係を保ち続けた。その憐れみは、彼の過去を認識してもなお保たれている。その憐れみは、のちに彼が受けた苦難によってだけでなく、彼が行ったことによって、そして自分の行ったことを彼自身が受け入れたことによって引き起こされている。すなわち、彼が自らの行ったことをどう見るかと、他者がそれをどう見るかは、こうしたいかなる場合もそうでなければならないように、それぞれの部分部分が互いをかたちづくるような、一対の見方を生み出すのである。

憐れみは、こうした事柄を行ってしまった者に対する、報復的でも呪術的でもない最小限の人間的な応答である。そうした事柄を行ってしまった者に対する、報復的でも呪術的でもない最小限の人間的な応答である。

憐れみは、こうした事柄を行ってしまった者に対する、報復的でも呪術的でもない最小限の人間的な応答である。そうしたことの次には、好奇心か忘却か無関心しかない。自分の行ったことに対して憐れみを受けることは、いまやオイディプスが受け入れ、欲しさえするものである。しかし、他のある種の人々にとっては、非自発的に行ってしまった事柄について憐れみを受けるという、この最後の、全く懲罰的でない認識すら、耐え難いことかもしれない。すなわち、行ってしまった事柄は、ただそれだけで、それがなければ自分の生であったはずのものを破壊してしまう。それこそが、ソポクレスが描くアイアスに起きたことである。

アイアスは、直接の意図のゆえにではなく[41]（前に用いた言葉で言えば）その精神状態のゆえに、ここまで論じてきたような問題を引き起こす行為の主である。武勲の証として与えられるアキレウスの武具がオデュッセウスに与えられ、侮辱を受けたアイアスは、味方の軍将たちの殺害を企てる。これを阻むべく女神アテネは彼を狂気に陥れる。彼は、オデュッセウスや他の軍将を殺していると思い込みながら、軍の飼う羊と牛の群れを（そして、ソポクレスはそのことから何も引き出さないものの、二人の牧夫も）殺戮する。『イリアス』のアガメムノンとは状況が異なり、この「物狂いの病」（このような表現が繰り返し出てくる)[42]は、アイアスの目的にではなく知覚に作用を与える。すなわち、生々しい言葉でもって、アテネは「彼の両の目に耐え難い妄想を投げ入れた」と述べられている。[43]彼ははじめ、切り裂かれた獣たちのなかで血まみれになりながら、何も気づいていない状況で発見される。そしてその彼が初めに引き出した人間的な反応は、実際のところ憐れみであった。それは、ただ彼に対する憐れみではなく、私たち全てに対する憐れみであった。アテネは豪語する。

知るがよい、オデュッセウス、神々の力がいかばかりかを。
かつてあの男にまさる思慮を持ち、また機をとらえてかれ以上に
的確に振舞える人物がはたしていたであろうか。

(『アイアス』一一八—一二〇行)

それにオデュッセウスは答える。

おりません、わたしの知るかぎりは。それにしても
敵とはいいながら、憐れみを覚えます、……
思えばあの男の身の上は、すなわちわたしの身の上。
なぜならわたしは、命ある私たち全てのまことの姿を見ているのだから——
われらの生はしょせんは夢まぼろし、
むなしい影に過ぎないのだ。[44]

(同　一二一—一二六行)

その後、アイアスは目覚め、正気を取り戻したことを示す。そこには、絶望と何より恥辱が猛烈

な感情となって沸き起こっている。彼は、他ならぬ自分を全く馬鹿げたものにしてしまった。[45] 彼にとっては、自ら命を断つ他ないことが次第に明らかになっていく。彼は自らの「エートス」、つまり性格を変えられないことを知っているし、彼が行ってしまったこと、この醜い屈辱のあとでは、まさに彼の「エートス」が要求するような生を自分が生きることができないことも知っている。物語が彼の死に向かっていく劇の前半で、彼は自らの行ったことへのただの反動から、彼と世界がどのようであるかの理解を踏まえ、死ぬしかない理由についてのより深い理解へと移っていく。[46] 劇の後半の大半を占めるほどの不釣り合いな議論は、少なくともこの点で彼は正しかったことを示している。彼は、彼という存在のままでありながら、こうした事柄を行った人間として生きることはできないだろう。彼が世界に対して期待するものと、そう期待する人間に対して世界が期待するものとの関係からすれば、それは端的に不可能なのである。

エウリピデスが示唆するところでは——彼が明示することは決してなく、常に示唆に止まるのだが——アイアスのような人間にも出口がありえたのである。『ヘラクレス』において、ヘラクレスはほぼ同様の理由〔女神ヘラによる悪意〕からさらに恐ろしいことを行い、狂気のうちで自分の子どもを殺害する。正気に戻ったとき彼もまた自殺を決意するが、そうしないよう説得される。この劇は『アイアス』に対する一つの批評的応答であることが意図されている、と納得のいく提案がなされている。[47] また、自殺を決意するなど全く平凡な反応だという、この種の英雄をきちんと狙った議論をテセウスが用いる点それだけとっても非常に鋭い。[48] ヘラクレスが自殺の選択を捨てアテナイで生きるために町を去るとき、彼をもちこたえさせているのは二つの事柄、すなわち、テセウスの友情の支えと、自殺は臆病の一形態なのだという考えである。[49] アイアスのいた状況には友情という契機はほとんどなかった。むしろ、友情の裏切りこそ、彼の頭に取り憑いた最大の思いの一つであり、彼の孤独は揺るぎない。その孤独は例えば、舞台上において一人で自刃するという、現存するギリシア悲劇では他に例のない表現で示されている。とはいっても、臆病という考えは、彼の心のどこかに存在しえたのである。

たしかに、このようなことを行ってしまった人間としては生きていくことができないという結論へとアイアスを導いた彼の自画像は、他の者にどう見られるかに重きを置く価値に基づいている。こうした価値について、またその価値が適切な自律性を保持したり破壊したりする仕方については、次章でみていくことにしよう。だが、次のことはすでに明らかになっていると思いたい。意図せずに行った、あるいは通常の自己でない状態で意図したことにもかかわらず、そのような事柄を行った者として生きることができないと人が考えるようになるのは、もっぱら、自分が愚かしく見えているという過剰な意識のため、あるいは単なる外見に依拠するような価値観のためというわけではない。たしかに人々はそうした状況で生きることができないと考える必要はない。彼らはこうしたことを何も考える必要はないのだし、これは、義務への配慮といったものとは全くかけ離れた種類の倫理的思考である。だが、自分のしたことによって、生き続けるために唯一もっていた理由を破壊してしまったということが、彼らの生の理解から、そして、他者に対して彼らの生がもつ意義から帰結するのならば、彼らがそう考えることに道理はある。まして、意図せず行ったことが、自身の生を破壊しないにしても、その生を根本的に変えてしまったと、そしてその生が変わったのは、彼らの生に起こったことのゆえであるだけでなく、彼らがそれを行ったがゆえなのだと、彼らが認識していてもおかしいことは何もない。

ベンヤミンが指摘した悲劇の英雄たちの「沈黙」は、まさにこの点に関わる。すなわち、英雄たちは、かかる規模での運に晒された生をもっており、それは明らかなことなのである。彼らはそのことを誰に説明する必要もないし、それについて議論する必要もない。ヘラクレスの場合、分別をもってテセウスの話を聞き自殺をやめたとき、すでに悲劇の外へと出ている。現実の人生でこうした沈黙と気高さを表現しようと試みるのは、壮大な幻想である。というのも、陳腐なことだが、悲劇はあくまでも芸術なのだから。とはいえ、このような芸術が表現する一つの事実とは、ある人の生がもつ意義、社会と取り結ぶ関係を考えると、被害者の権利をもつ、あるいはその立場に立つ者が誰もいないときでさえ、その人は、行為に対する自らの責任を感じ表現することを必要とするかもしれないということである。さらに言えば、本章の前半でそのありようを明らかにしようとしたように、応答が誰かによって要求されており、損害賠償の要求が存在する場合には、応答はそれ自体、責任を問える行為者の意図を超えるのである。ギリシア人が理解していたように、私たちが感じるべき責任は、私たちの通常の目的や意図して行った事柄を超えて、さまざまな仕方で広がっているのである。

# 第四章
# 恥と自律

アイアスは、自決の決意を固め、他者に向けて語る最期の言葉の中で次のように述べる。

おれは我が道が行かねばならぬところへ行くつもりだ。[01]

〔ソポクレス『アイアス』六九〇〕

彼が用いた言葉は「ポレウテオン〔行かねばならない〕」、すなわち必然性の非人称表現であり、ソポクレスに登場する英雄たちがしばしば用いる話法である。同様の表現でオイディプスは、「それでも治めなければならぬ」とか「だがやはり聞かねばならぬ」と述べている。『トラキニアイ』〔『トラキスの女たち』〕のなかで、ヘラクレスの息子が「僕《ぼく》に何をさせようとするのですか」と述べると、ヘラクレスは「なされねばならないこと」と答える。[02] こうした表現はまさに、悲劇の登場人物たちが、自分のこだわり、拒絶、反抗、あるいはその他の頑《かたく》なな態度を表現する一つの方法であって、それらの頑なな態度はしばしば、他の人物たちにおいても同様に必然性の表現をもたらすのである。そうした人物の原型はホメロスのうちに、とりわけアキレウスのうちに見出すことができる。なるほど、彼は参戦を拒否し、ヘクトルの願いも冷たく断るのである。[03]

彼らは、どんな必然性を表現しているのだろうか。この問いは重要であるが、誤った方向に答えが向かいやすい問いでもある。というのも、近代道徳とカント主義的観念の影響によって、ここで問われている必然性が、義務の「ねばならない」、すなわち、道徳の定言命法であるかどうかをまず考えてしまう傾向があるからである。[04] これに対して答えを出すのは容易である。つまり、こうした人物が選択した行為の方針、それに与えた理由からみて、定言命法がここで問われていないことは十分明らかである。ただ、そうだとすると、カント的な説明で残されている答えは、そのような必然性は、カントが「仮言的」命法と呼んだものとなるだろう。すなわち、これは、単に行為者が何をしたいかに相対的な「ねばならない」である。例えば、「私はいま行かねばならない」と言う者がいたとき、「その人が意図していることが何であれ、それをしたいのであれば、行かなければならない」以外のことは意味されていない。さて、ソポクレスの英雄たちがこうしたことをそのまま言おうしているわけではないことは明白である。アイアスやオイディプスは、自分がたまたまもっている目的のために必要だという意味のみにおいて、ある手順が必然的であると考える能力は有している。しかし、いま問題となっている事例で彼らがもっていたのはこうした考えではない。彼らはこうした行為を必然的とする何らかの目的をただ偶然もっていたのではない。すなわち、彼らの英雄的な「ねばならない」は、何らかの「「仮言的な」ならば」に依存したものとしてはそもそも経験されていない。事実、この「ねばならない」は定言的であるように思える。アイアスが自分は行かねばならないと述べるとき、彼が言おうとしているのは、自分は行かねばならない、以上。ということに尽きるのである。

この「ねばならない」は、カントの命法のどちらも表していないように見える。しかし、カント主義者はこの論点を無視して、ここには「もし」が存在するが、隠されている――実は行為者自身にも隠されている——と主張する。この観点からすれば、行為者が表現する必然性は常に相対的である。それは、当然と単にみなされてきたある種の欲求に対して相対的ということである。この欲求は——とその説明は続くのだが——心理的な圧力を加え、その圧力を行為者が絶対的要請として誤って受け取ってしまうのである。その欲求が何であるかは場合による。それは、神々への畏怖かもしれないし、世間の声に迎合しようとする軽率さかもしれない。あるいは、アキレウスの限界的なケースにおいては、肥大した自己主張のプロジェクトかもしれない。しかし、そうした欲求が何であれ、この「ねばならない」に隠された構造は同じ仕方で現れるとカント主義者は続けるだろう。つまり、道徳そのものによる無比の定言的要請に到達しない限り、「私はこれをしなければならない」が、「私が欲するものを私がもちたいならば、あるいは恐れるものを避けたいならば、この行為は必然的である」以外を意味することは決してないのである。

ここに私たちは、カント主義の構築物の巧妙さ、すなわち、道徳をこのように説明するしかないと思わせるその力を見ることになる。この点は、古代ギリシア世界に対する進歩主義的な説明が形成される際にカント主義が与えた影響を理解するのにも役に立つ。あなたが欲するものを追い求め、恐れるものを避けるだけでは、そこにはいかなる道徳の内実もないことを、誰もが知っている。もし、そうしたものがあなたを動かす唯一の動機であるならば、あなたは道徳の内部に入っていないし、また——より広義の表現を使えば——いかなる倫理的な生ももっていない。もしカント主義の診断が正しいなら、なるほどギリシア人は道徳以前の存在として現れてくる。道徳の光が差し込んだ一、二の賞賛すべき例外を除けば。おそらくは、いくつかの解釈のもとでのアンティゴネ、そしてソクラテスといった例外である。ギリシア人はまさに子ども、道徳的発達に関するジャン・ピアジェ的な物語における幼児だったのであり、ホメロス的英雄は、ピエール・ベールの『歴史批評辞典』〔一六九六年〕中でアキレウスの項に転載された韻文によって正確に表現されていたことになる。

アキレウス九年　公正さ陽のごとし
勇猛さ　戦場の剣のごとし
愛妾奪われて泣くは
ガラガラをとられた赤子のごとし[05]

しかし、こうしたカント主義的な説明は受け入れることができない。カント主義はその内部の領域において解決不能な問題をもっており、とりわけ、義務の独特の要請がそもそもどのように機能するとされているかの説明が問題である。だがそれはここでの関心からは外れる。[06] ここでの関心は、そしてまたカント主義者も目を向けるべきなのは、ギリシア的な保育園そのものにおいても、人々は、単なるわがままや恐れだけで全てが済むわけではないことを自覚していたという事実である。例えば彼らは、勇敢さと正義という徳を認識していた。もしそうならば、カント主義の構築物では隠蔽されてしまうような倫理的思考や経験への別の可能性が存在するはずである。実際それは存在する。ただし、こうした可能性の探究に際しては、カント主義的な思考の連想が、それらの理解を阻むように常に働くことを心に留めておくべきだろう。

このことが最もよく当てはまる例が、恥の概念である。カント主義の対立図式のなかで恥は常に良くない側に位置づけられてきた。このことは恥が、顔が立ったり立たなかったりするといった観念と悪名高い仕方で結びつけられてきたことによく現れている。「顔」とは、実在に反する見かけ、内面と対立する外面を表すとされ、その価値は表層的であるとされてきた。というのも、私が自分の面目を守ったり失ったりするのは、他人の目があるからにすぎず、その価値判断は他律的なのである。そして、私の顔を守れるのか、それとも失うのかにしか関心を向けないという点でエゴイスティックである。だが恥とはどういうものか、そして、恥を中心にまとめられた倫理的関係がどう機能するのかに関する以上のような理解はすべて正しくない。あるいは、私はむしろ次のように論じるつもりである。たとえ以上のような理解に何か中身があるにしても、それはもっとずっと長い議論の最後に来るものであり、そのレベルまで辿り着くときには、論点となる事柄も、カント主義が簡単に切り捨ててしまう場合より、ずっと面白く問題を孕んだものとなるはずだと。これが成立するのは、単に古代ギリシア後期に見られる恥の発達と洗練によるわけではない。恥が単に表面的でないことは、カント主義的な切り捨てが最も強力に適用されてきたホメロスの場合でも、真である。ホメロス的社会が恥文化であったという考えには何かしらの真理が含まれている。[07] 恥文化は古代後期においても（形を変えてであれ）たしかに持続していたし、おそらくそれより長く続いていたであろう。だがこうした主張をするつもりならば、私たちは、恥それ自体には何が含まれているかを、もっとはっきりさせなくてはならないのである。

恥と結びつく基盤的経験とは、見られてしまうこと、つまり、不適切な仕方で、誤った人に、誤った状況で見られるということである。[08] この経験は裸であること、とりわけ性的な意味でのそれとただちに繋がる。「アイドイア」という語は、「アイドース（恥）」の派生語であるが、性器を意味するギリシア語の標準的な表現であり、同様の表現は他の言語にも見られる。[09] 恥への反応は、自分自身を覆うこと、あるいは隠れることであり、人々は当然、そうなる状況を避ける方法をとる。例えば、オデュッセウスはナウシカアの侍女たちと一緒のところで裸で歩くのを恥じる。こうした恥を起点に、様々な種類の気恥ずかしさや決まり悪さを通してその適用範囲は広がる。〔神へパイストスの妻である〕女神アフロディテと軍神アレスが、ヘパイストスの網によって浮気現場《イン・フラグランテ・デリクト》を押さえられ、動けなくなった姿を男神たちは嘲笑しに行くが、女神たちは「アイドーイ〔恥から〕」家に留まる。同じ言葉でホメロスは、結婚したいという気持ちを父に伝えに行くときのナウシカアの決まり悪さを、求婚者たちの前に姿を見せることへのペネロペイアの拒絶を、〔アキレウスの母である女神〕ティテスが神々を訪れることへのためらいを描くことができる。性的な文脈から離れるが、同様の例として、オデュッセウスは、パイアケス人に涙を流すのを見られるのを決まり悪いと感じた、あるいは恥じた。すると、弁論家たちの言葉の中に名詞「アイドース」が単独で用いられていることも同じ領域の事柄に位置づけることができる。例えば、イソクラテスが、若者がアゴラを横切らねばならないとき、昔は「恥じらい、決まり悪そうに」通り過ぎたものだ、と述べるときなどがこれに当たる。以上のような事例で恥を避けることは、一つの動機として働いている。すなわち、誰かがあなたを見るときどう感じるかについて、あなたは予期しているのである。[10]

　自分のしたことを人々がどう言うかに対する恥への恐怖が動機となるとき、事態はさらに一歩進むことになる。ホメロスにおいては、戦場で戦う理由として「アイドース」に訴える場面が頻繁に登場する。アイアスは次のように自分の仲間を奮い立たせる。

親愛なる親友たちよ、今こそ男になれ。恥を知る心を胸に叩き込み……
恥を知る者は討たれるより助かることが多いものだ。

〔『イリアス』第一六歌五六一行以下〕

〔ギリシア軍将の一人〕ネストルは、戦士に自分たちの妻や子ども、財産、さらに生きているか否かにかかわらず両親を思い出すよう求め、それと同じように「他の男たちの目に映る」ときの恥に訴える。事実、「アイドース（恥）」という一語は、戦場で鬨《とき》の声としての役割を果たすのである。[11]

この種の予期的な恥は、一種の恐怖とみなすことが可能である。ギリシア人たちは、「ヘクトルの挑戦を拒むことを恥じつつも、受けて立つことも恐れて」対峙することをためらった。彼らは、前に出ることにも後ろにいることにも恐怖を感じ、押しつぶされているとみなせるだろう。恥の諸動詞は、恐れという文法構造をとることができる。それゆえ、ポリュダマスの言葉に耳を貸さなかったことで犯した過ちを後悔し、そして、自分の思い上がりのために兵士を失ったヘクトルは、アキレウスに立ち向かわないとき、自分より劣る何者かに悪様《あしざま》に言われるであろうことを恐れる。

トロイエの男たち、また裳裾《もすそ》曳く女たちにも合わせる顔がない。
私に比べれば取るに足らぬ何者かがこんなことをいうかも知れぬ、
「ヘクトルは己の力を恃んで兵士らを殺した」と。[12]

〔同　第二二歌一〇五―一〇七行〕

ここにはたしかに恐怖が存在する。しかし、これから見るように、恐怖がすべてであるわけではない。

ホメロスにおいて、恥を知っていれば行わなかったであろうはずの事柄を行った者に対する反応は、「ネメシス」という、動揺、嘲《あざけ》り、悪意から、義憤、憤慨まで、文脈に応じて幅広く理解されうる反応である。[13]「ネメシス」とそれに関連した言葉が曖昧だと考えてはならない。それは一つの反応として定義され、それが心理的にどんな内容をもつかは、その反応の対象であるアイドースの個々の侵害がどんなものなのかに正確に対応している。レッドフィールドが述べるように、「アイドース」と「ネメシス」は「一対の合わせ鏡」なのである。[14]アキレウスが「アイドイス・ネメセートス」と描かれるとき、それが意味しているのは、周知の通り彼は自身の名誉の侵害、すなわち他者に「アイドース」の感覚があれば、その人がしなかったであろう侵害に対して敏感であるということである。つまり、彼自身が「アイドース」の強い感覚の持ち主なのであり、それが彼を侮辱から守るのである。「ネメッセートス」(標準形)は通常「憤慨しがちな」を意味するのではなく、「憤慨に値する」を意味するが、「ネメシス」と「アイドース」それ自体が、社会的関係における両方の面に現れるのは、これらの感情の働きにとって自然なことであり、実際基本的なことである。人々は、自分自身の名誉を守る感覚と、他者の名誉を尊重する感覚を同時にもつ。自分の場合でも他者の場合でも、名誉が侵害されたときには、憤慨あるいは他の形態の怒りを感じる。これらは同種の対象に対する共有された感覚であり、感情の共同体において人々を結束させる役割を果たすのである。[15]

ポセイドンが、恥だけでなく「ネメシス」にも訴えることで軍勢を鼓舞するとき、動かそうと望んだのは、こうした結びつきである(第一三歌一二二行)。とはいえ、ホメロスにおいて「ネメッセータ」である事柄、すなわち、こうした反応の対象としてふさわしい事柄は、戦いの場で逃げることだけではない。『イリアス』においては、平民が集会で発言することや、神が死すべき定めの人間と親しすぎることがそこに含まれる。『オデュッセイア』では、自らの母を家から追い出すこと、鏃《やじり》に猛毒を塗り込むこと、オデュッセウスが襤褸《ぼろ》に身を包んで妻の前に現れること、そして、「アナイデイス(恥知らず)」なものとして繰り返し描かれる求婚者たちの振る舞いなどが、これに当たる。[16]

ホメロス期の恥文化において個人は自分の成功に何よりも関心があり他者を犠牲にすることを厭《いと》わないとする、A・H・アドキンズの研究と特に結びつけられる考えは、本質的な部分で誤っている。すなわち、「アイドース」と「ネメシス」の構造は本質的に、人々の間で相互作用的なものであり、分断と同じだけ結束の役割も果たすのである。[17] もし恥の体系が基本的にエゴイズムであると批判するのであれば、それを具現しているとされるホメロスに対してでさえ、いま論じているところより深いレベルで批判はなされる必要があるだろう。これとほぼ同じことが、恥の体系は未成熟な仕方で他律的であるという考えにも当てはまる。そこでは、何をなすべきかの個人の感覚が、他者が彼や彼女について何を考えるのかの予期にのみ基づいていると考えられている。このことがもし真実であるなら、同様に、普通考えられるよりずっと深いところでのみ成立する。ホメロス的な恥が競争における個人の勝ち負けのみを対象にしていると考えるのが誤りなのとまさに同じく、共同体の好みに合わせることにしか関係しないと考えることも、また別の誤りである。しかし、後者に含まれる誤りは、一つではなく二つあり、それらは区別されねばならない。一方は馬鹿げた誤りでしかないが、もう一方の誤りは興味深い。

馬鹿げた誤りの方は、恥にまつわる反応が、露わにされることだけに依存していると考えること、すなわち、恥によって駆動されるすべての意思決定や思考の背後にある感情とは、文字通りかつ直接的に、見られることへの恐れにほかならないと考えることである。ホメロスに登場するアキレウスも、罰を受けないと分かっていたら、敵軍に提示されたときに断った宝を夜に抜け出して自分のものにするかもしれないと、私たちに信じさせようとする者がいるとしよう。その場合、この人は残念だがアキレウスの性格を理解していないし、アレクサンダー・ポープがアキレウスの「作法《マナー》」と呼んだものも理解していない。彼は次のように書いている。「それら作法ははっきりしている。そして、英雄がどんな決心をするかをあらかじめ明らかにする」[18]。もしすべてが発見の恐怖に依存しているのだとしたら、恥にまつわる諸々の動機は全く内面化されていないことになってしまうだろう。事実上、誰も性格《キャラクター》をもたないことになってしまうし、さらに、行動を統制するための一貫した体系として恥の文化が存在するという観念そのものが理解不能になってしまうだろう。

たとえ恥とそれにまつわる動機が他者の視線という観念と何らかの仕方でいつも関わるのだとしても、そこで働いている多くのものは、想像された他者の想像された視線だということは重要である。[19]むろん、最も初歩的な場合、すなわち裸を晒されるという恥についてはこれに当たらない。また全く架空の観察者に晒されていることを恐れる者は、自分の裸そのものを恐れているのであって、その恐れは病的であろう。[20]とはいえ、架空の観察者は、より一般化された社会的な恥へ進む過程において、非常に早い段階で入り込むことが可能である。ジャン＝ポール・サルトルは、鍵穴を覗く男が、自分も見られている存在であると突然理解する姿を描いた。彼は、覗きをしていることが誰かに見られたら恥ずかしいと感じるだけでなく、覗きそのものを恥ずかしいと考えるかもしれない。この場合、想像された目撃者は恥という反応を引き起こすのに十分であろう。この想像された他者の重要性を見落とすことが、私が馬鹿げた誤りと呼んだものである。

第二の、そしてより関心を惹く誤りは、問題となる視線の持ち主である他者のアイデンティティ、あるいはその態度に関わる。恥は、ただ見られるという問題なのではなく、ある特定の見解をもった観察者に見られるという問題でなければならない。実際、この観察者のとる見解はそれ自体批判的である必要はない。人々は誤った仕方で誤った聴衆に賞賛されることを恥じることがある。同様に、もし、その見解が自分が軽蔑している観察者のものであれば、彼らは悪く見られることを恥じる必要はない。たしかにヘクトルは、自分より劣った者から批判されるのを恐れたのであるが、それは彼がその批判を正しいと考えたからであり、劣った者からも批判されるという事実は事態を一層悪くするだけだろう。劣った者が何か敵意あることを言うという事実それ自体は、必ずしもヘクトルの関心を惹かないのである。ギリシア軍の側にも同じようなことがあり、ネストルの意見は重視されるが、テルシテスの意見はそうとられない。

いくつかの場合において、恥は実際、まさにある特定の社会集団の態度や反応と関係づけられる。ペネロペイアは求婚者たちに、オデュッセウスの父の葬《とむら》いの衣裳を織っていると語り、こう言う。

夥しい財をなしながら、死装束もなしに横たえられたりしたら、
この郷のアカイア女の誰かれが、きっと私を非難するでしょう。[21]

〔『オデュッセイア』第一九歌一四六行以下〕

しかし、ホメロスにおいてでさえ、恥という観念に動機づけられている者が、特定の社会集団の反応のことのみを考えているわけでないという点は注目すべきである。恥の内面化とは、隣人の代表であるような他者を単純に内面化するのではない。テレマコスは、イタケの民衆に向かって求婚者たちの振る舞いを非難しながら、その民衆に対して、それらの非道を自分のこととして憤るよう、そして周辺に暮らす他者たちの目を恥じるよう語りかける。[22] ここでテレマコスは、同じことを二度言っているわけではない。ナウシカアは、異国の美男子〔オデュッセウス〕と一緒にいるところを住民に見られ、彼らが何を言うかと、そしてそれがスキャンダルとなることを恐れる。しかし彼女は次のように付け加える。

私だって、もし他の娘がそんなことをしたら黙ってはいません。[23]

〔同　第六歌二八六行〕

私は先に、恥のもつ結束の効果、相関する効果について述べた。ある振る舞いをすると怒る人々がいて、それらの人々は、同じ理由からその振る舞いを避けるとする。行為者は、こうした人々に顔向けできないという予期的な恥によって動機づけられる。ナウシカアは、住民が自分に対してもつであろう反応を他者と自分がいかに共有しているかを自覚している。戦場では個人の武勲が重視されるためそこまで明白ではないものの、ナウシカアの例は戦場にも当てはまる事柄を浮き彫りにする。つまり、これらの相関した態度は、何かその向かう先がなくてはならない。私があなたに腹を立てるのをあなたが知っているから、私は、あなたが私に腹を立てることを知っているということは、単なる構造の問題ではない。こうした相互関係にある態度は内容をもつ。つまり、ある種の行動は賞賛され、別の行動は受け入れられ、さらに別の行動は軽蔑されるのであり、内面化しているのは、こうした態度であって、敵意ある反応の単なる予期ではない。[24] もしそうではないなら、もう一度繰り返すと、いかなる恥の文化も存在しないし、共有される倫理的態度もそもそも存在しないのである。

以上のことは、内面化された他者と私が呼んできたものについて、より多くのことを語っている。このことは、内面化された他者がある特定の個人である必要はないこと、単にある社会集団の代表である必要もないことを、実のところ示している。この他者は、倫理的な語彙によって特定できる。彼（この代名詞がいかなる性差も含意しないことを、ここでは特に強調しておきたい）は、私が尊重するだろう反応の持ち主と解される。同様に彼は、当の反応が適切な仕方で自分に向けられたならば、その反応を尊重する者とも解される。

しかし、内面化された他者が倫理的な語彙によって特定されたならば、このような彼は、以上の心的過程で、もはや実質的な役割を果たしていないのではないだろうか。彼が私自身の一部である材料から構成されているのであれば、彼は私の心からもはや独立していないのではないだろうか。もし彼が、何を行うのが正しいのか、私の考えていることからのみ反応するような想像上の存在にすぎないならば、なるほどこの内面化された他者は帳消しにされねばならない。つまり、彼は他者では全くなくなっている。

だが、このような還元的な手続きをとること、そして、二つの選択肢しかないと考えることは誤りである。つまり、倫理的思考における他者が、特定可能なある個人や一人の隣人の代表であるか、あるいは、私の孤独な道徳の声の反響以外の何ものでもないか、このどちらでしかないと考えるべきではない。この二者択一は、現実の倫理的な生の実態の多くを取りこぼしている。内面化された他者は、実際抽象化され一般化され理想化されてはいるが、他者は誰でもないわけではなく潜在的な誰かであり、私ではなく他の誰かである。他者は現実の社会的期待に焦点を当てることができる。すなわち、私がこのように振る舞うことがどう生きることになるのか、私の行為と反応が私を取り巻く世界と私の関係をどう変容するのか、こうした問いに焦点を当ててくれるのである。

このようなありようこそ、前章でアイアスに関して見出したことである。彼はもはや生き続けられなかったのだが、それはまさに、これまで恥の働きに見てきた相互関係の構造に由来する。彼が生き続けられなかったのは、彼が世界に期待することと、そのようなことを世界に期待する者に対して世界が期待することとの間にある関係によるのである。そこでの「世界」は、彼の内で内面化された他者によって代表されるのであり、どんな他者でもよいわけではない。というのも、彼は、ある種の人々の慰めも気にしなければ、他の種類の人々の軽蔑も気にしないだろうからである。しかし、彼の中の特定の他者は、彼が生き続けていくならば生きなければならない現実の世界をまさに代表しているのである。アイアスという個別事例において、彼自身と世界の間で絡み合った期待は、もちろん彼の英雄的戦士としての地位と特別な仕方で関連している。アイアスの場合、この関係性が、グロテスクな失敗に終わった愚かしい彼の試みが、なぜあれほどまでに重大な意味をもってしまったのかを説明する。

アイアスの場合、他者が誰なのか、少なくともどのような人物でなければならないかを私たちに示している。アイアスは何をすべきか考える。

だがしかし、父テラモンのもとに、なんの面目あって
帰れるというのだ。武勇のあかしも携えず、身ひとつで帰った
おれの顔を、父上はどうしてまともに見られるであろう、
世に類《たぐい》ない誉れに輝いておられる方だのに。
いや、とうてい我慢ならぬ。[25]
〔『アイアス』四六二―四六六行〕

彼の言語は、恥の最も基本的なイメージの数々、すなわち、視覚と裸性のイメージに満ちているだけでなく、彼と彼の父が耐えることができない事柄同士の相互関係を、直接表現している。だが、繰り返しになるが、この決断を支配しているのは、彼の父の痛みという単なる観念ではないし、それが比類なき彼の父であるという事実にもない。アイアスは彼の父の名誉に代表される卓越性の基準から自らが何者であるかを決めている。それゆえ彼は結論する。

名を遂げて生きるか、名を惜しんで死ぬか、生まれよき者の選ぶ道は

ふたつにひとつ。[26]　〔同　四七九―八〇行〕

彼は自分が尊敬する人が尊敬するだろう生き方ができなくなっている。それは、彼が自尊心をもって生きることができないことを意味する。これこそ、彼が「ポレウテオン」、すなわち、行かねばならないと語ったときに言わんとしたことである。

アイアスと対比されるソポクレスの英雄、つまり、その意識の対象が単なる社会的尊敬だけでなく、さらにはるかに、自己主張をも超越した要求へと明らかに向かっている人物として、アンティゴネが挙げられる〔この劇では兄の埋葬を禁じたクレオン王に布令を破り、その罰を受ける前に自ら命を絶った女性として描かれる。オイディプスの娘であると同時に妹でもある〕。アンティゴネは、その辿るのが難しい変化に富んだ死後の生《ナッハレーベン》の中で、常にそのような人物としてみなされてきたのであり、ジョージ・スタイナーはこの読解の歴史を興味深い仕方で詳述している。[27] よく知られているように、実際彼女は、クレオン〔テーバイの王である叔父〕の「お触れ」に反して、「文字にこそ記されてはいないが確固不《ふ》抜《ばつ》の神々の掟」（四五四―四五五行）を選ぶのである。また、彼女の最期の言葉は敬虔であるという価値に訴えかける。アンティゴネについてあまり多くを言うつもりはないが、彼女が自己主張をどこまで超えたのか、またどんな仕方で超えたのか、これついてはいずれにせよ問うべきであると私は考えている。

私たちには彼女が決めるところは示されない。彼女は意を決した一人の人間として現れ、はじめは、求められた何かを単に認めるというよりも、耳に障るような自己主張が見られる。

こんなことを、あのおえらいクレオン様は

そなたや私に、いいえ私にです。お触れだそうですよ。[28]〔ソポクレス『アンティゴネ』三一―三二行〕

この行の与える印象は、のちに〔妹の〕イスメネが罪を共に被ろうとした際にアンティゴネが蔑みながらそれを拒絶したときに裏付けられる。その底には、それのためなら死んでも構わないようなプロジェクトだけでなく、死ぬというプロジェクトがあるように思われる。彼女は兄の死〔ポリュネイケスが埋葬されないままになっていること〕に心を奪われている。[29]

これまでに生まれた多くの解釈のゆえに、とりわけヘーゲルのゆえに、私たちはこの劇を政治道徳にまつわる劇とみなしがちである。アンティゴネの反抗の状況やその内容によって私たちはこうした見方へと導かれるが、もっと近づいて見てみると、アンティゴネの自己表現には期待していたほどそうしたものがないことに困惑するかもしれない。実際、アンティゴネ――そのようなものが今もあるとすれば、ソポクレスのアンティゴネ――は、それぞれの姉妹との関係がすでに示唆している以上に、ソポクレスのエレクトラにより一層似ている。〔情夫と共謀して父アガメムノンを殺害した母への復讐を誓う〕エレクトラは明らかに執着的な人物である。むろん、アンティゴネが自身の望んだものを得たとき、彼女は高潔さの中でそれを得た一方で、エレクトラは、彼女の憎しみが血に染まってしまったために、その闇は冒頭より結末において深まってしまう。たしかにそれは正しい。しかし、クレオンの頑迷さは、アンティゴネの高潔な応答を単に引き出しただけではない。彼の頑迷さは、すでにあった巨大な自己主張を発動させたのである。そして、彼女の目的が、実際に意味すること〔そして、より正確には、意味するようになったこと〕を意味することができるという事実は、ある面ではアンティゴネの幸運である。

ソポクレスの演劇のなかで、恥の予感やそれを避ける試みなど、恥の働きが最も際立つかたちで関わっているのは、『ピロクテテス』である。オデュッセウスが〔怪我をした自分を置き去りにしたギリシア軍に怒りをもつ〕ピロクテテスを騙して連れ戻すのを手伝うよう〔アキレウスの子〕ネオプトレモスに頼むとき、オデュッセウスは予期的な恥の効果を無にすること、すなわち、この卑劣な行為を残りの人生から切り離すことを、まさに意図して引き起こすように努めているさまが見事に描かれている。彼は述べる。

いや、こうした酷《ひど》い手管《てくだ》を弄することは愚か、口にすることすら
君の生まれにそぐわないことは充分承知している。
だが、戦いの勝利を収めるという喜びのためには、
我慢してくれ。[30]

〔ソポクレス『ピロクテテス』七九―八二行〕

――勇敢さそのものに訴えること、良識に逆らうためのこのよく知られた説得の道具は、今の世界でもまだ通用する。それは「別の時なら私たちは正しく見えるだろう（「ディカイオイ・ダウティス・エクパノウメタ」）」ではなく「……私たちは正しい人であるとずっと呼ばれることになる」を意味するのである。[31]それから、オデュッセウスは自分が何を望んでいるか、かなり正確に述べる。

今日のところは、一日の中のわずか一刻でいい、恥知らずな行いのために
私の言う通り従ってくれ。そうすれば、今後またずっと
あらゆる者の中で最も正しい人と呼ばれることになる。

〔同　八三―八五行〕

ネオプトレモスはこの時点では、やや決まり文句めいた言い方でそれを拒絶する。

ただ、正々堂々と
戦って負けるほうが、卑劣な手で勝つことよりも望ましいのです。〔同 九四―九五行〕

オデュッセウスが、この成功で得る評判に訴えることで最終的に彼を説得するとき、ネオプトレモスは次のように言う。

是非もない。恥ずかしさなどすっかり脇に置いて、実行します。[32]〔同 一二〇行〕

私が「脇に置いて（put aside）」と訳したギリシア語〔「アペイス」〕の最も自然な翻訳は「取り除く」あるいは「捨て去る」である。だが、それはまた、まだ注意を払われるべきものを「顧みない」や「やり過ごす」といったことも意味しうる。だがこれが、これまで翻訳として提案されてきた「私は恥に耐えよう」を意味できるとは思わない。[33] 彼はそれをすることができない。すなわち、もしそれが彼の前にあるならば、彼はそれに耐えることができない。そして、のちに彼の心が変化するとき、このことは彼に明らかになる〔彼はその卑怯さに耐えられず奪うはずだった弓をピロクテテスに返す〕。ネオプトレモスは、英雄的な戦士であるとはいえ、自らの価値を測る基準において、いわゆる競争的な成功を超えた価値にも関心があるものの、成功の魅力にも同時に惹きつけられている。それがためにいっときでも説得されてしまったのである。こうした経験からネオプトレモスは多くを学び、野蛮と孤独から離れ共有された世界へと戻るようピロクテテスを諭《さと》すほどに自信を取り戻す。ピロクテテスは、そうした様々なことがあった上で、アトレウス家の息子たち〔アガメムノンとメネラオス〕の助けとなることが恥ずかしくないのかとネオプトレモスに問う。これに対し彼は次のように答えることができる。

人を助けようとしているのに、どうして恥じ入る必要があるでしょう。[34]〔同　一三八三行〕

彼は、今やピロクテテスを助けているのである。

これまでの議論で、私は英語の「shame（恥）」を二つの仕方で用いてきた。一つはギリシア語の単語、特にアイドースの英訳であった。しかし恥という語は、現代で使用されているような通常の意味ももっていた。私は「恥」をその二つに分離することなく、両方の仕方で用いることができてきたのであり、これは重要な事実を明らかにしている。ギリシア人の恥に対する理解について私たちが見出した事柄、つまり、自己主張的なエゴイズムと因習的な世間への配慮の両方を恥が超越しうることは、私たちの世界で恥と認識されるものにも十分等しく当てはまる。そうでなかったのなら、この翻訳によって、私たちが恥と呼ぶものについて慣れ親しんできたものをこれだけ引き出すことはできなかっただろう。

ところで、私たちにはもう一つ別の語がある。それは「罪」であり、ギリシア人にはこれと直接同じ意味をもつ言葉がなかった。この語は、私たちに対して別の概念を、そしておそらくある特異な経験を定めている。私たちとギリシア人の間にあるこの違いを、倫理的に非常に重要なものと考える者もいる。これが本当にそうなのかを問う必要がある。まず私たちの物事の捉え方において、恥と罪が互いにどう関係しているか考察する必要がある。私たちが二つの語をもつという単なる事実それ自体は、恥と罪の間に大きな心理的差異があることを意味しない。恥とされても問題ないはずのいくつかの適用例を取り上げるために、同じ一つの心理領域のうちに余計な言語標識を設けているだけかもしれないからである。それは、自分自身の行為と不作為に対して適用される恥の例なのかもしれない。

これはありうる話であるが、実際にそうだと私は考えていない。恥と罪の違いはこれ以上に深く、それらの間には何らかの心理学的差異が実際に存在する。恥の最も原初的経験は、視覚、つまり見られることと連関している。これに対し、罪は聴覚、つまり自らのうちで審判の声を聞くことに根ざしているという興味深い指摘がある。[35] それがこの語の道徳的感覚である。さらに、この二つの経験のありようにも違いが存在する。ガブリエル・テイラーがいみじくも述べたように「恥は自己防衛という感情」であり、恥の経験においては、自分の存在全体が縮小あるいは減少するように感じられる。[36] 私が恥を経験する際、それが私の表面上のこと、例えば私の外見のことであったとしても、他者は私の全てを見ており、全てを見抜いている。そして、恥の表現は、決まり悪さという恥の個別形態においてと同様に、一般的に言って、身を隠したい、私の顔を隠したいといったものだけでなく、消えてしまいたい、いなくなってしまいたいという欲求にもなる。それは、穴があったら入りたいというよく言われる望みでさえなくて、むしろ、私が占めていた空間が直ちになくなってくれないかという望みでさえある。[37] 罪はこうしたものではない。罪の場合、たとえ私が消え去ったとしても私と共についてくるだろうという考えが私を支配するのである。

恥と罪の経験のこうした違いは、それらの間のより広い対照性の一部とみなすことができる。[38] 行為者のうちに罪を生むのは、他の人々からの怒り、恨み、憤慨などを典型的に引き起こす行為あるいは不作為である。これを打ち消すために行為者が差し出しうるものは償いである。行為者は罰を恐れる場合もあるし、あるいは、それを自分自身に課すこともある。他方、恥を生むのは、他者からの侮蔑、嘲り、忌避などを典型的に引き起こす何かである。こちらも同様に行為でも不作為でもありうるが、そうである必要はない。何らかの失敗や欠陥であってもよい。それは行為者の自尊心を低くさせ、自らの目に映る自己を小さくするだろう。先ほど見たようにそれに対する彼の反応は、隠れたい、あるいは、消え去りたいという望みであり、これは決まり悪さといった最小限の恥を、社会的ないし個人的な格下げとしての恥と結びつけるものである。より肯定的に捉えるなら、恥は自分自身を再構成あるいは改善する試みとして表現されるかもしれない。

本章での議論は、他の章と同様、私たちが倫理的な事柄を学びうる歴史的解釈を対象としており、心理学的な材料については、議論の焦点を合わせる助けとなる程度にしか含めてこなかった。これらの歴史的かつ倫理的な問題の理解をさらに進めようとするならば、恥と罪の間の関係をより深く探究することが必要とされる。その探究の端緒として、この問題に対するいくつかの考察を補遺として加えておいた（附録1）。

目下の論点は、もし罪と恥のこうした区別が大まかにでも正しいなら、「アイドース」（とそれに関連したギリシア語）は単に「恥」を意味するだけでなく、罪に似た何かもその範囲に含めねばならないように思われる。本章のはじめに示したように、「ネメシス」、つまり、ホメロス的世界において「アイドース」の違反に対する適切な反応とされたものは、軽蔑や忌避だけでなく、怒り、恨み、憤りを含みうる。償いという考えは、前章で見たようにホメロスにおいて顕著であり、償いの必要性、つまり、埋め合わせや回復への身振りの必要性は、自身に責任をもつという観念が何らかの内実をもつ社会ならどこでもきちんと認識されていなければならない。その認識と対応して、被害者が補償を受ける、あるいはその権利をもつという考えが存在するのであって、このことも前章で考察した思考に含まれているのであった。さらに、ギリシア世界では赦しにも開かれている。赦しは、恥よりも罪に対してより多くを語ると大抵考えられている。すなわち、被害者が私を赦す場合、内的な審判における訴訟は取り下げられるかもしれないとはいえ、私が私自身に対してもつ感覚を修復することに関してはこの赦しは心許ない。しかし、赦しは、私たちの世界と同じようにギリシアの世界においても身近なものであり、いくつかの異なる種類の理由によって、適切かつ賞賛すべき反応として見られてきたのである。[39]

これらの全て——憤り、償い、赦し——が、私たちが「恥」と呼ぶものよりもむしろ「罪」と呼ぶものを典型的に連想させるとしよう。そうだとすれば、ホメロス的社会でさえ、恥と同じように罪のことを知っていたと言うべきなのだろうか。私たちは、結局ホメロス的社会は恥の社会ではなかったと、そして、私たちの世界とホメロス的社会との違いは一つの言葉にまつわる誤解に基づくものにすぎなかったと結論すべきなのだろうか。

私はそうは思わない。たしかに、恥の文化はあまりにも単純な仕方で理解されてきたし、私たちはこれまで恥そのものの十全な観念を捉えようとする過程でその単純さを何度も見てきた。だが、ギリシア諸社会における恥の重要性を強調することは単なる誤解などではない。これらの社会の反応のいくつかが、私たちが罪についてもつ反応とたとえ同じ仕方で構成されていたとしても、それらが罪として区別されて認識されていないなら、それらの反応は単純には罪と呼べない。恥がその対照として罪をもたなければ、全く同じものではなくなってしまうのとちょうど同じである。何が人々の倫理的感情であるかは、人々がそれをどんなものと捉えているかに重要な仕方で依存している。[40] ギリシア社会、とりわけホメロス的社会に関する真理は、私たちが罪と結びつけるような反応を彼らが認識し損ねていたということではない。その真理はむしろ、ギリシア人が、そうした反応を別個に罪と認識する場合とは違って、それを罪という特別な事柄として捉えていなかったということなのである。

この点でギリシア人と私たちの間にある違いが本当のところどれほど大きいかを問うならば、第一章で言及した問題、つまり、私たちが考えていることと、私たちが考えていると思っていることとを区別するという問題に突き当たる。恥と罪の間で際立つ違いが表現するかもしれない一つの事柄は、「道徳」的性質と「非道徳」的性質を区別することが重要だとする考えである。恥そのものはこの区別に対して中立的である。例えば、私たちはギリシア人と同じように、寛容あるいは誠実さにおける失敗と同様、勇猛さや狡賢さにおける失敗でも、恥じ入り面子が立たないと感じうる。他方、罪は道徳の諸概念と密接に関係しており、それがもつ固有の重要性に固執することは、これらの諸概念に固執することである。私たちは、道徳的と非道徳的の間で多くの区別をし、道徳的なものの重要性を強調していると言われる。しかし、道徳主義者が私たちの生について述べることはさておくとして、このことは本当のところ、どれだけ、そしてどのような仕方で私たちの生に当てはまるのだろうか。私たちは、この違いが何であり、それが本当のところどれくらい深くなりうるのかをそもそも理解しているのであろうか。[41] この問いほどに、ギリシア人を理解することが、私たち自身の経験の反省に役立つことを教えてくれるものはないだろう。道徳と非道徳の違いが深く、重要で、そして自明なものだと、単純に当然視してしまえば、私たちはギリシアの理解と私たち自身の反省の両方を麻痺させてしまう。

いったんこのように当然視することをやめてみると、倫理的な感情を理解するギリシア人のやり方にいくつかの利点があることが分かるかもしれない。罪（に似た何か）を、恥（以上の何か）というより広い考え方のもとに置くギリシア的な考え方が私たちの助けとなる一つのあり方は、この考え方が罪と恥の間の連関そのものについてより賢明な理解を与えてくれることである。私たちは同じ行為に罪と恥の両方を感じることができる。臆病なとき、私たちは誰かを失望させる。私たちはその人たちを失望させたことから罪悪感をもち、また私たちが自分に望んだことに情けないほど及ばないことから恥を感じる。[42]行為は、常にそうであるように、性向、感情、決定といった内的な世界と、害や誤りといった外的な世界の間に位置している。私が何をしたのかは、一方で、他者に何が起こったかを指し、またもう一方で、私が何者であるかを指しているのである。

罪は主に前者の方向に目を向けるものであり、またそれは自発的なものにまつわる罪である必要はない。前章で、私たちの行為者性を通して他者に生じたことは、たとえそれを非自発的に引き起こしたのだとしても、私たちの感情に対してそれ自身の影響をもちうるという、全くよく知られた事実について考察した。そこで私が描いた行為者後悔（agent-regret）は、心理学的にも構造的にも罪の表明でありうる。それは「非合理的な」罪悪感だと言う者がいるかもしれない。しかし、こう述べることは、慰めの言葉ではありえても、役に立つメッセージにはなりえない。例えば（そんなものは意味しない方がいいのだが）、こうした感情をもたない方が私たちはより優れた人々になることなど意味しないのである。「非合理的な」罪悪感と呼ばれるものへのよりよい候補となるのは、他者への過ちや償いが問題とならないときにさえ、ただ規則や決意を破る際に感じるような罪悪感である。こうした含みを除けば、罪は罰を求める欲求へと胡散臭い仕方で限定されていく。その時点において罪は、はじめにそこにあったもの、すなわち恥によって有用な仕方で置き換えられるだろう。

恥は、私が何者であるかに目を向ける。それをもたらすのは多くの事柄である。先の場合のような行為や、あるいは、思考や欲求や他者の反応によってもたらされる。恥が行為と確実に関わる場合でさえ、それは行為者にとって発見の問題でありうるのであり、恥の源泉は何なのか、それは意図、行為、結果のうちに見出されうるのかといった、困難な発見の問題であるかもしれない。ある者は、自分が出した手紙に恥を感じるかもしれない。なぜなら、それは些細な侮辱に対する狭量で愚かな返事だった（そうであることは書いているうちも分かっていた）からである。手紙が届くことはなかったと分かったとき、恥は軽くなるもののそこには限度がある。恥はこのような仕方で曖昧さをもちうるからこそ、その見通しをよくしようと努めるのは実り豊かなものとなろう。そして、自分自身、つまり自分が何者であるか、そしてかくありたいと現実的に望めるような自分に対して、行為や思考がいかなる位置にあるかを理解することも実り豊かなものとなろう。もし自分の恥を理解するようになるなら、私たちはまた、自分の罪をより理解することになるかもしれない。恥の諸構造は、罪を制御し罪から学ぶ可能性を含んでいる。というのもその構造は、人の倫理的アイデンティティに対してある理解を与え、それとの関係で罪は意味をなすことができるからである。恥は罪を理解することができる。しかし罪は自身を理解することはできないのである。

このことは、私がつい先ほど言及した論点によって明快に示される。つまり罪は、それが被害者との関わりで考えられる限り、必ずしも、あるいは明確には自発的な行為に限定されないという論点である。行為が自発的でなかったとしても、私は、被害者が私に対して何らかの請求をもつこと、そして、被害者の怒りや苦しみが私に向けられることを正しく感じとることが可能である。しかしながら、近代の道徳概念は、罪の第一義的な重要性、つまり罪が私たちを被害者へと向き直させる意義、そして、罪が自発的なものに合理的に制約される点に同時にこだわろうとする。これらの点に同時に固執すると、罪にはかなりの緊張が張ることになる。[43] 実際のところ、私たちが、自発的に行う害と非自発的に行う害とを区別することがなぜ重要なのかを理解したいとしよう。それをうまく理解するには、どんな種類の失敗や不足が害のもとになっているのか、こうした失敗が私たちや他の人々の生の文脈で何を意味するのかといったことを私たちが問う場合だけである。これは恥の領域の問いである。つまり、罪を中心とする道徳の最も重要な関心事項の一つに対して何らかの洞察を得るためには、恥の領域へと入らなければならないのである。

近代の道徳意識にとって罪は恥より透明な道徳的感情と考えられている。そう思われるかもしれないが、しかしそれは、罪悪感が恥と比べて、自己認識している他の要素、つまり自身のその他の欲求やニーズからいっそう孤立しているから、また、人の倫理的意識からさえも多くのものを無視しているからにすぎない。罪悪感は不当な扱いを受けたり損害を被った人々に人を向き合わせ、彼らに起こったことのみに基づいて償いを要求することができる。しかしそれ自体は、その人が自分とその出来事との関係を理解することを助けはしないし、こうしたことを行った自己と自己が生きなくてはならない世界とを再構築する助けともならない。それをできるのは恥だけである。それは、自分が何者であるか、自分が他者とどう関係しているのかについての理解を、恥が具現しているからである。

もし罪が多くの人々にとって道徳的に自足的であるように見えるなら、それはおそらく、彼らが道徳的な生に対して特異で誤った描像、つまり真の道徳的自己は無性格であるという描像をもっているからである。この描像においては、私は理性あるいはおそらく宗教的啓示（この描像はキリスト教に多くを負っている）によって道徳法則の知識を与えられ、私が必要とするのはそれに従う意志のみである。このとき、恥に最も典型的な構造は抜け落ちる。私が何者かは道徳に影響する限りですでに与えられており、諸々の誘惑や目移りの中で自分がなすべきことを見分けるという問題が存在するだけである（この誤った描像はこれまでの章で吟味した、心の道徳化された基礎構造という観念や、責任の本質的に正しい理解の探究といった幻想と密接に関係している）。道徳的な罪という特権的な理解を孤立させず、私たちが「罪」と呼ぶものに近い社会的、心理的構造を恥というより広い理解のもとに位置づけることで、ギリシア人はここでもやはり、リアリズムと誠実さ、そして有益なる無視を示したのである。

道徳的自己は無性格であるとする理解は、道徳的な生における他者の積極的な役割を限定させる。他者の反応は、理性や啓示に助力する場合を除いて、人の道徳的結論に影響すべきではない。もし他者が私について何を考えるかが私の道徳的決定に対して本質的な役割をするとしたら、道徳性は、本章冒頭で恥の仕組みに対する周知の非難として認めた他律へと横滑りしてしまったとみなされる。ここにはなされるべき重要な区別がいくつかあるが、道徳についての以上の理解は、それらの区別を行う助けにはほとんどならない。反対に私たちが必要とする主要な区別は、恥そのものの働きのうちに見出すことができるのである。

五世紀後半までにギリシア人は、ただ世の意見に従った恥と内面の個人的信念を表現する恥とを区別していた。エウリピデスの『ヒッポリュトス』では、こうした区別が表現されているだけでなく、複雑かつ洗練された仕方で、行為の構造化に大きな役割を果たしている。[44]〔義理の息子ヒッポリュトスを愛するよう女神アプロディテに吹き込まれた〕パイドラは、曖昧さがなく疑う余地のない評判を守ろうとする決意のもとで、自分自身の身を滅ぼし、また彼女の周りにいる者の身を滅ぼす。自分の犯していない過ちの責めを負ったヒッポリュトスは、自らの純潔が理解されず受け入れもされないとき、あまりにも絶望し、自身の身の潔白を晴らそうとする山場で、自分が自分の聴衆であることを願う。[45]彼は自分の無実の証人として館《やかた》を持ち出す。〔父の〕テセウスは物言わぬ証人に助けを求めるとはうまくやるものだと冷ややかに答える。するとヒッポリュトスは述べる。

ああ、
われとわが身に向かって立ち、自分で自分を見つめることができるなら、
わたしがどんなに酷《ひど》い目に遭っているか、自分のために涙をながすこともできようものを。
〔『ヒッポリュトス』一一七八―一一七九行〕

テセウスが応じる。

なるほど貴様というやつは親につくさねばならない孝行の義務よりも、はるかに
自分を崇《あが》め奉ることにかまけてきた男だな。
〔同　一一八〇―一一八一行〕

ヒッポリュトスの願いはそのものが異常なだけでなく、テセウスの応答が認めているように、その焦点をある種の内面性から別の内面性へと移動させている。ヒッポリュトスは、自分が許しがたいとみなし、他の誰であっても許しがたいとみなすであろう行為に関して、自分が潔白であると父は信じないだろうという事実にもがいている。ヒッポリュトスは願いのうちで、自分を弁護する証人として、自分自身に助けを求めてはいない。証人としては彼は壁と同じくらい役立たずであろう。もっともそれは反対の理由、つまり言葉ばかりで実質がないという理由からだが。彼は、ヒッポリュトスという自身のただ一人の共感者に有利な証人ではなく、ただ彼に関する証人となることを望んでいる。このことは、彼が自分について知っていること――パイドラの非難が嘘であること――から注意を逸らせ、彼の徳ある人格、純潔と名誉をもつ人としての彼の統一性《インテグリティ》へと注意を向けさせる。これを表現する著しくナルシスティックなイメージによってテセウスは、ヒッポリュトスの

徳がいつも自己中心的であったという中傷的な非難へと導かれる。「セベイン（崇拝すること、畏敬の念をもつこと）」が、ヒッポリュトスの自身へ向ける姿勢に対してテセウスが用いる言葉である。ヒッポリュトスは、自らの魂を、他の人々を気遣うという必要な務めから切り離された聖なる場所とみなしているのである。

この点は、パイドラの間違いとの対比を示してくれるが、その対比は単純なものではない。パイドラは自分に取り憑かれているが、ヒッポリュトスもそうである。彼女の場合、強迫観念は慣習的な恥の形をとっていた。つまり、自分の評判に対する圧倒的な関心である。その関心は自分の方を向いているが、ある仕方では他者の存在に敬意を払ってもいる。パイドラ自身が表現するように、もしその種の恥が家を破壊しうるのなら、それはこの恥が、他者が何を考え、何を述べるかだけを気にかけているからである。対照的に、ヒッポリュトスの自己配慮には他者が完全に欠落している。自分を穢れなき場所とみなすことで、彼は人間社会から身を引いている。つまり、他者の意見と他者のニーズの両方から身を引いているのである。

『ヒッポリュトス』は、「アイドース」の「内向きな」面と「他者に向いた」面が複数の異なる対比のうちで相対《あいたい》する空間を生み出している。テセウスと対峙する際のヒッポリュトスの自分自身への見方は、他者が誤って考えていることと対比させて、自身の行ったことに関する真理を表している。この点で「内的」と「外的」の関係は、実在の見かけとの関係である。しかしながら、ヒッポリュトスへのテセウスの非難、自己防衛と純潔というテセウスの私的な徳に対する非難は、「内的」であることを、他者への適切な関心と対比された自己への没頭と同一視する。パイドラの場合も公と私の間の関係は適切ではないが、方向が異なる。彼女は他者に関心があるが、その関心は圧倒的に恐怖の形を取っている。すなわち私的なものが公になるという恐怖、彼女の実態が正しく現れてしまうことへの恐怖である。チャールズ・シーガルはこの劇が「内面と外面、私的領域と公的領域、「恥」と「評判」」を対比させていると正しくも述べている。[46] これら三つの対は同じ対比を表しているのではない。それどころか、それらの対のそれぞれは、作中で働いている対比の一つ以上を示すために用いることができるのである。

ギリシアの思考はそれ自体、恥の二面性や恥の可能な現れ方を明るみに出すための材料、それも強力な材料をもっている。そこには、恥とは全く異なる何らかの道徳的動機の問題ではなく、恥そのものをきちんと表現するという問題がある。私がこれまで主張してきたように、『ヒッポリュトス』による優れた諸解釈に至る以前でさえ、ギリシア人の恥の理解の強固さと複雑さは、「恥が形作る倫理的生は受け容れがたいほど他律的であり、世論に卑俗な仕方で依存している」というありふれた批判を跳ね返すのに十分なほどであった。しかしまた、本章の初めで私は次のように述べた。もしこうした批判に何がしかの中身があるのなら、それはずっと深いレベルで見出されるはずであると。そして、より深いレベルで見出されるべきものがそもそも存在するのかどうかも依然として問題である。もしそうした何かがあるのなら、それは、内面化された他者が、先述の通り何らかの独立したアイデンティティをもつという事実のうちに見出されるだろう。つまり、その他者は自分自身の倫理的な考えの単なる投影ではなく、むしろ何か真正の社会的な期待の中枢であるという事実のうちに見出されるであろう。もし社会的な他律という非難がより興味深いレベルで残り続けるとすれば、その主張は、人の内的な生に宿るこの抽象化され向上した隣人でさえ、真正の自律の妥協を示しているというものでなければならないだろう。

この批判は、最もありふれた場合においては、道徳に関する近代に固有の理解、とりわけカント主義的な理解に由来するが、その一ヴァージョンはギリシア世界自体にも見出すことができる。その批判はプラトンによってなされた。グラウコンが『国家』の第二巻で思考実験の形で提起した問い、すなわち誰からも見えなくなるギュゲスの指輪という考えから始まる思考実験の形で提起した問いを、『国家』は長い政治的経路を通じて追究している。私たちは、正しい人間と不正な人間とを、それに対応する社会的な見かけから切り離して措定しなければならない。つまり、それらの性向の一方を促し他方を妨げるあらゆる通常の慣習的諸力を捨象するのである。

> こうして、完全に不正な人間には完全な不正を与えて、何ひとつ引き去ってはなりません。彼は最大の悪事をはたらきながら、正義にかけては最大の評判を、自分のために確保できる人であると考えなければなりません。……
>
> さて、不正な人間をこのように想定したうえで、その横にこんどは正しい人間を――単純で、気だかくて、アイスキュロスの言い方を借りれば、「善き人と思われることではなく、善き人であることを望む」ような人間を――議論のなかで並べて置いてみましょう。正しい人間からは、この〈思われる〉を取り去らねばなりません。なぜなら、もしも正しい人間だと思われようものなら、その評判のためにさまざまの名誉や褒美が彼に与えられることになるでしょう。そうすると、彼が正しい人であるのは〈正義〉そのもののためなのか、それともそういった褒美や名誉のためなのか、はっきりしなくなるからです。[47]　〔プラトン『国家』三六一A―C〕

『国家』でプラトンが試みたのは、社会的な見かけから切り離され誤解された正しい人間は、不正な人間よりもずっと生きるに値する生を生きるであろうということを示すことである。プラトンによれば、それがそうなのは、正しい人間の魂は最善の状態にあるからである。そしてそれがそうなのは、彼が何が正しいのかを知っているからである。しかし、この実験が動機の独我論の中で機能するためには、これ以上のことが必要とされる。実験の被験者は、自分が何を知っているかを知らなくてはならないだろう。すなわち、実際のところ彼は、プラトンが守護者と呼ぶ者に要求する条件の下にいなくてはならないことになる。都市の下層階級の構成員は、正義を行う自律した動機をもたないと最終的には言われている。こうした動機をもつのは、自身を解明する知識状態に達した守護者のみである。もし別の諸階級が守護者の現実的な力の支配下にないときにも倫理的に生き残ることができるとすれば——これは『国家』のきわめて曖昧な争点であるが[48]——、その場合には、彼らは内面化された他者を必要とするだろう。すなわち、内なる守護者を。守護者はそれを必要としない。なぜなら守護者は、他の何かを内面化し、知性の形成の際獲得した正義の範型を自らのうちに運び入れている（より正確に言えば、知性の形成によって自分のうちに蘇らせている）からである。

この思考実験の定式化には多くのことが前提されている。この実験を提示されるとき、私たちは、この人間は本当に正しい人間であり、歪んだあるいは邪悪な世界によって誤解されているとだけ語られる。この正しさを私たちは、この想像の状況の外部から理解するとされる。正しい人間自身の信念は所与とされ、そしてその信念は、真であると同時に不動のものとされる。だが私たちが外部に立つことを拒否し、その人間の正しさを前提することを拒否すると考えてみよう。そして、独我論的実験の観点を変え、プラトンの視点や私たちの視点からではなく、行為者の視点からの実験に変えてみるとしよう。つまり事実上、それを倫理的デカルト主義の練習問題に変更したと考えてみよう。その場合、この状況は次の観点から記述されなければならない。すなわちこの人は、自分が正しいと考えているが、まるで正しくないかのように他の全ての人によって扱われている人間である。もしこの人がこの記述だけを与えられているなら、自分の動機がどれほど確固としたものであり続けるかは、以前の定式化より不明瞭である。さらに、その動機がどれほど確固としたものだと私たちが考えるかも、より不明瞭である。というのも、この記述しか与えられていないなら、この人が、真なる正義の孤独な担い手なのか、勘違いした変人なのか、どちらであるかを示せるものは何もないからである。

グラウコンが思考実験で記述した仕方と同様の仕方で記述された状況にある人々について考えるとき、私たちは彼らを道徳的に自律的な存在として歓呼して迎える。すなわち、改革者、あるいはバートランド・ラッセルのお気に入りのフレーズの一つで言えば、群衆に従って破滅に向かうことのない人々として迎える。私たちがそのようにし、またその人々に向かって、時を超えて、ないしは思考実験の眼鏡越しに手を振ろうとするとき、私たちは、彼らが倫理的に何か不可欠なものを私たちと共有していると暗黙のうちに前提している。プラトンや、また全く異なるやり方でカントも、この共通のものは理性の力であると考えた。そしてそのことこそ、プラトンやカントがそれぞれ異なる仕方で、道徳的自己には事実上性格がないと考えた理由であった。しかし、いま私たちが、理性の力はそれだけでは善と悪を区別するのに十分ではないと考えるとしよう。そう考えるのはもっともなことだ。そして、なおもっともなことに、たとえ十分だとしても、理性の力はその効果を疑いの余地なく明白なものにするのに長《た》けてはいないと考えるとしよう。このように考えられた場合、私たちは人々の自律性に何らかの限界があることを望むはずだ。つまり、何らかの本当の社会的な重みを担う内面化された他者が人々のうちに存在することを望むはずである。それなしには、自律的な自己立法の確信は、感覚を欠いた道徳的エゴイズムと区別することが難しくなるだろう。

この道徳的エゴイズムという語は、当初からこの議論に潜在していたものを浮き上がらせる。ギリシアの倫理的姿勢、あるいは少なくともアルカイック期のギリシア人のそれは、他者の意見に慣習的に依存しているために、エゴイスティックであると同時に他律的であると不満が述べられるが、これら二つの不満には、互いに反目し合う傾向が恒常的にかつ強力に存在する。問題とされているのはどちらなのだろうか。他者の反応について人々が考えすぎることなのか、それとも考えなさすぎることなのか。二つの不満が互いに手を結ぶかのように見える理由となる唯一の事柄は、古代ギリシアの倫理は競争的であったという単純な考えである。[49] 競争とはまさに、人々が勝とうとするエゴイスティックな目的をもつと同時に、他の誰かによって定められたルールを無条件で受け入れなければならない。従来の理解によれば、競争の倫理のもとでは他者の視点が引き合いに出されるが、それは慣習上奨励されていた自己主張を支持してもいた。とはいえ、私たちがすでに見てきたように、こうした理解はホメロスの戦場に立つ人間たちの振る舞いの記述においてさえ不十分である。二つの不満に対する解釈が、単純な競争モデルによって与えられる説明から少しでも変化すると、それらが手を結び得ないことはかなり明白になる。プラトンの思考実験の場合、それは明白だ。彼の思考実験は完全に他律なしで済まそうとするが、それは進歩主義的な観点からすると依然としてエゴイスティックな目的のために設計されている（このエゴイズムは自己主張というよりは自己配慮なのであるが）。これらの批判の間の様々な相違は、プラトンが真の道徳へ至る道のりのどこまで達したのかについて、進歩主義の著述家の間に目立つ不安を説明するのを助ける。プラトンは一つの尺度から見れば全ての道を踏破したかのようだが、別の尺度から見ればまだほとんど出発もしていないように思えるのである。

私たちの出発点であった必然性、すなわちアイアスが認めた必然性は、彼自身のアイデンティティ、すなわち一定の社会的状況下で生きることができ、他の状況下では生きられない者として自身を捉える感覚に根ざしていた。そして彼自身と世界との間を媒介していたものは、彼の恥の感覚であった。英雄の行動規範に服する戦士である彼は、そのアイデンティティを個人的功績という狭い土台の上で保っている。『イリアス』におけるアキレウスとヘクトルももちろんそうしていたのであるが、彼らほど偉大でも悲劇的でもない人物のうちにもその徴しを捉えることができる。例えば、ネストルが若い頃に成し遂げたことを思い出しながら述べた物憂げな言葉のうちに――「わしもな、昔は衆の中でこれほどの男であったのだ[50]」。同様の考えは別の社会規範にもある。〔一七世紀スペインの劇作家〕カルデロンの英雄はよく「私は私だ（Soy que soy）」と言う。そしてそれと同じ考えは、シェイクスピアのパローレスの言葉のうちで引き算あるいは否定によって見事に示されている。

ありがたい。これで俺の心臓が偉大であったら
恥ずかしさのあまり破裂しただろうから。もう隊長は廃業だ、
それでも飲んだり食ったり眠ったりは、隊長なみに
楽々やっていけるだろう。このまんまの俺でなんとか
生き延びるしかない……
剣よ、錆びろ、赤ら顔よ、ほてりを冷ませ、パローレスよ、
恥に抱かれて生きろ。[51]
〔シェイクスピア『終わりよければすべてよし』第四幕第三場三三〇―三三八行〕

しかしそれは、自分のアイデンティティの感覚に関わる社会規範の、特殊で危険な要求であるだけではない。それら特殊な諸価値や期待がなくとも、恥の構造は同じでありうる。恥が古代世界でなした倫理上の働きは、私たちが共有していないいくつかの価値にも適用されていたし、私たちは罪という別個の存在をも認識している。しかし恥は、ギリシア人に対して働いていたのと同様に、私

たちに対しても不可欠な仕方で働き続けている。自分が何者であるか、何者であろうと望むのかという感覚を感情を通じて与えることで、恥は行動、性格、結果の間を媒介し、また倫理的な要求と生のそれ以外の部分の間をも媒介する。恥が何において働いているのであれ、それは内面化された他者を要求する。内面化された他者は、独立に同定された社会集団の代弁者に任じられているだけではなく、行為者がその反応を尊重しうる存在である。同時に、この人物はそれらの同じ諸価値が吊りさがる鉤《かぎ》へと単に収斂するわけでなく、本当の社会的現実の様々な徴を具現する。とりわけ、他ならぬある仕方で行為する場合に、他者と共に生きるその人の生にとってどうなるのかということの様々な徴を具現する。これは実質的に、アルカイック期のギリシア人においてさえ、すでに倫理学的心理学であったし、近代において罪が分離されたとはいえ、私たち自身の相当部分を形成しているのである。

# 第五章
# いくつかの必然的なアイデンティティ

これまでのところ、私たちは二つの必然性の間にいる。ホメロスや、悲劇、とりわけソポクレスの登場人物たちは、ある仕方で行為する必然性、すなわち自分がある事柄を行わなければならないという確信を経験している人々として、私たちに提示されている。そして前章では、こうした経験を恥のメカニズムから理解すべきだと提案した。この必然性の源泉は、行為者のうちに存在する、尊敬できる観点をもつ内在化された他者である。なるほどこの人物は、行為者と同一化しうるので、その限りでこの尊敬は自尊心でもある。ただ同時に、この人物は、本当の他者、つまり現実の社会的期待を具現する者でもあり続けるのである。極端な場合、この必然性の感覚は、「仮に自分がこれこれのことをしてしまうと、自分は生きていられないし、他人と目を合わせることはできないだろう」という考えのうちに見出される。この思考は、様々な程度において比喩的なものでありうるが、アイアスの例のように、致命的という意味で文字通りでもありうる。この必然性は内部から生じており、「エートス」、つまり行為者の諸々のプロジェクト、個別の本性にも、また他者の生と自らの生の関係の理解の仕方にもその根拠をもつ。

これと対照的で、いわば世界の反対の端にあるとも言いうるのが、神的な必然性である。ギリシア世界において、この神的な必然性は、ユダヤ教やキリスト教の人々がとってきた見方とは違い、統一的な一つの世界史的あるいは救済的な計画だとは考えられていなかった。ホメロスは『イリアス』の冒頭で、怒りが生まれ、多くの勇者が死に倒れ、「かくてゼウスの神慮は遂げられた」と語るが、その神慮とはこの世界に対する企てではなかった[01]。それは、トロイア戦争全体に対する企てでさえない。そしていずれにせよ、（ホメロスがしばしば私たちに念を押しているように）トロイア戦争が世界のすべてであったわけではない[02]。ギリシア人にとって神的な必然性は、非常に特殊な場合を除いて、一個人への企てでさえない。ただし世界は、ある結果をその個人に必然的なものとすることができる様々な力を実際含んでいる。すなわちそれが必然的な結果であったのは、それが単に不可避であったからである。こうした神的な必然性は、出来事がある特定の結果へ結実していくという意味で目的的である。常にというわけではないが時折、こうした必然性は、ある動機をもった超自然的行為者によって企てられているという意味においても目的的である。こうした外的で神的な必然性とそれに伴ういくつかの考えは、次章で論じる。

行為者は典型的には、こうした超自然的必然性を前もって十分に意識することはない。彼らは何らかの必然性が関与している感覚をもちつつ、それが何なのか確信はできないかもしれない。つまり、彼らにとって、生じた結果はそのときには偶然と思われるかもしれない。『アイアス』（八〇三行）でアイアスがその日のうちに自殺するのを防ごうとして——予言者によれば、その日を生き延びたならアイアスは生き続けられるのである——、テクメッサが友人たちに「必然的な運命を（アナンカイアース・テュケース）妨げるよう」頼むことを可能にしたのは、こうした感覚なのである。

以上のような文脈での「必然的な運命」という表現は、超自然的必然性を考える際に用いうる考えのほとんどを恐ろしいまでに結びつけている。だがテクメッサはすでに、同じ表現を劇のもっと前（四八五行以降）で用いており、似たような意味ではあるが、より日常的な意味も込めている。彼女はアイアスに「必然的な運命」ほど人間にとって大きな禍いはないと言い、自分自身を引き合いに出す。彼女はかつて自由で裕福な父の子であったが、今や奴隷である。「それゆえこの運命は、神々によってかもしれないが、それにもまして、あなたの手によって下されたのです」。神々にまつわる不確かな憶測からアイアスに対する非常に明確な主張に重心を移したことは、「アナンカイアー・テュケー（必然的な運命）」という観念のうちにも変化をもたらす。彼女の不運は星の定《さだ》めであったのかもしれない。だがその不運は、まず間違いなく力ずくで彼女に課されたのであり、テクメッサの場合、アイアスに対する彼女の姿勢がそう感じさせないとしても、彼女の不運は力の脅威やその行使によって持続している。この抗いがたさ〔必然性〕は犠牲者に全く隠されてはいない。それどころか、その種の必然性が働くのは、大抵の場合、それが今ある脅威の形で明白に与えられているからである。つまり、脅威が現実のものとなり、行為者が物理的に強制されたなら、彼が何を思うかはもはや問題ではない。起こることがただ彼に起こるのである。「ビアー（力）」と、「クラトス（物理的強制）」──ヘシオドスにおけるのと同様、〔アイスキュロスの〕『縛られたプロメテウス』のはじめで人格化される一組の神々──は、ある種の「アナンケー（必然性）」の担い手として知られる（パウサニアスは、女神「ビアー」と「アナンケー」の祭礼所がアクロコリントスに登る途中にあったことに言及している）[03]。トゥキュディデスは、この語を不穏な複数形で用いて、次のように述べる。すなわち、アテナイ人は貢租金を納められない同盟諸国に非常に厳しく、それを担う意志をもたない者たちに対して「タース・アナンカース〔数々の苛烈な強制〕」を課し、その結果自分たちの評判を落とすことになったと（『歴史』第一巻九九章）。

強制は不運の原因と結果の両方でありうる。古代世界を通じて不運の典型であったのは、軍事的征服の結果として奴隷になることであり、『イリアス』で〔トロイエの王妃〕ヘカベが述べたように、彼女の息子の何人かはそうなった。

駿足のアキレウスは、ほかの子らは捕えるごとに
荒涼とした海の彼方、サモスかインブロス、または煙立つレムノスへ
売ったものであった。[04]

〔ホメロス『イリアス』第二四歌七五一―七五三行〕

また有名な話だが、ヘクトルがトロイエ陥落を予期した際に最も悲嘆したのも、このことである。〔妻の〕アンドロマケに彼は語る。

青銅の武具を鎧う
アカイア勢の何者かが、そなたから自由の日を奪い、
泣きながら曳かれてゆく時のそなたの悲しみこそが何よりも気に懸かってならぬ。
アルゴスにあって他国の女に召し使われ機《はた》を織り……
無念の想いは強くとも、抗《あらが》えぬ運命《さだめ》に縛られてはどうにもならぬ。[05]

〔同　第六歌四五〇行以降〕

本章でまず関心を払いたいのは、この非常に基本的な種類の災厄、およびより一般に奴隷制が、観念の世界にもたらすいくつかの帰結である。さらにもっと一般的に、自分たちの世界において、自身の生の全体、他者からの様々な扱われ方の全体、また倫理的なアイデンティティが、運に左右

されうるというギリシア人の認識について考えたい。

ここでの関心は、本書の冒頭で歴史現象の哲学的な理解と呼んだものに特に限定する。古代の奴隷制については知られていることも多いが、知られていないことも多い。また残念ながら、知られていることの多くを私は知らない。私がこれから奴隷制について述べる事柄は、この社会制度の理解を増すよう意図したものではなく、むしろ、何人かのギリシア人が奴隷制について述べたことを理解する一助となるよう意図したものである。そしてこれが、ギリシア人の奴隷制あるいは他の慣行を、私たちが不正と拒絶することについてより深く理解するために役立つことを願っている。特にこの議論は、私たちが以前に出会い、そしてこれから再び出会うことになる基本的な問題を投げかけている。つまり、奴隷制や、私たちが不正とみなすその他の古代の慣行を拒絶するとき、そうした拒絶は古代世界には存在しなかった現代の考え方にどれほど依存しているのかという問題である。

モーゼス・フィンリーが強調したように、ギリシアとローマの奴隷制は斬新な発明であり、その様態も歴史的にみて稀有なものであった。[06] 実際のところ、現代の理論が区別し、古代においてもある程度区別されていた、様々な制度が存在したのである。スパルタの「ヘイロータイ」は、多くの人々に奴隷とみなされてきたが、動産奴隷ではなく完全な被支配民であるので、おそらく「国家農奴」というのが最もよい分類であろう。彼らは反乱を起こしがちであったことで悪名高い。[07]

一方、アテナイの奴隷は最も完全な意味での動産奴隷、つまり個人の所有物の一部であった。アリストテレスの表現で言えば「生きる所有物」である。彼は、思いもよらぬ場所に日常言語哲学の興味深い論点を見出すという、いつもの能力を発揮して、次のように述べている。すなわち、主人はもちろん別の人間が自分の奴隷であると言うことができ、同様に、彼の奴隷もある人間が自分の主人であると言うことができる。しかしただ主人のみが、別の人間について、彼が自分の〔もの〕であると言うことができる、と。[08] 奴隷は自身ではいかなる法的権利ももっておらず、特に結婚や家族法の領域での権利をもたなかった。奴隷の中にはつれあいとして共に暮らすことを許される者もいたが、そうした繋がりや、奴隷と子どもとの結びつきは頻繁に破壊された。[09] こうした慣習に対する異議申し立ては紀元後四世紀までなかったとみられる。奴隷がその所有者に性的に利用可能であったことは言うまでもない。[10]

奴隷のほとんどがバルバロイ、すなわち大抵北部あるいは北東から連れてこられたギリシア語の話せない人々であったということは、この制度のイデオロギーにとって重要であった（前五世紀から前四世紀初頭にかけて、アテナイにはスキタイ人奴隷から構成される警察組織が存在した。彼らはテントに住んでおり、大いに物笑いの種になった）。[11] 奴隷は補充されねばならなかったが、必ずしも恒常的な戦争がその供給源であったわけではない。奴隷となる人々を捕らえる技術は、アリストテレスの言い方によれば「一種の狩猟術」であったが、奴隷貿易商になることは危険で成り手がいないと考えられていた。[12]

動産奴隷に関する逆説の一つは、他の場合と同様古代世界においても、自由人と奴隷との間の多様な社会的距離が生活の様々な面において見出されることである。ギリシアでは自由人と奴隷とは隣り合って働いていた。クセノポンが述べたように「そうすることができる者は奴隷を買う。そうすれば、彼は一緒に働く仲間をもつことができる」。フィンリーが指摘するように、端的に奴隷的雇用であるのは、家内召使、および通例では鉱山採掘のみであり、完全に自由人のみの雇用であるのは、法、政治、軍事（ただし海軍は除く）に関わる職のみであった。[13] 五世紀の終わりにエレクテイオン神殿の建設に従事した八六人の労働者の身分を、会計報告から知ることができるが、市民が二四人、メトイコイ〔在留外人〕が四二人、奴隷が二〇人、これらすべての者が熟練工であり、一日の賃金は同一であったという。

しかしそれと同時に、奴隷は、特にその生活につきまとう暴力によって、自由人と区別された。奴隷は（他の場所と同じように）「小僧（boy）」すなわち「パイス」と呼ばれ、「パイス」は「打つ」を意味する「パイエイン」からきているという冗談があった。[14] 少なくとも公有奴隷は烙印を押されており、クセノポンが述べたように、それゆえ公有奴隷を盗むことは金銭を盗むより困難であった。[15] 自由人と奴隷の顕著な違いは、奴隷が彼または彼女の身体によって責任を取る点にあるとデモステネスは述べた。法廷で奴隷からの証拠が受け入れられるのは、拷問によって引き出された場合に限られた。リュシアスの弁論では、ある男が自分の奴隷の姿を拷問にかけさせるのをためらっていることが、彼にとって不利な証拠として引用されている。[16]

現代の経験から明らかであるように、互いに驚くほど異なる諸権利をもち、全く別様の扱いを受けることを余儀なくさせる諸々の社会的アイデンティティをもつ人々が、隣り合って働くことは可能である。古代奴隷制をさらに特異なものにしているのは、人がいつでも、それらのアイデンティティのうちのあるものから別のものに変化しうる点だ。奴隷に生まれる者もいたが、捕らえられ自由人から奴隷になる者もいた。すでに見てきたように、これはよく知られた災厄であり、不運の一例である。しかし他方で、解放されて奴隷でなくなることも可能であった。ローマにおいて奴隷は解放されると市民となったが、ギリシア人の中ではこうしたことはなかった。すなわち、アテナイにおいて解放奴隷は「メトイコイ」、つまり在留外人であったが、これは市民に比べれば権利が少ないものの、すでに奴隷とは隔絶した身分であった。解放は、少なくとも紀元前四世紀から珍しくはなくなったが、並外れた移行を伴うものであった。ある学者が指摘するように、自由となった奴隷は、権利の客体から主体へと変化するのであり、それは人が想像しうる中で最も完全な変容である。[17]

古代のより後の時代においては、奴隷制の法律は複雑であり、そのいくつかの恣意的な特徴を和らげようとする試みは、その体系、つまり法律家の体系に、別の恣意性を加えただけに見えることもある。ローマ法のもとでは、自由人として生まれた女性が奴隷となり、その後子どもを産んだ場合、その子は自由人と認められた。『学説彙纂《いさん》』では気取った筆致で次のように記されている。「母親の逆境が子宮にいる子どもを害すべきではない」[18]。最初から、奴隷制の恣意性は認識されていた。そしてそこから、奴隷制を擁護するのは困難であるとの結論まで進んだ者がいたことは明らかである。彼らの見解の多くは残されていないが、次のような有名な韻文が存在する。

もし誰かが奴隷であるとしても、彼も皆と同じ肉でできている。本性によって奴隷であるような者は未だかつていない。彼の肉体を奴隷にするのは偶然なのである。

同様の考えは、(ゴルギアスの生徒であり、イソクラテスの同時代人であった)アルキダマスの『メッセニア演説』でも見られる。

神は全ての人々を自由な者として放った。自然は元々誰も奴隷としていない。[19]

一九世紀のアリストテレスの注釈者が述べるように、

奴隷制が自然ではなく慣習に基づいているという見解をもたらすのは……実に奴隷身分から自

由への、そして自由から奴隷身分への移行の容易さ、および人間の身分の、偶然性、超越した力、人々の意志への依存である。[20]

何かが慣習的であると述べることは、それが不正であると述べることでは必ずしもない。政治学と倫理学の問いの議論において自然と慣習の対立がとりわけ大きな役割を果たした前五世紀後半でさえ、慣習的であることは不正という結論を必ずしも意味しなかった。しかしながら、奴隷制は慣習的であっただけでなく、その影響の点で恣意的でもあった。それゆえ、それが奴隷たちにとって非常に不快なものであった以上（少なくとも後期ストア派による高潔な順応以前には、それを否定しようとする者は誰もいなかった）、アリストテレスが実に巧緻に要約した結論に至るのは難しいことではなかった。

また、別の人々の意見では、主人による支配は自然に反するものだということになる。というのも、一方が奴隷であり、他方が自由人であるのは、取り決めによるのであり、自然本性上両者には差異がないからだというのである。したがって、彼らによれば、それは正義にかなってもいない。なぜなら、それは強制的なものだからというのである。[21]

〔アリストテレス『政治学』一二五三b二〇―二三〕

アリストテレスは『政治学』第一巻でこの批判に答えようとし、奴隷制を何らかの意味で自然であると示そうとしたことで悪名高い。彼の試みは、現代の批評家たちに好意的に受け入れられてこなかった。批評家は、その議論のなかで彼が述べる様々な事柄が、別の箇所で述べていることと完全に整合しているわけではないという事実に突き当たってきた[22]。それらの不整合のいくつかは明らかにイデオロギーの産物であり、倫理の横車を押そうとした結果である。そのようにして彼は、奴隷が主人へ従属することを肉体が魂へ従属することになぞらえる（類比の対象は理性と感情の関係でさえない。その比較対象は男性と女性の関係のために取り置かれている）。しかし、同時に彼は、奴隷が言われたことを理解するくらい十分な理性をもつことも認めねばならない。アリストテレスが一度ならず述べるところでは、奴隷は様々な仕方で家畜動物に似ている。しかし奴隷は（奇妙にも）指示を解釈し、理解を通じて服従し、性格の良し悪しを示す家畜動物なのである。しかも加えて言うに、主人と奴隷とは、理想的には友人であるべきである。他の箇所では、この可能性についてアリストテレスは立場をそれほどはっきりさせておらず、次のように言うにとどめている。すなわち「奴隷である限りでではなく、人間である限りで」人は奴隷と友人となりうる[23]。これは、彼の哲学的修辞のなかで最も不満足なものの一つを、いつも以上にあやふやに用いた物言いである。これらの不整合や緊張は示唆的である。しかしながら、現代の注釈者たちがそれらに飛びつく仕方もまた、何ごとかを示唆している。注釈者たちはこの哲学者の結論に明らかに困惑しており、アリストテレスの議論のうちに彼自身が困惑していたであろうという兆候を見つけ出すことで安堵している。少なくとも、アリストテレスの著作の主要部分からこれらの立場を切り離すことへの励ましを、議論の内部に見出して、満足するのである。プラトンが自由主義的、民主主義的見解を明らかにそして公然と攻撃しているのとは反対に、アリストテレスはより穏健で融通のきくヒューマニズムを表明しているとみなすことができる。それゆえ、その見地の核を見つけて、いっそう性に合わない彼の意見は脇にどかしておく強い動機が存在する。他方で、彼の哲学の方法に由来する動機も存在する。プラトンのように書き、プラトンのようになろうとする者は誰もいない。しかし、アリストテレスは、彼がどれほどの天才かがぼんやりと理解されている場合にさえ、哲学者たちが論じる主題の可能性について、哲学者たちに心地よい保証を与えてくれるように見える。その保証はアリストテレスの論述に常に見出される思慮深さという形を取っているが、この思慮深さ自体、あまりに模倣しやすいものなのである。

実際には、アリストテレスの奴隷に関する議論は、彼の作品内部の逸脱では全くない。たしかにそれは、他の人々の奴隷制の論じ方と非常に異なってはいるものの、その非典型的な論じ方は、アリストテレス自身の世界観を深く表現している。その議論は整合的でないが、その理由は単に奴隷制自体のあり方に由来するものではなく、奴隷制がどのように理解されねばならないかに関するアリストテレス自身の要求に由来している。私は彼の議論をある程度詳細に考察するつもりであり、これは私の目的と多くの仕方で関連している。この考察は、私の願うところでは、奴隷制に対するギリシア人の立場、そしておそらくは私たち自身の正義についての見方を理解するのを助けるだろう。さらにそれは、もし奴隷制を受け入れるより悪しきことが存在するとすれば、それは奴隷制を擁護することであるという真理をも示すことになるであろう。

前の章で私は、ギリシア人の、とりわけアルカイック期および前五世紀のギリシア人の立場が、しばしば思われている以上に私たち自身の考えと似ていることを示そうとしてきた。それに加えて、哲学の進歩、すなわちプラトンやアリストテレスの理論的構築物が、いつも私たちを、問題の適切な把握とみなしうる状態に近づけてくれると考えてはならない。この論点に関わるいま一つの例、これまで出会ってきたものとは非常に異なる例がここにある。ギリシア人は動産奴隷の制度をもち、彼らの生活様式は、その実際の働きにおいて、その制度を前提していた（彼らが抽象的な経済的必然性としてそれを必要としたのかはまた別の問題である。ここでの論点は単に、現実の状況を前提したとき、自分たちに価値のあるものを維持する、奴隷制なしの生活様式という選択肢がなかったということである)。彼らのほとんどは奴隷制を当然のものと考えた。しかしそれは、奴隷制の何が間違っているかを表現する方法が彼らになかったということではない。すでに見たように、二、三の人はそれを一般的、抽象的な方法で表現した。また、それほど理論的ではない奴隷自身の不満は、劇中にしばしば見られ、日常生活でも確実にあった。奴隷の生の何が悪いかを言うのは難しくないし、奴隷たちはそれを至る所で言っていた。同じようにギリシア世界の自由人も、誰かが奴隷になることがいかに恣意的な不運であるかを理解できた。一度システムをもってしまったとき、彼らにとってずっと困難になったのは、それなしの自分たちの世界を想像することであった。同じ理由で、彼らは奴隷の不満をあまり深刻には受け取らなかった。彼らにはそのシステムの代わりになるものはなく、その制度を前提すると、もし奴隷が不平を、それもその立場に関して不平を言わなかったとしたら、驚くべきことだっただろう。しかしながら、ギリシア人たちは概して、そのシステムが適切に運営され、適切に理解されれば、奴隷も含め誰も不平を言う理由はないはずだといった考えはもたなかった。この考えこそ、アリストテレスが示す結論である。

最近の論者の中には、奴隷制は自然なものだったのかという議論が、「奴隷が存在すべきかどうかではなく、奴隷がなぜ存在すべきなのか」という問いをめぐるものだったと述べる者もいる。[24] これはある意味で正しいが、問題を単純化している。アリストテレスも、そしておそらくこの問題を論じてきたほとんどすべての人々も、次のように考えていた。奴隷が存在すべきかどうかという問いがあるとすれば、その問いには即座に回答できる。すなわち、奴隷は必要であると。アリストテレスは奴隷が技術的に必要であると考えた。彼は、ＳＦ小説に似た想像の次元においてでしかないが、仮に「命令されて、あるいは事前に察知して」自分の仕事をやり遂げられる自動的な道具があれば、奴隷は必要でないだろうとはっきり認めている。彼自身、奴隷がどれほど必要なのかに関して完全に一貫しているわけではない。家庭に奴隷が必要なのは明らかであるが、農業に関しては、『政治学』の後の方では、奴隷が確実に最もよいとしながらも、別の制度も可能であると譲歩している。[25]しかしながら概して彼は、奴隷が必要であると考えている。そしてすでにこのことから、彼は奴隷がある意味で自然的であると述べうるのである。奴隷はポリスにおける生にとって必要であり、ポリスは協働の自然な形式である。すなわち、労働を適切に分業したこうした共同体で生きることが、人間の自然な条件なのである。

　私たちがこれらの前提を認めたとすれば、アリストテレスは奴隷が存在すべき理由をすでに示したことになる。それどころか彼は、奴隷が存在することが自然である理由さえ、ある意味では示している。とはいえアリストテレスは、彼独自の意味におけるその結論を支持する議論は、まだ始めてさえいない。彼は次の一歩を踏み出す必要があり、その一歩によって、彼の狙いは明瞭なものとなる。アリストテレスが彼自身の前提をもとにこれまで示してきたのは、ある人々は別の人々の支配下にいなければならないということである。これは、誰が誰の支配下にあるべきかは全く定めていない。私たちの手元にあるのは、誰かが誰かの主人であることが必要であり自然であるということだけである。これまでのところ、どちらの人々がどちらであるのかは恣意的でありえた。だがもし恣意的であるのなら、これは彼が述べるように不正との批判を支持するものとなる。

　より悪いことに——あるいは少なくとも、アリストテレスの一般的な観点からするとより悪いことに——、この点を空白のままにしておくと、何が自然であるかの説明に矛盾が生じる可能性があるという懸念がある。自然的なものと、「ビアイオン」なもの、つまり外部から加えられた強制や力によって生み出されたものとの対比は、アリストテレスの思想の中核をなす。アリストテレスの自然学においては、この対比から諸元素の自然な運動の理論が導かれる。つまり、自然本性に従って、空気や火は上昇運動をし、水や土は下降運動する。それらが別の仕方で運動するよう強制されない限り、そうである。アリストテレスの科学にとって、事物の「自然な傾向」は、事物がどんな種類のものかということと根本的に連関している。人間もまた自然的傾向をもつのであり、その自然的傾向に逆らわせるものは「ビアイオン」であって、力ずくであったり強制を伴うのである。

かなりの程度、その逆もまた真である。健康で堕落していない成年の個人の場合に、ある行動を引き出すのに強制を体系的に必要とするなら、その行動は自然ではない。奴隷制は、もし恣意的に課されているなら、こうした力を要するだろう。すなわち、自由人の生を送りうる人で奴隷になりたいような人はいない。これは奴隷の生が、それを送らねばならない人にとって自然でないことを示している。それゆえ、もしこれ以上、私たちが議論を進めることができないなら、奴隷が存在することは自然であるといういわば上からの議論は、それに相反する、自然的に奴隷である者はいないという下からの議論によって反駁される。ここに二つの論点が存在することは、奴隷制が「自然」な制度とみなされうるかという問いにとって決定的に重要である。もし奴隷制が自然な制度であると結論づける議論が、これまで到達できたところより先に進めないなら、奴隷制を自然な役割配分とする理論は、(大まかに言って)現代数学がオメガ矛盾と呼ぶものになるだろう。すなわち、誰かが奴隷であることは自然であり必然的であるが、どの人をとっても、その人が奴隷であることは自然的ではない。

そこで、アリストテレスは次の一歩を踏み出さねばならない。その一歩が、彼独自の結論をもたらす。彼はどこかの誰かが奴隷であることが自然であると論じるだけでなく、他の人々より、奴隷であることが自然であるとされる人々が存在すると論じる。実際、彼が示さねばならないのは次のことだけであり、そのことを彼は注意深く指摘している。[26]それは、主人と奴隷として関係するのが自然である人々の組み合わせが存在するということである。しかし、奴隷の仕事は道具あるいは馬車馬とされており、かつ奴隷であるという条件は絶対的とされている以上[27]、明確な区別が奴隷と非奴隷の間になくてはならない。アリストテレスは身体的な相違に訴える。すなわち、奴隷にとっては前屈みの姿勢が自然であり、自由人にはまっすぐ立った姿勢が自然である。これは、例えばテオグニスまで遡ることができる、アルカイック期の貴族主義的な題材である。

奴隷は、頭が生まれつきまっすぐではなくつねに曲がっていて、首も傾いでいる。

海葱からは薔薇もヒュアキントスも生じないからだ。

そして母親が奴隷の子は決して自由人らしくならないものだ。

〔テオグニス『エレゲイア詩集』五三五—五三八行〕

ただし、アリストテレスにとって重要だったのは、主人が奴隷に対してもつとされる精神面の優越性であった。驚くことではないが、アリストテレスは、この精神面の優越性を必要とされる身体的な相違に適合させること、また観察される現実の何らかのもっともらしい理解に適合させることに困難を抱える。実際には相当な配役の誤りがあるということを彼は認める。

自由人の身体と奴隷の身体とを違ったものとして作ったのも、自然自身が図ったことである。つまり、奴隷の身体は生活に必須のもののための使用に耐えうるような強靱なものであるが、自由人の身体は真っ直ぐな姿勢で、そうした作業には適さない。……しかしながら、しばしば反対の組み合わせも生じる。すなわち、自由人の身体をもった奴隷がいたり、自由人の魂を持った奴隷がいたりする。[28]

〔アリストテレス『政治学』一二五四b二七行以降〕

この最後の一文は大失敗である。すなわちこの一文は、アリストテレスが言わざるを得ない虚偽を受け入れざるを得ず、またその他の言わなくてよいこと（例えば奴隷に配役し直されるべき自由人が存在するということ）も受け入れざるを得ない。そしてこの一文はこの重圧によって崩壊しており、構文的にさえ、どう解釈すべきかについて、研究者の間で大きな論争を生み出してきた。これらの考えは、バルバロイの奴隷的な自然本性に関するギリシア人のよく知られた一群の偏見とともに、近代において悪名高い、観相学や他のイデオロギー的な神話の祖先である。[29]

奴隷制はいわば端から端まで自然であるという考え、そして奴隷制は人間の生が最も発達しうる様式の共同体には必然であるという上からの論証が、奴隷という役割が自然に反せず、また真の強制を伴わない人々がいるという下からの論証によって充足されるという考え、これらの考えは、古代においてほぼ未来をもたなかった。これらの考えはずっと後世の、近代奴隷制の直接的な人種差別イデオロギーと結びついて、再び召喚されることになった。もっともそこでそれらが果たした役割は、聖書に次ぐ副次的なものだったのではあるが（フィンリーがそれらについて用いた言葉は「学識ある粉飾」であった）。[30]

古代のこれ以降の時期には、政治哲学の問題として奴隷制を問うことは断念され、むしろ奴隷制は奴隷にとって本当は害でないことを示そうとする教化的試みが支持されたように見える。とりわけ、本当の自由は精神の自由であり、それは奴隷によっても十分に、いやおそらくはよりよく達成されうることを示そうとする試みがあった。この態度に対する、最も明示的で、そして間違いなく不快な部類の説明の一つは、セネカによって提出されている。

奴隷の状態が人間の全体に浸透していると考えるなら、それは誤りである。人間のより良い部分は、隷従を免れている。肉体は主人に隷従し、帰属しているが、しかし精神は自立している。精神はまったく自由で束縛されず、いかなる牢獄も妨げることはできないのである。……それゆえ、運命が主人に引き渡したのは肉体にすぎない。主人は肉体を買い、肉体を売る。だが、あの内なる部分から発生するものは、すべて自由である。〔セネカ『恩恵について』第三巻二〇章〕

この見解、そしてこれに類するキリスト教的諸見解は、明らかにアリストテレスのそれとは異なる。[31]なぜならそれらは、人間に対する二元論、あるいはそれに似た描像に訴えているからである。それによって、人々の最も本質的な特性や利害は、経験的な社会的世界とそこでの不幸を超越する。アリストテレスはこうした描像はもたなかった。だが、こうした見解と彼の見解は同じ目的を共有する。それは、生は究極的あるいは構造的には不正ではありえないとする信念の維持である。セネカと彼の仲間たちはこの社会的世界を不正なままにしておくことができる。なぜなら彼らは、彼らの空想のいずれかに応じて、人は社会的世界から逃れられると想定できるからである。アリストテレスは人がそこから逃れることができないと知っていた。それゆえ、彼の空想は、次のようなものでなければならなかった。すなわち、実際行われていることがどれほど不完全であるようだとしても、少なくとも構造的には不正ではない。世界とは、ある人々が最もよく発展するとき、その発展は他の人々の自然本性に反する強制を必然的に伴うようなものではありえない。

アリストテレス以前のギリシア人たちは、これらの幻想のどちらにも加担しなかった。彼らは奴隷制を不正なものと考える傾向は特になかったが、それは、彼らがそれを正義に適った制度と考えたからではない。もしそれを正義に適った制度と考えていたら、彼らもまた、奴隷自身が――例えば奴隷となった自由人が――それに不満を述べるのを誤りだと考えたであろう。するといまや、奴隷制は司法的処罰に等しくなる。つまり、奴隷制を正義に適った制度とみなす人々は、この制度に適切に従属する人々が不平を述べる理由は基本的にないと考える。初期のギリシア人たちは、こうした考えをもってはいなかった。反対に奴隷として捕らえられることは、理性を備えたあらゆる人が不満を言うはずの災厄の典型であった。そして同じ理由で人々は、その不満を実際不満として、つまり理性的な人々によってなされた反論として認めた。ほとんどの人から見て、奴隷制は正義に適っていないが必要であった。それは必要であったがゆえに、制度としては不正なものとみなされなかった。奴隷制が不正であると述べることは、少なくとも理想的には、その存在がなくなるべきだということを含意するであろう。しかしいずれにせよ、その可能性について考えることができた者はほとんどいなかった。もし、それを制度として正不正のいずれともみなさないのであれば、その正義について言うべきことはほとんどない。そして実際これまでもしばしば指摘する者はいたが、現存しているギリシア文学には奴隷制の正不正についてそもそも議論をしているものがほとんどないのである。

ギリシア世界は奴隷制は強制に基づくという単純な真理を認めていた。アリストテレスは、奴隷制が必然的であると認めるのでなく、むしろそれに正義に適うという性格を付与するという文字通りの意味で奴隷制を正当化しようと試みることで、この単純な真理を否認せざるを得なくなった。強制、すなわちビアイオンなことは自然に反する。そして、仮に奴隷制が適切に運営されれば自然でありうるとすれば、それは最も深い意味では強制的でないだろう。ここで奴隷制が適切に運営されれば暴力を全く伴わないものになると望むのは楽観的であろう。むしろここでの論点は、適切に割り当てられた奴隷身分は必然的なアイデンティティとなるだろうから、暴力が自然的な奴隷に向けられねばならないとしても、その暴力は最も深い意味で強制的とは限らないということだ。もちろん、アリストテレスの議論は課題を設定したにすぎない。実生活において、奴隷制をその観点から見るためには、また、犠牲者にとって偶然的でこの上なく残忍な災厄という、常にそうみなされてきたあり方から変えるためには、知的な立ち回りや言い逃れが必要なのだが、それらをアリストテレスの議論は与えていない。すでに述べてきたように、古代はそうした材料を探そうとする試みには執着しなかった。それは驚くべきことではない。

少なくとも奴隷の場合、アリストテレスは彼の主張に何か議論が必要であると考えた。他方、女性の男性に対する従属については『政治学』における重要な箇所に一文が費やされるのみである。「魂の「思案にかかわる部分」を奴隷はまったく有しておらず、女性はそれをもってはいるが行為を支配する力を欠いている」[32]。この議論は基本的に、奴隷に関する議論と同じ形をとっている。すなわち、役割分業の必要が存在し、自然本性がその割り振りを与える。しかし、今回の場合、議論の下への動きと上への動きは事実上一致している。というのも、アリストテレスは見たところ、奴隷制の場合ほど論拠を示す必要がなく、また観察された事実が明らかに論拠を示していると考えているからである。これは単に一般に受け入れられている見解であり、奴隷の場合には特異で無理のあったアリストテレスの結論、すなわち、要求される役割を自然本性上果たす人々が存在するという結論は、女性に関しては慣習的な見解であった。自然本性上占められるべき立場が存在し、それを自然本性上占める人々が存在する。奴隷であることが必然的アイデンティティであることを示そうとする中で、アリストテレスはある程度まで、奴隷制が適切に運営されれば、奴隷は女性の実際のありように近いものになるであろうと示唆していたのである。

アリストテレスは、彼が女性に割り当てた役割や、彼が女性について述べた点において、ギリシア人に限らずありふれた偏見に従っており、それらの偏見は並べ立てるまでもない。すべてのアテナイ人が、いわんやすべてのギリシア人が、ペリクレスの葬送演説の有名な一節に示される、女性の役割に関する非常に制限的な説明を受け入れていたわけではない。それはすなわち、女性の最も偉大な栄光はよきにつけ悪しきにつけ、ともかく男性の話題に上らないことであるというものである。女性の生は一般に想定されてきた以上に自由であった可能性もあるという主張もある。いくつかの重要な事実は判明していない。例えば、女性が劇場に行ったかどうかはまだ意見が一致していない。またケネス・ドーヴァーが指摘したように、隔離の効果は社会階層の間で相違があったはずである。しかし詳細はどうあれ、堅気の女性の生が、家庭に相当程度閉じ込められたものであったことは明らかである。[33]

アテナイの女性は、市民ではなく「アッティカの女」であった。同時にこうした女性とそうでない女性の間にも重要な違いがあった。というのもペリクレスの法のもとでは男性市民であるには、「エクス・アンポイン・アストーン」——きちんと翻訳できないが、「両方の側で市民」であること——が要求されたからである。[34] 女性の義務は家庭の内部に存在する。そして「オイコス」と「ポリス」、私的なものと公的なものの対比は、女性と男性の関係の表象に深く入り込んでいる。これらの対比自体の理解が様々であり、その結果、サリー・ハンフリーズが指摘するように、「オイコス」自体がイデオロギー的な語なのである。[35]

ドーヴァーが思い出させてくれるように、古代ギリシアの残存している言葉のほとんどすべては男性によって書かれている。[36] それにもかかわらず、女性の扱いに関する不満、さらに言えば彼女らの扱いが公平でないという不満さえ、決して知られていないわけではない。すでに『オデュッセイア』の中でカリュプソは、死すべき定めの者との性的関係に関して男神と女神に適用されるダブルスタンダードについて不満を述べている。「あなた方は焼餅焼きです」と彼女は男神に言う。「あなた方は死すべき定めの女と寝ているが、女神が人間〔の男〕と寝床を共にするとへんねし〔嫉妬〕を起こすのです」。[37] ソポクレスの断片に出てくる女性は、彼女らがいかに何者でもないか、売られて結婚し、夫の意志に振り回されるかについて不満を述べる。[38] 最も有名な——ほとんど体系的といえる——反論はエウリピデスのメデイアのものである。彼女は一種の特殊事例である。[39] だがさらに一般的に、アリストパネスはエウリピデスに、自分の劇では女性が話すのだと言わせることができたのである。エウリピデスのことをフェミニストだと考えた人も、ミソジニストだと考えた人もいるというのは興味深い。おそらく私たちは、彼がその両方だったという暗い可能性を受け入れるべきなのだろう。[40]

次のような有名な叙述がある。それは、伝承によれば、伝記作家ヘルミッポスがタレスに（要は不特定のある賢者に）帰し、別の人々がソクラテスに帰したものである。すなわち、彼が幸運に感謝を捧げた三つのことがある。それは彼が、獣ではなく人間に生まれ、女性ではなく男性に生まれ、そしてバルバロイではなくギリシア人に生まれたことである（アイスキュロスのアガメムノンが絨毯の上を歩くのを拒否したとき、彼が引き合いに出したのは、この三つ組を部分的に反転させたものである。彼はまず自分自身を女性から区別し、次にバルバロイから、最後に神から区別している）。[41]

しかし、これはどのような種類の幸運なのだろうか。感謝の対象は正確には何なのか。タレス——と呼んでおこう——はたしかに、自分が女性でないことに感謝すると述べたとき、自分の言おうとしていることを多少ともわかっていたのであり、この種のありふれた考えを押し進めすぎることは哲学的愚行と思われるかもしれない。しかし、運と正義とアイデンティティという観念がこの領域では非常に密接に絡み合っている。それゆえこれらの観念を抽出するためには、ある程度の圧力が必要となる。いずれにせよ明らかなことが一つある。タレスが言おうとしたのが何であれ、彼は、回避された現実の可能性に言及しているのではない。彼は、彼つまりタレスその人が女性として生まれたかもしれないという可能性を、自分が免れえた危険として想像する方法を何ももっていなかったのである。

古代の生殖理論は男性である者が女性でありえたという考えを全く支持しない。これらの理論自体、あからさまではないもののイデオロギー的である。アリストテレスに見られ、のちにガレノスによって発展させられた類いの理論は、男性中心の諸観念を表層的な仕方で表現している。この種の理論は、それに取って代わられたヒポクラテスの理論と対照的に、女性にいかなる活動的、固有の役割も与えない。女親は貢献者ではなく容器、形相ではなく質料とみなされる。そしてこの理論はまた、女性の子どもを、損なわれた、不完全な男性とみなす。つまり、きちんと乾かされるための、とりわけ生殖器が押し出されるための充分な熱が与えられなかった胎児とみなすのである。しかし、ピーター・ブラウンが指摘するように、こうした観念が男性に文句のつけようのない特異性があることを保証するものでなかった点は驚くべきことである。性別の有機的形態論は、両性が比べ物にならないことを一義的に示す徴ではなく、むしろ、程度問題あるいは偶然の事象として出てきた。実際トマス・ラカーが示すように、解剖学の伝統的研究では、雄と雌の生殖システムの間に想定される相同関係にかなり注目を向けてきた（解剖学の著作に雌の詳細な骨格が初めて登場したのは一八世紀末である）[42]。それゆえ、純粋に生物学的な観点からすれば、アリストテレス、ガレノスの医学は、現代の理論と比べて、人は別の性別に――例えば父の精液が少し冷えていたら――生まれうるといった考えにより近いと思われるかもしれない。しかしそれはまだそれほど近いとはいえない。ある性交から女性ではなく男性が生まれることがたとえ偶然だとしても、またこの偶然が、現在理解されているような〔X染色体かY染色体かといった〕構成要素の中身に関する偶然ではなく、単なる程度問題の偶然であるとしても、それはその人に起こる偶然では全くない。例えばアリストテレスは、性についてこうした観点からは少しも考えていなかった。もし何かがライオンであるなら、それは必然的にライオンであると彼は考える。それと同様に、誰かが男性であるならば、彼は必然的に男性なのである。

誰もこの考えを否定しようとしなかったことを示す証拠は、全く別の方向でおそらく見出されるだろう。ギリシア神話にはテイレシアスという人物がおり、彼にとって、一つの性別に属することは別の性別に属することを排除しなかった。彼の神話にはいくつかのヴァージョンがあるが[43]、その一つは次のようなものだ。彼は若い男性であるときに二匹の蛇が性交しているのを見た。その一匹を殺すと、彼は女性に変わった。彼はアポロンから、また同じ場面に遭遇し、一方を殺したらまた元に戻ると教わる。しばらく後で彼は再びそうした場面に遭遇し、男性に戻った。ヘラとゼウスは、男性と女性ではどちらがより性交から快楽を得ることができるかで揉めており、唯一無二の仕方で適任であるテイレシアスにこれを尋ねた。彼は快楽を十に分けるなら、女性が九を楽しみ、男性は一を享受するだけだとゼウスに同意する。すると、ヘラは怒り彼を盲目にした。だが、ゼウスは彼に予言の力と七世代分の長寿を授けた。

これは、ヘシオドスの『メランプス物語』にまで遡ることができる古い神話である[44]。テイレシアスの予言能力は彼の性の来歴の神話と密接に結びついている。さらに、テイレシアスが威厳はないが重要な役割を果たすエウリピデスの『バッカイ〔バッコスに憑かれた女たち〕』では、神ディオニュソスとその信女たちのバイセクシャルな側面が強調されている。[45] しかし、テイレシアスの神話的来歴については、そこでも、彼が登場する他の劇でも、また現存する他のどの悲劇でも言及されていない。悲劇作家たちは古代後期にまで生き残ったこの神話を知っていたと考えるのが妥当である。そうだとすれば、この神話は心理学的には迫力があるが、公共的な意味は欠いていたと推測してよいだろう。二つの性の来歴をもつという考えは、個人のファンタジーの世界にのみ属する。つまり、悲劇という分野は社会的な相互行為の一分野でもあり、男女の区別をそれが非常に強く構造化しているので、テイレシアスのこの神話的特異性は、私たちの知る限り、悲劇と関係せずにいるのである。

ギリシア男性の自由人が自分と区別した三つ組は、多くの場合、〈動物・女性・バルバロイ〉ではなく、〈バルバロイ・女性・奴隷〉という形をとり、その形で何世紀も有力であり続けた。[46] また、この三つ組はその形において、社会的にはるかに重要となった。仮にタレスが自分が奴隷でないという運に感謝を捧げたのだとすれば、そのとき彼は、彼（あるいは誰か）が女性になることから救った介入とは全く異なる、より理解可能な介入に対して幸運の女神に感謝したことになろう。実際彼が奴隷に生まれなかったことで女神に感謝するのは、その内容の一部にすぎないであろう。彼はその後も引き続き、女神が自分を奴隷にしなかったことにさらに感謝し続けなければならない。彼が奴隷でないという点について言えば、物事がありえた可能性よりうまく運んだことは、ただ漠然とした意味での運ではなく、はっきりと明確で理解もできる仕方で、彼の運であった。だが彼が女性ではないのは、彼の運ではなかった。そうだと真剣に考える者は誰もいなかった。女性であることとは本当の意味で必然的なアイデンティティである。これに対し、アリストテレスの必死の努力にもかかわらず、奴隷や男性自由人であることはそうではない。先に述べたように、アリストテレスの試みが奴隷の条件を女性の条件に同化する試みとみなされる理由はここにある。

今も昔も、多くの慣習的実践が、この同化を逆向きにしてきた。現状をよくしようという願望を表明する際、私たちは女性であることが必然的アイデンティティであると認める一方で、性とジェンダーといった区別によって、生物学的アイデンティティを社会的アイデンティティから区別する。[47] 誰も奴隷でないことは私たちの目標であるが、誰も女性でないことは、誰も、最もラディカルな人々さえ、目標にしていない。つまりこれは、女性であるとは何であるかについての社会的構成の問題である。明確で不変の役割分配があることと、女性と男性がその役割を果たすべく設計されていることの二重の観念は、多種多様な政治哲学に受け入れられてきており、そこには抽象的な平等という理想に捧げられているとされるものも含まれる。真に必然的な性的アイデンティティを自然に付与された社会的アイデンティティと解釈する試みは、アリストテレスやギリシアにおけるその先行者たちに特有のことではない。

もっとも、プラトンという有名な例外が存在する。『国家』の中でプラトンは、彼の理想国家においては、女性が単に女性であるとの理由で、何らかの役割から、とりわけ守護者という役割を果たすことから除外されるべきではないと論じた。プラトン自身の見解は、実際の問題として女性は数学や統治には向かないとするものであったようである。しかし問題はその人の才能であって性別ではない、と彼は主張した。[48] アリストテレスにとってこうした議論は決して提起されない方がよいものであったが、その理由を理解するのは容易だ。『国家』におけるプラトンのこの議論は、守護者の間では家族は廃止されるべきだとする彼の提案と密接に結びついている。アリストテレスにとって家族とは、廃止するなど考えられない自然な制度であった。そして彼は、女性の伝統的役割がその自然な制度に本質的に伴っていることを当然と考えたのである。

女性の役割は、プラトンのような少数のユートピア思想の持ち主やエウリピデスのような反体制的知識人を除けば、ほとんどのギリシア人が自然なものと当然視していた。悲劇と喜劇は共に、各々異なる仕方で、女性が様々に行動することが想像できないものではないことを示している。しかしそれらのくだりは、伝統的な役割配分が恣意的でも強制的でもないとする標準的な想定をあらわにするだけであり、またおそらくはそれを強化する助けとなった。こうしたことは奴隷制については起こらなかった。というのも、奴隷制は古代社会の人間関係の構造をかなりの程度規定していたが、彼ら自身がその恣意性と暴力性を認識していたのである。

アリストテレスを除けば（そして彼も、現存する役割配分を擁護したというよりは、その漠然とした改善を擁護したのであるが）、ギリシア人は奴隷制に伴う事柄を理解していたし、奴隷であることを不運の典型とみなした。それは「アナンカイアー・テュケー」、すなわち、力ずくで課され維持された条件下にある不運である。「不運」は、女性であることには通常ギリシア人は適用しない観念である。理由の一つは、タレスの感謝のような思考に示される願望のレベルを除けば、それは運の問題ではなかったからである。またそれは、ほとんどの時代、特に男性から、それほど悪いものとみなされていなかった。例えば、それは奴隷制ほどあからさまに強制的ではなかった。

こうした問題に対する私たちの態度は、ギリシア人のそれとは異なる（もっとも、ここでの「私たちの態度」に含まれる「私たち」が奴隷制より女性の場合に範囲がより狭くなることを、私は認識している）。しかし、それは正確にはどのように違うのだろうか。とりわけ、ギリシアの考えと慣行を拒絶するのに、私たちは、ギリシア人自身が利用できなかった倫理的思考をどれほど必要とするのだろうか。奴隷制の場合、それに反対する上で私たちはギリシア人になかった倫理的観念を使っているかもしれないが、奴隷制を拒絶するためにそうしなければならないわけではない。すでに述べたように、別の人間の力のもとにあることが望ましくない不運である理由はギリシア人にとって周知のことだった。さらにギリシア人は、その運から被る影響がいかに恣意的かを認識していた。こうした思考は、奴隷制は不正であるという主張に対する材料を与えうる。先に引用したアリストテレスの鋭い表現を用いるなら、「ビアイオン・ガル」、「なぜなら、それは強制的なものだから」。とはいえ、奴隷制は必然的だと考えられていた。すなわち、自由なギリシア人が享受する類の政治的、社会的、文化的生活を維持するために必要だと考えられていた。しかし、ほとんどの人々は奴隷制が必然的だからといって正しいとは考えなかった。アリストテレスがはっきり理解していたように、必然的であれば十分なわけではなく、更なる論拠が必要だろう。それが、彼が無謀にも探し求めたものである。必然性の帰結とはむしろ、生活が奴隷制を基盤にして続き、その正不正の問題を意味ある仕方で俎上に載せる余地を残さなかったということであった。

この問題が一旦提起されてしまえば、ギリシア人自身に利用可能であった諸考慮のもとでも、奴隷制を不正であり、不正の典型でさえあるとみなすことはほとんど避けがたい（すでに長い間奴隷制の正当性の問題が取り上げられてきた近代世界において、聖書に基づく体系的に人種差別的な材料を本当に必要としていたのは、奴隷制を正当化する試みであった）。私たちは今や苦もなく奴隷制を不正とみなすことができる。すなわち、私たちは、奴隷制と端的に両立不可能である経済的取り決めと、市民が構成する社会についての理解を有する。これは反射的な文化的自画自賛、あるいは少なくとも、ある面で私たちは進化したのだとする満足の念を掻き立てるかもしれない。[49] しかしこれまで指摘してきたように、奴隷制に対するギリシア人の態度の主な特徴は、そこに正しさがあるという道徳的に未開な信念ではなく、むしろ、正か不正かの考慮が、社会的、経済的な必然性とみなされるものの要請によって抑え込まれていたという事実であった。こうした事象は、現代の生において取り除かれたわけではない。ただ別の場所に移されただけなのである。

ある種の社会的慣習に関する私たちの状況は、奴隷制に関するギリシア人の状況によく似ている。しばしば単なる運任せに左右される形で、人々が社会に翻弄される恣意的で野蛮な生のありようを私たちは認識している。こうした人々の状況やこうした事柄を容認するシステムを不正とみなす知的資源を私たちはもつが、不正とすべきかどうかに確信をもっているわけではない。一つには、私たちは、それに代わるシステムとされるものの腐敗と崩壊を目にしてきたからである。もう一つには、アリストテレスが定まった考えを与えようとした問題、すなわち、ある人々にとって価値ある生が存在するためには、どの程度まで他の人々に苦しみが課されざるを得ないという問題に対して、私たちが定まった考えをもっていないからである。

女性に関しては、古代の偏見と現代の偏見の関係は奴隷制の場合と異なる。一つには、現代の偏見は古代の偏見とはるかに広い範囲で同じだからである。伝統宗教の考え方に由来する偏見が、現代の世界にはびこっているという事実は全く別にしても、ジェンダーに対する役割が自然本性によって課されているという観念は「近代的」で科学主義的な形態で生き続けている。とりわけ、この主題について社会生物学が、いっそう粗野な無反省に寄与していることは、別の手段でアリストテレス的人間学を継続していること以外の何物でもない。この事実は、そこで提示されているのがアリストテレス的な生物学ではないという事実によって隠蔽されている。自然選択理論に基づくからこそ、社会生物学は、目的論や、宇宙論に知的構築物との類比を読み込むアリストテレス的精神に免疫があると思い込んでいる。しかし、アリストテレス的な想定がこの種の思考様式を支配するのは、その生物学的説明のパターンゆえではない。むしろ、社会的ジェンダーに対する役割と、（どのようなものであれ）生物学的に理解されるべき自然本性の間に比較的単純な適合が存在するという、より一般的な想定に基づいているのである。自然に対する描像が変わったとしても、社会的役割とは何であるべきか、それはどう分配されるべきかについて、自然がごく一義的に何事かを教えてくれるという想定は必ずしも取り除かれない。

　社会的役割と人間の心の構造と自然との間に調和が存在するという観念は、これまでいくつかの文脈で見てきたように、すべてのギリシア人が抱いていた信念ではない。その信念は、最も完全で慰めになるような形態においては、ほぼアリストテレスに特殊なものであり、それは計り知れぬ影響をもっていた。だがギリシア人の中には、人間の生と宇宙との関係に関してより断絶的で不穏なイメージをもっている者もいた。それは、彼らが単にソフィストないし懐疑論者だったからではない。次章で見るように、物事の不透明さと不可解さの感覚をピンダロスのような最初期の著作家たちは表現していた。それはなるほど社会的受動性、すなわちドッズが「神は天に在し、世界はすべて狂っている」という言葉のうちに印象深く捉えたアルカイックな世界における「アメーカニアー〔無力さ〕」に寄与しえたものであったかもしれないが、とはいえ人間性と自然の調和という勇気づける考えを支持するものでは全くないのである。[50]

　古代世界と近代世界の間の多くの比較で前提されてきたのは、古代世界では社会的役割は自然に根ざすと解されていたということである。実際、近代社会がこうした考えを捨てたことは、これまでのあらゆる社会から区別される近代社会の特別な徴だとしばしば考えられている。この前提は、近代に好意的な者もそうでない者も等しくもっている。近代世界に批判的な人々にとっては、この考えの喪失は、疎外と、人間が根こぎにされ、人間と世界との間の調和を奪われたという感情とを生み出すものである。他方で、近代の啓蒙の力を歓迎する者は、いかなる社会的役割も人間の批判に晒されうるし、自然によって命じられるようないかなるそうした必然性も存在しないという認識のうちに解放の力を見出す。実際、社会正義に関する近代のリベラルな理解の中心的特徴は、それらの理解が必然的な社会的アイデンティティの存在を完全に否定すると述べることで表現できる。

近代のリベラルな諸社会とそれ以前の諸社会の間の主な違いは必然的な社会的アイデンティティという考えを受け入れるか拒否するかのうちに見出されると、かくも容易に想定されてしまうことには、いくつか理由がある。この問題を議論するために必要とされる知的装置の多くはもちろん近代の発明品である。そこには、社会的役割という観念——意識的に表現されたそれ——も含まれる。さらに、議論は伝統的諸社会における権威の本性に関するいくつかの一般的な理論の影響も受けている。とりわけ、少なくともヨーロッパやアメリカの考え方は、アリストテレス化されたキリスト教の巨大な影で覆われている。しかし、私たちが古代ギリシア人に注意を払い、特にアリストテレス以前にまで目を向けるならば、必然的アイデンティティという考えの有無の点で社会に対する彼らの見地と私たちの見地とが異なっているとするのは、かなりの程度正しくないと理解することができる。とりわけ、奴隷制への態度という、古代ギリシア人と私たちとで根本的かつ最も際立った社会的対比に関して、そうした見方は正しくない。古代世界の奴隷制という制度は、ある非常に顕著で重要な社会的役割に関わっていた。たしかにほとんどの人々は、社会的生の最善の発展が奴隷制を必要としたという意味で、それは「自然」だったと考える傾向にあったが、それを、自然やこれらの諸解釈と最も密接に結びつく意味において、すなわち、社会的役割が割り当てられる方法に関して、自然なのだと考える者はほとんどいなかった。言い換えれば、その役割が必然的アイデンティティである、つまり、ある社会的言語を自然本性によって話す個人に割り当てられた役割だと真剣に考える者はほとんどいなかった。

近代のリベラルな思想はあらゆる必然的な社会的アイデンティティを拒絶するが、その奴隷制に対する態度とほとんどの古代ギリシア人の態度とを区別するのは、リベラルな立場にあるその要素ではない。奴隷制に関して言えば、女性への態度とは対照的に、特に次の二つの概念が古代ギリシア人の思考を支配している。すなわち、経済的ないし文化的必然性と個人の不運である。たしかに私たちは、これらの概念を、ギリシア人がしたように奴隷制を受け入れるような仕方では適用しない。しかし実際には、自分たちの社会的経験の非常に広い範囲にこれらの概念を適用しており、それらは現代世界においてもまだ活発に働いている。これらの点に関して、近代のリベラルな考えと多くのギリシア人の立場の間にある本当の違いは、むしろ以下の点にある。すなわち、これらの概念、つまり必然性や運といった概念が、正義に関する諸考慮に取って代わりはしないことを、リベラリズムは要求する――あるいはより現実的な言い方をするなら、望む――のだという点である。社会における個人の居場所が経済的ないし文化的必然性の力によって、また個人の運によって決定されるとしたら、またとりわけ、これらの要素が彼または彼女が（あからさまな強制によらずとも実質的に）他者の力のもとに置かれる度合いを決定することになるなら、リベラリズムが抱く希望とは、そのすべてが、これらの過程やその結果の正義を保証する制度の枠組みの内部で生じるということである。私たちは単なる必然性や運のすべての帰結を打ち消すことはできないし、ひょっとしたらそうすべきでもないのかもしれない。そうだとしても、私たちは少なくとも、正義の問いを提起する枠組みの内にそれらの帰結が位置づけられ、そして当の必然的事情が根源的に強制的なものではなく、当の運がただの運よりたちの悪い何かではないというように答えうることを望むのである。

近代のリベラリズムは、必然的アイデンティティという観念を拒絶する点でのみならず、この問題を設定する点でも、すでに古代世界からある程度隔たった位置にある。近代のリベラリズムは、必然性と偶然が個人に与える影響を軽減し、かつ軽減できないものは不正でないと示すという二つの意味で、必然性と偶然を制御する社会正義の枠組みを構築する課題を自らに課してきた。このような問題を設定してきたということは近代に特有の達成である。しかしながら私たちは、この課題があると主張するのみならず、それを遂行するいくばくかの希望があるとも主張できる立ち位置に身を置くまでは、私たちが古代世界から実際のところどれほど隔たっているのかを知ることはないだろう。

# 第六章
# 可能性・自由・力

前章では、ある人が別の人に力を用いるという必然性、ある人が別の人々に課す必然性について論じた。それより前には、実践的結論のもつ内的必然性、つまりある仕方で行為せねばならないと結論する際に行為者が見出す必然性について論じた。アルカイック期のギリシア人や、またある程度までは前五世紀後期やそれ以降のギリシア人も、以上の二つの必然性を超えて、私がこれまで超自然的必然性と呼んできたものが存在すると信じていた。本章の多くは、この超自然的必然性に関するものとなる。だがそれは、力という人間的必然性に私たちを立ち返らせるだろう。

「超自然的」という語があまり満足のいかない言葉なのは認めざるをえない。この語は、古代ギリシア人が私たちと同じ自然概念をもち、かつそれに加えて自然の外部に別の行為者がいると信じていたことを、誤って示唆しうる。[01] たとえ私たちがこうした含意を否定して、その代わりに、私たちの自然概念の外部にあるものの存在をギリシア人は信じていた（が、おそらくギリシア人は自分たちの自然概念の外部にあるものの存在を信じていたわけではない）と言ったとしても、私たちが単に存在を信じていないもの（例えばフロギストン）や、私たちが真とは信じていない説明との対比において、私たちの自然の概念の外にあるのは何であるかを述べるという深刻な問題が残ることになる。自然の一部ではないものがすべて超自然的なわけではない。[02]

地球の周りを天体が回っているというアリストテレスの理論は、否定されているとはいえ、私たちと同じ自然概念に属すと考えられるかもしれない。すなわち、それが（正確にはより洗練されたプトレマイオス的末裔が）地動説に場を譲ったことは、結局のところ、私たちの科学の歴史の一部である。だが、アリストテレスの宇宙論は、そこから歩調を変えることなく、自己に向かう純粋な思考であり、愛されることによって運動を生み出す不動の動者が、星々の固定された天球を動かすという結論に至る。[03] これは、私たちにとっては、「自然主義的」な説明の一部をなす理論では全くない。「超自然的」な説明と対比されるのが医学や心理学である場合、さらに難しい問題が生じる。古代ギリシア人が神によってあることが引き起こされたと述べるとき、あるいはさらに言えば、医学的説明や心理学的説明によく通じている現代の人々がある出来事を呪術のせいにするとき、どれほどのこと――どれほどそうした説明以上のこと――を言おうとしているのだろうか。[04] これは、人類学あるいは人類学の哲学に属する問いであり、私はこれに答えるつもりはない。同様に私は、「超自然的」という語を、それ単独で有意義とみなされるような分類としては用いない。私はそれを、世界を説明する私たちの方法に属さない種類の必然性（私がこれから特に議論する必然性）のラベルとしてだけ用いるつもりである。このラベルそのものは、この種の必然性が、私たちの世界観とどう合わないのかについて多くを教えてくれるわけではないと思う。だが私は、この必然性に関する私の説明が、ずっと多くのことを明らかにすることを望んでいる。

ここで問題となっている諸観念は、悲劇の展開を組み立てることに寄与している。そしてこの事実は、これらの観念がギリシア人にとってある程度理解できるものであったことを示している。ただし、いくつかの点では、悲劇における必然性の感覚は演劇様式の所産であり、すべての人がいずれにせよ信じていた事柄を単に舞台で活用したものではないことに注意を払っておかねばならない。それらの点から言えば、私たちは悲劇の理解から締め出されてはいない。つまり、問題となっている諸観念は、あるところまで私たちにも理解できるのである。もっとも、私たちがそれらの諸観念を把握できる範囲は限られており、またそれらによって答えることができない様々な問いを私たちはもっているのだが。それらの問いを私たちが投げかけたくなるという事実は、この種の必然性が、これまで議論してきた必然性と違って、私たちの世界の一部ではないことを意味する。それは、これらの必然性が形作る悲劇が私たちにとってどんな意味をもちうるのか、という第一章でふれた問いを呼び起こす。この点については本章の最後で論じる。

この種の必然性を他のものと区別するためにはまず、この必然性が、すでに論じた種類の内的必然性、つまり、自分はこれをなさねばならないという行為者の自己認識と劇的かつ明確な仕方で交わっている有名な例を取り上げるといいだろう。これは悲劇から採られた例ではあるが、行為者が必然性に支配されているさまが直接提示されている類の悲劇ではない。むしろ行為者の状況は私たちに向けて描写されているのである。アイスキュロス作『アガメムノン』のすばらしい最初のコロスで私たちは、アガメムノンがトロイア遠征のはじめに、自分の娘イピゲネイアを供物《くもつ》に捧げることになった事情を知る。この物語は悲劇の主題として繰り返し取り上げられてきたが、その中でギリシアの遠征隊は〔トロイアの味方をした女神〕アルテミスがもたらした荒天によってアウリスの港に足止めされる。予言者は、アガメムノンの娘イピゲネイアを供物に捧げない限り、艦隊は出帆できないと告げる。物語の他のヴァージョンでは、アルテミスがアガメムノンの所業に腹を立てていたことになっている。だが、しばしば指摘されるように、アイスキュロスはその要素を伏せることで、この挿話とアガメムノンのこの行為を、彼の一族であるアトレウス家で過去に起きた数々の犯罪の一連の帰結の中に、可能な限り直接的に組み込んでいる。コロスが語るには、アガメムノンは、一方では彼に求められた行いのおぞましさについて、他方では遠征に対する責任や司令官という立場について考えていた。「船を捨てることが余にゆるされようか」と彼は問う（二一二行）。いずれの道を取ろうとも悪は避けられないが、彼は〔娘の〕供犠の方を選択する。「良き道であることを、祈るのみ」と彼は破れかぶれに言う。彼が意思決定を行い、コロスが語るように「必然のくびきを付けた（アナンカース・エデュ・レパドノン）」（二一八行）とき、猛烈な狂乱が彼を圧倒し、彼はどんなこともなしうる精神状態に変わった（二二一行）。この精神状態で彼は供犠を実行し、その様子はそれに続く箇所で細部まで鮮明に描写される。

この文章は、不適切な理解にはまり込んだ批評家たちに多大な関心を引き起こしてきた。アルビン・レスキーは、「様々な可能性の中からこの選択は、完全な意志の自由のもとでなされたのだろうか」という、無益な問いから出発する。彼はこの問いに答えを見つけられないので、アガメムノンの自由意志は神々の要求の影に覆われている、というかなり曖昧な言い方をするほかない。そして彼は「ここにいかなる合理的整合性もない」と結論する。[05]ペイジがアイスキュロスの知力に低い評価を下したことは先に述べたが〔第一章〕、彼はこの争点に大きな混乱を生み出した。彼はおそらくキットとドッズを指して次のように述べる。「現代の批評家は、アガメムノンが下した決定が、いかにつらいものであろうと、自発的であったと述べる。アイスキュロスは自分が屈したのは必然性だと述べている。私はこれらの言明がどう調停されうるのかわからない」[06]。この所見で驚くべきことは、それが単にテクストの内容を正しく示していないという点である。アイスキュロスは、アガメムノンが自分が必然性に屈したとは言っていない。私が引用した文に登場する「エデュ」という語は、行為を表す単純な動詞であり「付ける」を意味する（ペイジ自身も別の場所ではそう翻訳している）。そこでは、アガメムノンは、鎧を身に付けるように、必然のくびきを付けたと言われているのである。これは、プロメテウスが経験した必然性のくびきとの関係とは、全く異なる関係である。プロメテウスは、クラトスとビアー〔力の神々（第五章）〕によって岩に縛られたとき「必然性のくびきを付けられてしまった」のである。この動詞〔エデュ〕の意味合いは、〔ギリシア船陣に迫る勢いのトロイエ軍将〕ヘクトルが憤怒にとらわれているのを描くためにホメロスが使う文からも感じることができる。そこでは主語は憤怒である。[07]

『アガメムノン』の上記の一節を理解する主たる困難は倫理的なものである。批評家たちに理解できなかったのは、選択しうる行為が両方とも重大な不正を伴うため、彼が何をしようと悪い行いになるし、彼が何をしようと、私が責任を論じる際に自分が行ったことへの「行為者後悔」と呼んだものに苦しむだろう。このような事例では、倫理的な問いに、留保のない答えを出すことはできない。それゆえ、キェルケゴールは誤っている。彼は、悲劇的英雄が「倫理的なものの内部に留まる」と単に述べるだけでなく――そこまでは正しいのだが――、一義的な倫理的解答があると考えた点で誤っているのである。「悲劇的英雄は、さらにそれ以上確実なもののために、確実なものを放棄する」と彼は述べている。これは少なくともアイスキュロスのアガメムノンの場合には正しくない〔キェルケゴールはたしかにアガメムノンを念頭においているが、それはエウリピデスに出てくるアガメムノンである〕。[08]

倫理的葛藤とその解決をめぐる問題は今では理解が進んでおり、ここではその論点に深入りするつもりはない。[09] しかし、道徳主義的な歪曲からこの一節が守られた結果、別の道徳主義的歪曲を招き寄せただけになっていることが、おそらくはこの一節が提起する問題の根深さを示している。マーサ・ヌスバウムは、この葛藤に関する議論を正しく論じつつも、[10] 自らの読解のうちに次のような考えを示唆している。それによれば、アガメムノンが娘殺しを行った際の殺意を伴う激情について、コロスは彼を責めており、またアイスキュロスは私たちが彼を責めることを意図している。アガメムノンはおそらく殺害を決定しなければならなかったにしても、その意思決定から、その殺害を欲することへと移行したのが間違いだったのであり、そうすべきではなかったのだ。すなわち彼女の考えでは、彼はもっと後悔の念を示すべきだったのである。

　私はこうした考察がテクストから得られるとは思わない。たしかに、アガメムノンの激情、すなわち殺意を含む心の状態は、アガメムノンの意思決定の原因ではなく結果であり、またそのことは重要である。アガメムノンが意思決定に至る際に述べたとコロスが伝える内容が、正確に何であるにしても、[11]コロスの報告は、そのとき何が起こったかをごくはっきりと述べている。すなわち、父が残虐な憤怒とともに娘を屠《ほふ》ったのである。私たちはこれを、ある男が窮地にあって狂気に駆られたと理解することもできよう。他方で（もっとも、それと対立する見方ではないが）、私たちはこの憤怒を、アガメムノンが否が応でもこのことを行うなら、そのために必要なものであったとも理解できる。これは心理学的解釈へと奥深く立ち入るよう私たちを誘うテクストではないが、ましてやアガメムノンを責めるように招きかけるものでもない。コロスは起こったことを私たちの前に並べており、この恐怖、すなわち父の激情はその一部である。この時点では作品の感覚は道徳的な論評を一旦保留するよう要求しており、作品が描く出来事の感覚もそう要求している。人々の意思決定や意思決定への至り方、それを実行する仕方に対する論評は、当の意思決定が実践の一部であり、またその事例から学ばれるべきことがあるとき、とりわけ重要になる。それこそ、躊躇や後悔、つまり意思決定の道徳的コストの感覚が、実践ないしは政治的生の一部として政治家に求められるのが適切でありうる理由である。[12]だがそれはアガメムノンの状況には当てはまらない。苦悩に手を揉み合わせながら自分の娘に犠牲の刃を当てるのはおそらく難しいだろう。アウリスでのそのひどい一日にすべきであったことについてアガメムノンが単に間違いを犯したのだと考えるのでないなら、何を感じるべきだったかを彼に語るよりも、それをやり遂げることに何が伴ったのかを私たちが学ぼうとした方がいい[13]。

アガメムノンが「必然性のくびきを付けた」とき、彼はイピゲネイアを殺さねばならないと決定した。しかし、彼の意思決定の背景には、いま私たちがとりわけ関心をもっている別の種類の必然性が存在する。すなわち、彼の意思決定を要求する状況のうちに表れ出ている超自然的な力から生じる必然性である。当の同じ状況について、亡き父アガメムノンの味方をして語るソポクレスのエレクトラは、アルテミスが（このヴァージョンでは向かい風ではなく）凪《なぎ》を生み出したのは、アガメムノンがイピゲネイアを殺さねばならなくするためにそうしたのだと述べている[14]。アイスキュロスがより複雑で不明瞭な諸力を強調し、それらのなかではアルテミスも長い歴史における一つの役割を演じるにすぎなかったのに対して、ソポクレスの『エレクトラ』ではそれら諸力の代わりに単純な神的目的が置かれている。アイスキュロスにおけるアガメムノンがそれら諸力をどれほど理解しているとされているのかは定かでない。しかし彼が、女神の差し迫った要求を理解していたのは確かである。彼は、アルテミスが、イピゲネイアを犠牲にすれば船団が航海でき、そうしなければ航海できないという事態をもたらしたことを十分すぎるほどに理解している。アルテミスの役割に関する限り、これは、私たちが以前に考察したホメロスにおける種類の神的な介入、すなわち神が行為者に以前はもっていなかった理由を与えるという神的な介入と変わらない。だが、アイスキュロス『オレステイア三部作』〔『アガメムノン』はその第一部にあたる〕における超自然的秩序の影響は、全体として、ホメロスの場合とはかなり異なる。『オレステイア三部作』において重要なのは、長期的必然性なのである。[15] くびきや胸繋《むながい》といったイメージがかくも正確に当を得ているのは、このさらなる必然性が存在するからである。くびきを付けることで、アガメムノンは必然性たる何かを摑み、それを自分自身のものにしている。長期計画に基づいて起きなければならないことは、アガメムノンの意思決定において、彼が行わなければならない何かになる。「エートス・アントローポーイ・ダイモーン」とヘラクレイトスは述べる。すなわち「人間の性格は運命である」。この格言を両方向に読むことで悲劇の重要な特徴が摑めると述べた論者は一人ではない。[16] 登場人物の動機は、その人に運命づけられている生を形作る。彼の生が運命によって形作られるのは、彼の動機を介してのことである。ヴェルナンが述べたように「それぞれの行為は、登場人物の、つまりあるエートスの、台詞と論理に従って現れるが、同時にそれは、それを超えた力、つまりダイモーンの顕現を明らかにする」。『オレステイア三部作』の後の箇所で、アイスキュロスはこの二つの要素の均衡を正確に保っており、またオレステス自身の意識において均衡させている。「父に対する侮辱の咎めは、かならず償わせよう、それはダイモーンたちの命、それはわが手のつとめ」とオレステスは述べる。[17]「命・つとめ」は「ヘカーティ」であり、「その意志で」を意味する。ホメロスでは(『オデュッセイア』にしか出てこないが)、この語は神々にしか用いられない。

ヴェルナンは、そうした事例において、「悲劇の偉大な芸術性は、アイスキュロスのエテオクレスではまだ継起的であったものが同時性をもっている点にある」と述べる。[18]『オレステイア』より以前の劇であるアイスキュロスの『テバイを攻める七人の将軍』では、エテオクレスの演説と、それに続くコロスとの会話からなる場面は、超自然的必然性と人間的行為について、重要な事柄を示している。その場面はときに「エテオクレスの意思決定」と呼ばれる。だが実際には、それは意思決定とは言えない。[19] エテオクレスは初めから、自分が最後の七つ目の門で兄〔ポリュネイケス〕と対面し、彼を殺すことになることを知っている。また彼は、これら全てのことが、〔父の〕オイディプスが彼らにかけた呪いから生じていることも分かっている。彼が行っているのは、戦いへ行くのを思い留まらせようとするコロスの試みに抗うことであり、そうする中で、自分が兄と対峙する理由をより深く理解するようになる。その理由とは、すなわち正義、恥、名誉である。彼はまた、破滅的な怒りが湧き上がるのも自覚し、その怒り自体、父の呪いが生み出したものだと理解する。[20] コロスはエテオクレスに、それでも彼は突き進む必要はないのだと語り、戦いに赴かないよう様々な説得を試みる。コロスは最後に「ではご自分の兄弟の血を刈り取ろうとなさるのですか」と語りかけ、これに対するエテオクレスの答えが、この劇での彼の最後の言葉となる。「神々が与え給うた禍いは逃れることができない」（七一八―七一九）。

エテオクレスが呪いを、そして自身の状況と自身がもつ理由を徐々に自覚していくさま、そして臆病な撤退と自らが思うものを拒否する姿勢は、たしかに彼に「世界文学における最初の「悲劇的」人間（der erste ‘tragische’ Mensch der Weltdichtung）」という称号を与えるかもしれない。[21] しかし、エテオクレスの事例においてエートスとダイモーンが継起的に表現されているとヴェルナンが述べたのは、控えめな表現である。本当のところを言えば、エテオクレスのエートスとダイモーンの関係には不明瞭な点がある。その困難は、内的なものと外的なもの、すなわち、エテオクレスの動機とオイディプスの呪いという外的な力との間にあるわけではない。この点に内在的な問題はない。問題はむしろ、彼がこの必然性を認識していること、そしてその認識が動機に影響する仕方に見出されねばならない。

私たちは彼の最後の台詞をどう読むべきだろう。それは必然性の認識を表現しているようにみえる。同時にそれは、外に出て戦うという意思決定の理由を表現しているとみなされるかもしれない。

だがそうだとすれば、彼の意思決定とは正確には何なのかが謎である。外的な理由から確かにあることをしようとしているのだと認識することに基づいて、それを行うことを意思決定できる者がいるだろうか。エテオクレスは、「私がそうすることは神々に定められていた。だから私の決定はそれを行うことだ」と言えただろうか。たしかにこれは意思決定としては辻褄が合わない。アガメムノンは、たしかに必然のくびきを付けた。彼はそうできたし、そうする理由があった。だが彼は、次の理由によってはくびきを付けることはできなかっただろう。すなわち、自分がくびきをすでに付けつつあるのがわかっていたから、という理由では。仮に私たちが、エテオクレスの最後の台詞を、外から課された必然性を認めると同時に、その必然性を意思決定の理由として提示するものと読むなら、エテオクレスがしているのはそれに類することになってしまうだろう。

もちろん、「私は自分がそうしようと意思決定しつつあるのがわかる。だから、そうしよう」と何者かが言うとき、それは別の仕方でも理解できる。この言葉は、意思決定という行為ではなく受動的な反応を表現している。つまり必然性の英雄的な受容ではなく挫折を表しており、その挫折は、そのもとで熟慮や意思決定や目的をもつ行為が無意味に思われるようなものであると解することができる。つまりその人は最も手近なことを行っただけであり、言い換えれば何も行っていないのだと理解できる。エテオクレスの言葉は、こうしたことを私たちに示唆しさえするかもしれない。なぜならそれは、理解不能な意思決定の主張として読むよりも、意思決定からの撤退と読む方が容易《たやす》いからである。[22]

自分があることをいずれにせよ必然的に行うと認識しながら、それを行うことを決定することは完全に不可能なわけではない。つまり、いつかそれを行うのは必然的だと知っているが、それをいま行うと決定することはありうる。帰結自体は避けがたいと思われる場合でも、そこへ向かう時期と経路には選択の余地がある。だが、エテオクレスにそのような余地はない。これは優れて運命づけられた戦いの瞬間であり、いまポリュネイケスと交戦すべく進軍しないなら、彼と交戦することはない。この場合にエテオクレスが運命論を表現しているのであれば、彼がしているのは、直接的運命論と私たちが呼びうるものである。つまり、運命論的必然性は対象の行為に直に適用される。これがどうしても不可解になるのは、「私がそれをしなかったら、どうなるのか」という問いをこの運命論が単に握り潰してしまう点にある。たとえそう問われたとしても、唯一ありうる解答は、「いずれにせよ君はそうするだろう」ということになろう。だが、私たちが直接的運命論を論じる場合、「いずれにせよ君はそうするだろう」との答えは、「いま君がするのがどんな意思決定であれ、これがいま君がする意思決定なのだ」を意味するほかない。だがこれは理解しえない。「これから私の言うことをよく聞け」。そう応じることも彼にはできるだろう。

エテオクレスの台詞をこれらの議論が提案するほど大層に解釈するのは野暮だと思われるかもしれない。しかし、これらの議論からは哲学においてだけでなく、台詞についても学ぶべき事柄がある。これらの議論は、死に赴く彼の精神を理解するのを妨げうる、見かけ上の理解しがたさに場所を与える。実のところ、この不明瞭さは、エテオクレスが述べたことによって強いられるものではない。彼の言葉が直接的運命論を伴うと解釈する必要はない。なぜなら、その言葉が、神々の必然性自体を、エテオクレスのもつ理由の一つとして提示していると解する必要がないからである。エテオクレスはいくつかの理由を与えている。彼が最後に表現しているのは、それらが彼の理由でなければならない当の状況の必然性である。

一般に超自然的必然性の働きは直接的運命論やそれに類するものを伴わない。ときにはアガメムノンの場合のように（またここで示された読解によればエテオクレスの場合も同様なのだが）、必然性は、自分が行為しなければならない当の状況を生み出したものとして行為者の前に姿を現し、行為者はそれらの状況に照らして意思決定をする。他の場合には、必然性それ自体は全く姿を現さないまま出来事を引き起こす。必然性は行為者自身に知られないこともあるし、出来事が起こった後にはじめて知られる場合もある。また、最も典型的な場合で言えば、必然性は、出来事が起こる前に知られているが、それははっきりせず曖昧で謎めいた仕方で知られる。そして、後になってはじめて、明確に知られるようになる。このような場合には、エテオクレスには起こりえた「もし私がそれをしなかったらどうなるのか」という問いは起こりえない。必然性の働きはこうした問いの機会が存在しないことを確実にする。こうした事態は、予兆や神託に非常に特徴的である。

予兆の場合、あなたが見たものがそもそも何かの予兆だったのかが曖昧でありうる。『オデュッセイア』でエウリュマコスが述べたように「陽の光の下、飛び交う鳥は多いが、全てが前兆となるわけではない」。他方で神託、悲劇に特徴的なこの装置の場合、あなたは自分がいつその予言の一つを受け取ったかを知っていることになっている。[23] しかしながら、神託はただ予言を与えるだけではない。神託はときに命令も与え、大抵の場合そこには、従わなければ何が起こるかについての予言も付いてくる。命令に背くことも可能かもしれないが、神託は典型的には命令を実行する理由も与える。実際、神託の命令であるという事実そのものが、それを実行する理由を示しうる。アイスキュロスの『コエポロイ』〔『注ぎ物を供えて供養する女たち』〕では、これらの考えや、これらに近い考えが巧妙に利用され、大きな劇的効果を出している。二六九行から二七〇行で、オレステスはコロス〔ここではアガメムノンの供養をする者〕を安心させる。コロスは、二人〔オレステスとエレクトラ〕の会話から〔アガメムノンの妻〕クリュタイムネストラと〔その愛人〕アイギストスに警戒されるのを恐れていたのである。彼は、この危険を冒すよう命じたアポロンの神託が自分を裏切ることはないだろうと述べる。もちろんこれは、彼が何をしようが成功するということではない。しかしそれは、大まかに言って、彼が真摯に思慮深く命令の実行に努めるならば成功する——つまり、彼は不運による失敗はしない——ということではある。二九七行以下で彼は、神の神託を信じないとしても、自分には目指していることをなす理由があると述べている。だがここで「神託を信じる」とは何を意味するのかは、かなり慎重さを要する問題である。八九九行で、オレステスは自分の母を殺そうとするほんの手前でついに躊躇し、ピュラデスに向かって問う——「どうしたらいい」と。これに対してピュラデスは、次のように述べる（それは彼のただ一つの台詞である）。「ではこの先、アポロンの予言はどうなっていく」。ピュラデスはこうして、神託の命令に従うことを、その予言としての信頼性を守ることと結び付けている。ここには複雑さ、神託という観念そのものに伴う不明瞭さが存在する。しかし、『コエポロイ』においてアイスキュロスは、神託、超自然的計画、人間の動機、神の命令といった要素を巡らせつつ、それらが直接的運命論に陥らないことを保証している。[24]

たしかにいくつかの神託はただ予言を与えるだけである。それは大抵はっきりしない予言であるか、あるいは、明確ではあるものの、それがどんな方法で実現するのかは致命的に不明なままの予言である。もちろん、どう実現するのかを予言が明らかにしないという事実だけでは、予言が超自然的であることにはならない。あなたは神官になることなしに、その種の真なる予言を数多くすることができる。例えば、私たちは皆死ぬだろうなどと。さらにそれは、私たちは皆、何をしようと、死ぬだろうということを意味する。しかしそれでも、そこには超自然的思考は含まれないし、運命論の道にもさほど立ち入っていない。

超自然的思考と、（エテオクレスの場合に議論されたのとは対照的に）不明確あるいは先送りされたものと呼びうる運命論の可能性とは、私たちがより特殊な状況に至る場合にのみ登場する。それは、行為によって避けようと望む種類の事柄が、私たちが何をするのであれ起こるだろうと告げられる場合である。さらに、その結果を避けようとする努力が、実際はその結果を引き起こす助けとなったなら、それは超自然的なものが働いていることの確かな痕である。これがオイディプスに起きたことであり、またこれが〈サーマッラーでの約束〉における状況であった。[25] 運命論は、この長期的ないし先送りされた運命論という意味で、どんな行為をしても効果はないという信念を必要としない。運命論はあらゆる種類の有効な行為を排除するどころか、それとは反対にその特徴的性質として何らかの行為と意思決定が効力をもつことを必要とする。人々の思考と意思決定が、違いを決して生み出さないわけではない。むしろ、重大な結果に関しては、たとえ違いを生み出すと期待されていたとしても、長期的にみれば何も違いを生み出さないということなのだ。

超自然的必然性の存在を受け入れることは、非標準的な因果連関を単に信じることではない。ある種の迷信とはまさしくそれであり、例えば私の（一八六〇年代生まれの）亡き祖母の、肌着のポケットにじゃがいもを入れておけばリウマチが防げる、といった信念はそういうものである。他方で、超自然的必然性の観念は、それとは別の観念、すなわち物事の構造には目的があるという観念を伴う。それはいわば、物事の構造が自分に対立して働いているという観念である。自分が行うことが最終的な結果にいかなる違いも生み出さないか、あるいは避けようとしたことを引き起こしさえする仕方で、物事は計られている。

こうした力や必然性が働いている世界で生きることは、自分には何もすることができないことを意味しないし、何もすることができないと思うことも意味しない。あなたは行為できるし、熟慮できる。それゆえ、自分が違う仕方で行為していたら、どんな違いが生じていたかについて考えることもできる。第三章で見た、責任にとって本質的な要素、すなわち行為者が生じた事柄の原因であるという観念は、そのままの位置に留まっている。しかし、結果はいくつかの決定的な地点で、目的ある構造の外形を示すパターンに収斂し、その結果を避けようとするあなたの試みは必然的に効力をもたない。それらの決定的地点がどこなのかを正確には知らないのが人生の普通の条件である。もしこれがそれだと認識できたなら、あなたはそれを甘受しようとするかもしれない。『トラキニアイ』のヘラクレス（一一四三行以降）は、神託が実現したと悟ったとき、それを甘受したのである。しかし、あなたはそうしないかもしれない。すべての道が集まるその地を前にした行為の空間で、あなたはまだ、そこに辿り着くのにどの道から行くかを選ぶことができるかもしれない。

こうした一連の考えが答えるのに向かない問いを進めたがるのが哲学であり、それは現代哲学に限らない。これらの考えに説得力があるとすれば、行為は少なくとも短期的に見れば結果をもたねばならない。しかし、そのことは可能性について何を含意するのか。こうした必然性によって構造化された世界に生きることに伴いうる事柄を理解するために、オイディプスの物語を神話や悲劇から引き離して歪曲し、それがあたかも三面記事の事件であるかのごとく、次の問い（言うまでもなく、当の作品について問うのは馬鹿げている問い）を問うてみよう。イオカステとライオス夫妻は、自分たちの幼子《おさなご》オイディプスが大人になったら父〔ライオス〕を殺すであろうとの予言を受け、赤ん坊を家に置かず、殺害するよう指示を与えて召使いに預けることを決定した。彼らが意図した赤ん坊の死は実現しなかった。だが、彼らが意図した何事か、あるごく短期的な出来事は実現している。すなわち彼らは召使が赤ん坊を連れて行くことを決定し、召使はそうしたのである。仮に彼らが家に赤ん坊を置いておくと決定していたら、赤ん坊は家に居続けることになったように思われる。さて、もし赤ん坊が家に居続けていたら、彼はやはり大人になると父を殺しただろうと言えるだろうか。言えるかもしれない。超自然的必然性が要求したことは、オイディプスが何らかの仕方で父を殺すことになるということだけであり、両親が彼を家に留めていたとしても、家に留まることを出発点にした父殺しの道筋があったかもしれない。しかし、別の描像もありうる。それによれば、赤子のオイディプスが仮に家で育っていたら、大人になっても父を殺すことはなかった。しかし父殺しは超自然的な意味で必然的である以上、家に留まれないことが必然的であらねばならなかった、と私たちは言うことになる。他方これは、イオカステとライオスがオイディプスを家に留めることは不可能だったことを意味する。オイディプスを家に留めようという彼らの決定が効力をもたないか、あるいは、その決定は彼らに不可能であったか、そのいずれかだったのである。

様相をめぐるややこしさのこうしたパターンには長い歴史があり、ギリシア哲学にまで遡る。アリストテレスや、彼が応答していた哲学者は、この問題を神や神託の文脈から切り離し、今日にまで続く議論を始めた。それらの議論は多くの場合、運命論、決定論、予言可能性、また未来に関する言明の真理性の間で混乱に陥った。[26] この混乱の一部は、問題の難しさや、何が起こり得たのかを明確に考えることに伴う不明瞭さから生じている。この不明瞭さに関しては、私たちもギリシア人と変わらない。しかしそれを越えて、これらの問いの起源、すなわちこの問題と超自然的な秩序との関わりにも、その混乱の一端は帰されるべきである。この秩序は決定的に重要な特徴をもっていた。すなわち、人間の行為に適用される必然性は目的をもつ、あるいは少なくとも目的ある外形をしているという特徴である。この観念は、これから見ていくように、何者かの力の支配下にあるという観念を引き入れることになる。

こうした超自然的な理解そのものは、何が起こりえたのかという問いに明確な答えをほとんど与えなかった。私たちにしても、多くの場合、この問いにごく明快あるいは明確な考えをもつことはない。だが、超自然的必然性に特異であったのは、とりわけ神託によって表明される場合にそうなのだが、超自然的なものがなければ答えがあったはずの場面で、答えが存在しないという点である。それは、これまでも幾度か検討してきた劇『アイアス』で見事に描かれている。使者はコロスに向かって、予言者カルカスがテウクロスに次のように語ったと伝える。

この光のさす今日一日、
あらゆる手立てを尽くしてアイアスを陣屋のなかに引きとめておき、
決して外へ出してはならぬ、
もしあの男の健《すこ》やかな姿をふたたび目にしたいと願うなら。
なおこの日一日のみ、アテネ女神のお怒りが、
あの男を追い回すからじゃ。[27]

〔ソポクレス『アイアス』七五三―五七〕

使者はそれをもとに希望を抱く。

だがしかし今日一日を永らえば、神の許しを得て、
われらはあの男を救えるであろう。

〔同　七七八―九〕

しかしアイアスはすでに出かけており、コロスは最悪の事態を恐れる。「喉元を剃刀がかすめている」（七八六）。もちろん彼らの恐れは正しい。テクメッサは必死に捜索隊を送り出す。だが私たちが次に見るのは、自刃するアイアスなのである。

さて、カルカスが述べたことは正しい。アテネの怒りがアイアスを追い回していたのは実際この

日一日のみであり、その日のうちに彼は亡くなった。しかし、使者の希望はどうか。彼の希望は、出来事の後では、「彼らがアイアスをその日守っていれば、守り通せただろうに」という後悔の念に変わったかもしれないが、その考えは正しいのだろうか。カルカスの助言はたしかにこの考えを勇気づけたかもしれない。だが、アイアスを守り通すことはいかにしてできたのだろうか。アイアスが生き続けられるのは考えを変えた場合だけであり、そして私たちにはすでに次のように考えるに足る理由が与えられている。アイアスは再び狂気に取り憑かれない限り、自分の考えを変えることはできなかった、なぜならアイアスが生き続けるには別の人であることが要求されるであろうからだと。このことを直視するなら、彼らがアイアスを守り通せる可能性は、単純に消え失せる。その可能性が入る余地はこの世界のどこにもない。他方、その可能性が正確に言ってどう消え失せるのかははっきりしない。アイアスの意思決定の必然性は、予言者の言葉とどう結びついて、彼を救う試みを必然的に無意味なものにするのだろうか。この問いには単純にいかなる答えもない。ここで私たちが、赤子のオイディプスについて憶測したときのような、単なるフィクションのよく知られた不確定性を扱っているわけではないということは重要である。私たちが出会っている空疎さは単に、例えば、シェイクスピアのハムレットが、クローディアスが祈るのを見たときに彼を殺していたらどうなっただろうかと思い巡らすことに伴う空疎さではない。超自然的なものの働きと、必然性を生み出し可能性を抑圧する仕方に関しては、特別な不確定性が存在するのである。

しかしながら、フィクションの不確定性は、私たちがそれらの必然性の観念を把握する助けになるという役割を、それを私たちが把握できる限りで果たしている。ある程度までは、私たちがここで立ち会っているのは、私たちの見地とギリシア人の見地の間の違い、すなわち信念の違いである。だが、私たちがこの違いを把握できるとか、あるいはとりわけ、この超自然的必然性の観念を、それをかくも力強く表現する劇と全く独立に把握できるなどとあまり容易に考えるべきではない。前五世紀の文化に帰属する信念、ソポクレスが受け入れていた、あるいは少なくとも利用した信念、そして彼が劇中の出来事を通じて表現した信念が存在すると考えることはできる。あるレベルではこれは正しいはずだ。すなわち、大衆的な信念の諸要素によって、観客はソポクレスの提示した事柄を認識できたのである。しかし、そうした信念に伴うものについてより明確な描像を形成しようと試みるなら、超自然的必然性と劇上の必然性がそう簡単に切り離せるものではないことに気付くことになろう。こうした必然性が何を伴うのかのある程度明確な感覚をもっていると私たちが感じるなら、その印象の大部分は悲劇の働きのおかげなのである。超自然的必然性の特別な特徴は、物事が進み得た別の道――避けられない結末がやはり起きる別の道筋や、仮にその道筋が取られていたら（もっとも、それが取られないことは不可避だったのだが）結末が違っていただろう道筋――などについて言うべきことが何もないという点にある。これは、人間に起こる事柄の場合に、よくある自然な理由によってある結果が不可避である場合とは、全く異なっている。その種の不可避性なら私たちにも説明できるし、それを説明することは、まさに同じ理由で物事が別の仕方で進みえたことを理解することも含んでいる。こうした全てがある状況で中断されうる世界、すなわち超自然的必然性のある世界の観念を、一体どのようにして私たちはもちうるのだろうか。

フィクションの不確定性の特別な用法が、私たちがこの観念をもつ――あるいはそれをもっていると思う、と言った方がいいかもしれないが――助けになる。劇は私たちに、ある結末を防ごうとして失敗した試みや、他の憶測を封じるような力、さらにそのような意味の連鎖と共にその結末を表現する。悲劇は、現実のものとして現れる事柄に私たちの注意を向けさせ、それに恐怖を抱かせることで、私たちに他のことを考える余裕を与えず、その必要さえ感じさせない。ある点を越えると、行為に対して別の可能性を問うような興味深い問い、ないしは現実的な問いがなくなる点は、フィクションの一般的な条件である。ソポクレスの悲劇に特有の技法とは(同じことが他の作品にもおそらく当てはまるが)、この条件を転化させて、ある地点では、その行為の内部に他のいかなる可能性もないという感覚をもたらすことである。赤子のオイディプスについての先ほどの憶測は、別の可能性を真剣に考えることで、超自然的必然性に形而上学的崩壊をもたらしうる道に歩を進めた。だがこの考察が、滑稽にも、同時にその悲劇を出発点にしているということは偶然ではない。『オイディプス王』のような劇において私たちが抱く超自然的必然性の感覚は作者の力の産物であり、作者の力以外の何物もそれほど強力かつ一見して明白な超自然的必然性の観念を私たちに与えることはできないだろう。これは、必然性のこの感覚が作者の力について感じることだということではない。ここでソポクレスの力を意識しても、拵《こしら》えごとの感じが残るだけだろう。それに対して、ある高次の力の感覚、すなわちソポクレスが劇に関係するのと同じ仕方で私たちと世界に関係する力の感覚は、それとは全く異なるある宗教的理解を引き入れるのである。何人かの神学者は実際、こうした観点から神的なものについて考えてきた。しかし、劇作家が出来事の創作者であるように私たちの存在の創作者となる神学者のいう神は、あらゆるものの創作者であり、私たちが何事かをときには防ぎ、ときにはどんな理由であれ防ぐことができないような世界の創作者である。古代悲劇の意味における超自然的必然性は、これとは違って、世界のうちにある特別な要素であり、そこへと挿入されねばならない存在である。ソポクレスの悲劇には、この挿入が起こる特別な仕方などないという事実を隠すことによって、この挿入に説得力を与える力があるのだ。

『オイディプス王』の場合、同作をかくも強固に摑んでいる、予定された必然性の感覚は、作品の構成の所産であり、オイディプスの発言をはじめから取り巻いている劇的アイロニーの所産である。

「人から聞いただけで、一度もあっていないが」(一〇五行)。彼はクレオンがはじめてライオスの殺害に言及した際そう述べる。オイディプスがこのように開幕まもなく断言した時点でアイロニーが働きうるのは、観客がすでにこの物語を知っているからである。観客の知識、それゆえまた登場人物に対する観客の優位は、登場人物よりも優位に立つ物事の秩序をテクストに提示させる上で本質的な役割を果たす。

登場人物と彼らの世界との関係が、観客のテクストへの関わりを通じて表現される方法は、他にもある。ギリシア悲劇の観客はその物語を知っていたが、みな同じ物語を知っていたわけではなかった。『アイアス』の古伝梗概《ヒュポテシス》は「アイアスの死については、種々の言い伝えがある」と述べる。「われとわが手で命を断ったとも言われ、ソポクレスもこれによっている」。そうだとすると、何が起こるかを観客は知らなかったかもしれない。そうだとすれば、この劇は『オイディプス王』と正反対である。『オイディプス王』とそのアイロニーは、ソポクレスが用いる「登場人物自身より観客にとってより多くのことを意味する言葉を登場人物に言わせるという特徴的技法[28]」と呼ばれてきたものの、最も直接的な例を与えている。アイアスもそうした発言をするが、しかし逆の意味でそうするのである。彼の言葉は、とりわけ「偽りの演説[29]」と呼ばれてきたものにおいては、一つより多くの可能性を示唆するという意味で、観客に複数の意味を伝えるが、アイアスにとってはただ一つの可能性しかない。同じ仕方で、神託、希望、無益な救出の試みは、結局は空疎であるような選択肢という観念をもたげさせる。つまりそれは、世界のうちに先述の通り本当は居場所をもたないような可能性を指し示しているように見えるのである。これは、ティコ・フォン・ヴィラモーヴィッツが主張したような仕方で、ソポクレスが単に演劇的効果を生み出しているということではない[30]。もしそれが演劇的効果だとしても、それらは(いわゆるワーグナーがマイアベーアのいわゆる「効果だけの演劇」について述べたような）原因なき効果ではない。『オイディプス王』が必然性に対して行ったことを、『アイアス』は可能性に対して行っている。結末が分からない観客ははじめ、登場人物に対して劣位に立つ。複数の可能性があると考えていたところにはずっと一つの可能性しかなかった、ということに観客が遡及的に気付くとき、その気付きは観客を、事が起こる前にアイアスの死の必然性を把握できていなかった他の登場人物の位置に置く。観客はそれによって、当の必然性を痛感するのである。

何にも増してソポクレス的効果に貢献しているのは、英雄と、彼が語る以上のことを語るテクストとの関係であり、その英雄とは、それでも自分がもちうる最高度の自覚のもとで行為する人である。エウリピデスはこうした効果を拒否したが、そのことはとりわけ、彼が形をなしてゆく必然性のこうした表現を捨て、観客を登場人物とともに不安な偶然という不確かさに従属させている点に示されている。ソポクレスと（そのより年少の同時代人）エウリピデスを、時代遅れの信仰者と過激な懐疑論者として対比することは慣例であった。この描像はアリストパネスによって促されているものだ。しかし、アリストパネスは反動主義者であったか、ないしはおそらく、反動主義者の姿勢が、精力的な風刺的劇作家が取るのに適した姿勢だと考えていた。[31] 私は伝記的事実の問題として二人の詩人の間にこの対比が成り立つか否かには疑問の余地があると考えているが、[32] とはいえたしかに彼らの作品にはある大きな対比が存在する。それは、アイスキュロスやソポクレスに慣れていた聴衆の期待を裏切る――場合によってはいかなる期待も裏切ると言っていい――効果がエウリピデスの作品の多くに見られることである。[33] 彼のいくつかの劇でこの効果は、〔映画監督の〕ルイス・ブニュエルに比する極みに達しているように思える。断片のみが私たちに知られている『パエトン』では、新郎の燃えてくすぶった遺体の煙が、彼の結婚式となるはずだった場を混乱に陥れる。[34] エウリピデスはアリストテレスに「詩人のうちで最も悲劇的」と呼ばれたことで有名だが、もしこれが適切だとすれば、その意味は、彼の劇が力強い演劇的効果をもっていたということであって、最も純粋なかたちで悲劇的行為者性を提示したということではない。[35]

アン・ピピン・バーネットは、悲劇的アイロニーという装置は本質的に観客に特権を与えるものであり、謙虚さを観客に学ばせる教師としては欠陥があるとし、それが、エウリピデスが悲劇的アイロニーを捨てて単なる偶然の働きを好んだ理由であると示唆した。[36] しかし、観客に物語の知識があったからといって、それがその意味で知っていることでなければならないのか、私には定かでない。『オイディプス王』は観客の自己満足に寄与する作品ではほとんどない。それどころか、ある種の訳知り顔に対して用心する必要があるのは、むしろエウリピデスにおける、よりバーナード・ショー的な要素である。また、バーネットが想定するほど単純な仕方でエウリピデスが観客の教師であったかどうかを疑う点で、私はアン・ミケリーニに賛成である。

いずれにせよ、超自然的必然性という感覚はエウリピデスによって明らかに緩められている。これは、正反対の例と思われるかもしれない劇、『ヒッポリュトス』においても非常に明白である。この劇は、アプロディテが、事件の全体を準備したことを説明するプロロゴス〔プロローグ〕で始まる。「その手はずはもうほとんど整えてあるゆえ、ごくわずかな手間ですむ」（二二―二三行）。しかし、プロロゴスが劇の外部にあるように、この神の計らいは事件の外部にある。もしこのプロロゴスがなくなっても、劇はまだ意味をなすこと、とりわけ人間の行為の無益さを示すものとして意味をなすことは注目されてきた。そしてもう一人の女神、アルテミスが最後に現れるが、彼女はノックスが指摘したように、アプロディテの言葉と態度を顕著に反復しており、導きとなる必然性の感覚を事件にもたらす上で、あまり追加の働きをしているわけではない。[37] アプロディテが宣言する

『ヒッポリュトス』で起こる諸々の出来事の準備について、あなたはむしろ、ソクラテスがプラトンの『パイドン』の中で「知性が全てを導く」というアナクサゴラスの主張について述べたことを指摘するかもしれない。ソクラテスが言うには、アナクサゴラスはそう主張するけれども、それが帰するところとは、何であれ起こることは起こるのであり、知性がそれをもたらしている、ということでしかないのだ。[38]

「テュケー（運）」はなんら「アナンカイアー（必然的）」ではないかもしれないと考えたのはエウリピデス一人ではない。トゥキュディデスの戦史の中で、ペロポネソス戦争が始まる前に行われた最初の演説でペリクレスはこう述べている。「事件の推移は人間の思考に劣らず、愚かしい方向へ進む可能性がある」。ロウエル・エドマンドはサイムに従って、ペリクレスが（皮肉を込めて）言わんとしているのは、出来事は人間の計画と同様、「理解しがたい仕方」ではなく「愚かな仕方」で進むということだと的確に論じている。[39] 逆境は人間の計画という観点から描写されているが、そのことが含意するのは、最高の「グノーメー（合理的な知性）」なら逆境を克服できるかもしれないということである。私たちが経験的・合理的計画によって政治的・実践的世界を制御する望みはあるかもしれないというこの見解――プロタゴラスに結び付けられる見解――は、示唆的なことに、アルカイックな見地と、偶然に関するエウリピデス的恣意性の間に立っている。私たちは、トゥキュディデスが言葉の含意を用いてペリクレスに帰した見解をトゥキュディデス自身のものと考えてはならない。たしかにトゥキュディデスは世界の行く末が超自然的な目的に支配されているわけではないと信じていたし、またグノーメーがそれを制御するために何事かを行いうるとも信じていた。しかしトゥキュディデスは、予測の限界と偶然の制御不能な影響力を強烈に感じていたのである。

ソロンや他のアルカイック期の著述家にとって、人間は運命と偶然に対してあまりに非力であった[40]。しかしこれは単に、手に負えないほど複雑だったり、あるいはたまたま理解が及ばなかったりする人生の諸条件があったからではない。運命と偶然は力であり、また、それらは深い、必然的な、そして重要な仕方で、神秘的な力である。私たちが考察してきたアイスキュロスやソポクレスの必然性のように、それらは物事の秩序の一部であり、その秩序は、私たちにはどうしようもなく隠され続けている悪意ある計画の形をとり、また意気阻喪させる効果をもっている。ピンダロスが予期せざる運命の逆転についてのごく慣習的な考えを提示するとき、彼はただ「多くのことが人間の思わくにたがって生じるもの」とだけ述べたのではない。それに加えて彼は次のように述べている。「まだ地上の者の一人として、起こるであろう出来事の確かなしるしを神から得たことはなく、未来について彼らの心は盲《めし》いているのだ[41]」。そこに何かが存在するが、それは私たちには与えられない。他方、不確実性についてのエウリピデス的な皮肉屋にとって、運命のゲームなるものはなく、隠されたゲームさえ存在しない。彼にとって、人間世界の事柄は予測しがたい仕方で破滅に終わりがちだというのは、単なる陳腐な真理にすぎない。しかし、トゥキュディデスのペリクレスにとって、状況に抗するゲームは存在すると示唆することはある時点では可能であった。だがそれが勝てるかもしれないゲームなのは、ゲームの相手が愚かなプレイをしているからなのである。

人間と超自然的必然性との関係は、何者かの力の支配下にあるというイメージを避けがたく喚起する。物事が人間の目的との関わりで——とりわけそれに反して——何らかの仕方で形成されるという考えだけで、そのイメージを根拠づけるには十分である。この考えは可能性の抑圧を説明するのを助け、オイディプスやアイアスの場合に見たように、反事実的思考が通常よりもずっと簡単に潰《つい》える仕方を説明するのを助けるかもしれない。この種の超自然的必然性は実行力のある行為者の働きに似ている。しかし、個別にもくろみをもつホメロスの神々と違って、この行為者には目的と力以外の特徴がない。この超自然的行為者には、この他に何もない以上、いわばスタイルもない。超自然的行為者の目的が実現される特有の仕方もないし、それゆえこうした目的がいったん定められたら、それが実現されなかったり、異なる方法で実現されたりする別の状況について言うべきことも何もない。ある場合には、目的そのものは人間の行為によって定められるかもしれない。例えば「ミアズマ」の働きの場合はそうである。アトレウスが犯罪を犯さなければ、それに続く災厄はおそらくどれも起こる必要はなかった。こうした連関をもたない神託的予言の場合、超自然的目的という観念はなお不確かなものになる。なぜなら目的がどのように定められるのかについてさえ、言うべきことがないからである。

超自然的必然性のもとで生きるとは、力の支配下で、すなわち特有の手段を典型的には何も用いない力の支配下で生きることであった。世界から超自然的必然性が消え去ったとき、その限りで、人間は自由になった。そして、ある因果的秩序、つまり人間の欲求と行為の結びつきを説明する可能性が、目的性や先制的性格をもたないという点だけからしても、それ自体としては古い超自然的必然性の継続ではないことが私たちにとうとう明らかになったとき、人間が自由であることがついに明らかになるだろう。だがこの知らせは、見かけほどわくわくするものではない。人間がもつ自由、つまり人間がもつとついに明らかになるだろう自由とは、形而上学的自由である。すなわち、形而上学によって議論され、ときに脅かされてもきた種類の制約からの自由という意味での形而上学的自由である。実際人間は、ある種の形而上学が要求するさらなる意味で、つまり、自然法則から自由であるという意味で「自由」ではない。この自由を人間は必要としないし、仮に人間がその自由をもっていれば、ごく文字通りの意味で、人間にできることは何もなくなる。[42] 人間は次の消極的な意味において形而上学的に自由である。すなわち、人間がもつ、意図し、意思決定し、行為する力、またさらに言えば、先の章で見た通りすでにホメロスに見られた基礎的かつ理解可能な意味において、責任を担い責任を受け取る力を否定するものは宇宙の構造のうちにはない、という意味では自由である。しかし、形而上学的自由には何の意味もない。少なくとも、さしたる意味はない。このことは形而上学的な恐怖からの解放に典型的である。恐怖が消えてもその後にはほとんど何も残らない。なぜなら恐怖がなくなったとき、私たちは、恐怖がおびやかしていたものが非現実的であるだけでなく理解できないものでもあることを見て取るからである（ペシミストならこう言うかもしれない。形而上学的自由は、それが姿を現しているときに与えてくれるものが、それに疑義が抱かれているときに約束していたものより少ないという点で、他の形而上学的なものに似ているだけでなく、他の種類の自由とも似ているのだと）。

　すると、私たちは形而上学的に自由であることでどこまで自由なのかを問わねばならない。ジョン・スチュアート・ミルが述べたように、私たちの自由に対する真の障害は、形而上学的障害ではなく、心理学的、社会的、政治的障害である。自由に対する障害は、前章で論じた種類の「アナンケー」、すなわち他者の力によって行使される強制に最も明白に現れている。私たちは今からこの種の必然性に戻って、まず、それは何なのかという問いをもっと詳しく追究することにしよう。

　極端な場合、その種の必然性は人々を物理的に動かし、縛り付け、閉じ込める。しかしこれは、人々に何かをさせるわけではない。何かをすることが可能であったりなかったりする状況に人々を押し込めているだけである。何かするよう実際に強制されている場合の典型的な状況とは、むしろ選択が課せられている状況である。彼らには、要求されたことを行うか、もしくは痛み、死、あるいはそれほど過激ではないが望ましくもない他の結果に至るかという選択肢が与えられる。これらの選択肢を与えられていることを、「選択肢が与えられていない」と呼ぶのも十分理に適ってはいる。だが、文字通りの意味では別の選択肢が存在するのであり、その選択肢が真の選択肢として現れる状況も、英雄的なものを含め存在する。これもギリシア人は「アナンケー」と呼んだ。彼らの「アナンケー」の用法は、この主題を見事に扱ったアリストテレスが明らかにした真理を具現していた。[43] すなわち、行為者の選択肢の制限に関する限り、他の行為者からの当の行為者を脅やかすような意図は、より一般的な事柄の特殊例にすぎないという真理である。不快な選択は自然によっても等しく課される。アリストテレスの例で言えば、嵐に遭った船員が船と自分たちを救うために積荷を捨てる場合がこれに当たる。あるいは、当人への脅威となることを意図してはいないが、しかし当人に何の保証もしない他者の行動によって選択が課される場合もある。ペルシア人の侵略に直面したテッサリア人の状況は、こうしたものだったと私は考える。ヘロドトスが言うには、彼らははじめ政治的状況のゆえに「やむなく（エクス・アナンカイエース）」ペルシアと友誼を結んだのである（のちに同盟軍に見捨てられたとき、彼らは「もはや逡巡することなく積極的に」ペルシア側に加担した）。[44]

私たちはこの力に関する表現を数多くもっている。人は、人々や環境に、物事を行うよう「要求され」「強いられ」ひいては「強制される」。しかし、「自由」という言葉が用いられるとき、こうした強制のすべてが等しく私たちの自由を減らすと言われるわけではない。自由は、他の行為者によって意図的に課された強制と特に対立する。船員が積荷を捨てる際、たとえそれが天候に強いられて行ったことでも、船員が自由に行為したと述べることはごく理に適っている。だが、追い剝ぎに遭って自分の荷物を渡すよう強いられた場合、その人が自由に行為したと述べることは相当な逆説であろう。実際、私の選択が他者の意図的行為によって制限されている場合でも、意図が私に向けられたものでないなら、その行為を私の自由に対する制限と呼べるかはそれほど明らかではない。そして、これは、自由であることが、とりわけ他者の力の支配下にあることと対立するからである。

私たちが超自然的必然性から学んだように、他者の力の支配下にあることの徴は、私の選択や機会が単に制限されるだけではなく、私の行為を自分の意図に合わせようとしている別の人によって計画的かつ組織的に制限されることである。自由を欠くとは、典型的には単なる選択肢の不足でなく、他者の意志に従属することなのである。

しかし、それがこの概念の核心なら、私たちは次にこう問わねばならないだろう。なぜそれは、自分の選択が制限されることを経験する事例に限られるべきなのかと。私の選択肢が何らあからさまに減ることなしに、私が別の者の意志の支配下にあることはありえないのだろうか。それに対する答えは「ある」であり、ギリシア人はこの答えをもまた発見している。しかし少なくとも政治的真理としては、前五世紀になって初めて発見したのである。プラトンの『ピレボス』のなかでプロタルコスは次のように言う。「わたしは、説得の技術が他の技術とは大変異なるとたびたびゴルギアスから聞かされてきた。というのも、それはあらゆるものを力によって強制するのではなく、自ら進んで自己の下に隷属させるからである」[45]。弁論家とソフィストによる、この技術でこうしたことが成せるとした主張、またそれに基づいて彼らが自分たちの野心的な生徒たちにしていた約束は、プラトンの頭に取り憑いて離れない問題となっていた。それゆえ、彼の哲学のかなりの部分は、彼らの説得の技術に疑いをかけることへの関心から形成されたのである。

プラトンははじめ、政治的自由に関心がなかった。彼が最後まで政治的自由に関心をもたなかったと述べる者もいるかもしれず、そこにはいくらか真理が含まれているが、それは、最悪の統治形態は僭主制であり、僭主制は全ての人を奴隷とすると彼が考えていた点を除いてのことである。ただプラトンは、僭主自身も奴隷の中の一人であるとする考えを特に心に銘記していた。プラトンが根本的に関心を寄せていた自由は魂の内的自由だった。彼が導入した三分された魂において[46]、その最も高い理知的部分は他の部分、特に欲求的部分によって支配されないことが要請された。これらの欲求は、差し迫ったものとして、つまり要求を求め制約を課すものとして現れる。彼が典型的に話題にするのは「エローティカイ・アナンカイ」すなわち性的必然性である。欲求を指す仕方としてこれはまったく自然だった。アリストテレスはこうした欲求を必然性の観点から議論したし、西暦二世紀の著述家によれば、当時ペニスは「必然そのもの」として知られており、他の種類の必然性を代表していた。[47] だが、プラトンはこれらの力が単なる欲求の範囲を越えて影響し、容赦なく支配的になる可能性が常にあることを恐れた。理性がこれらの欲求に対して支配を維持することが健康で有徳な魂の徴《しるし》だったのである。

プラトン哲学のかなりの部分はいくつかの対立によって構造化されており、それらの対立は互いに並行的であると考えられている。すなわち魂と肉体、理性と欲求、知識と信念、哲学と政治、そして（少なくとも往々にして）議論と説得、という対立である。それぞれの対立において、もちろん第一項の方が第二項より優れている。しかし、何がこの優劣を生むのかに関してはプラトンのなかで、深くそして持続的な迷いがあった（その迷いは、これらの対立を強く主張する作品の中にさえ見られる。彼がいつもこの対立を強く主張しているわけではないということは、これに付け加わる別の論点である）。それらの対立の対比はときに、実在と見かけの対比でもあり、劣った項は影のような、実体のない、ないしは虚妄として表現される。だが別のとき、当の対比は言葉と行い、議論と暴力の間の対比であり、劣った項は力強いもの、危険な獣のごときものとなる。例えばデーモス〔民衆〕がそうであり、彼らについてソクラテスは『ゴルギアス』で、ペリクレスや他の民主指導者が彼らを肉の塊で鎮めようと試みたと述べている。『国家』の洞窟のイメージにおいてはこれら二つの対比が並んで登場する。そこでは経験的世界——とりわけ日常の政治の世界——は虚妄であり、壁に映る影絵芝居である。しかし、見る者は、哲学によって自由になるまで、影絵芝居を見るよう現実の力で強制されている。というのも、彼らは鎖によって頭を後ろへ向けないようにされているからである。[48]

こうした迷い――それはプラトンの芸術に対する見解も構造化している――は、説得というソフィスト的で弁論に関する技術への攻撃を展開する彼の手法にも影響している。一方でそれらの技術は全く何にも基づいておらず、見かけ、化粧、装飾を扱う。その一方で、それらは魂を堕落させ破壊し転覆させる。もちろん、こうしたイメージの中にあるいかなる対立も調停されうるし、この線の議論に関する主要文献である『ゴルギアス』は、見かけの魅力が本当の危険を隠す、不健康な料理や、いわば本来の姿を損なう化粧に多くの注意を払っている。しかし、中心に位置する迷いはまだ続いており、政治、および政治と哲学の関係に対するプラトンの説明にまで広く影響している。というのも、魂の内部で、理性の欲求に対する優位はどのように維持されるのだろうか。理性は欲求に強制をするいかなる力ももたない。理性は欲求を操るために説得を使うことができない。理性は欲求と交渉するまでに身を落とすことはできないのだ。これらの問いは、心理学的モデルについて問うには、主張を額面通りに受け取りすぎた衒学的すぎる問いだと思われるかもしれない。しかし魂の三分構造は国家との類比を示すことを意図しており、それらの問いを魂から国家に移せば、非常に明白な答えが沈黙に取って代わる。つまり、労働階級に対する理性の優位は、確実に詐欺によって、また究極的には力によって確保されているという答えである。この答えはすでに見たようにアリストテレスが主人と奴隷の関係を魂と肉体の関係に、男と女の関係を理性と感情の関係になぞらえる際に、当たり障りなく避けようとした現実のより暗いヴァージョンである。[49]

「いい年になった大人が、人の集まるアゴラを避けて、社会の片隅にもぐりこみ、三、四人の青少年を相手にぼそぼそとつぶやくだけで、その余生を送り、思う存分の発言をすることもないなどということがどうしてできるだろう」。プラトンは『ゴルギアス』（四八五D）でカリクレスにそう尋ねさせている。それがプラトン自身への問いだったことは深読みしないでもわかる。それは哲学と政治の関係に対する問いでもあったが、プラトンは哲学という活動そのもの、そしてその活動と説得との関わりについても関連する問いに直面した。魂の内部では理性は、もしそれが高く昇り、自己と対話するならば、実在の世界を見渡せる。だが、活動としての哲学は共同的であることが求められる。そして、その活動に対してプラトンが、とりわけより正統的なソクラテスの仮面の下で繰り返し要求したことの一つは、その活動が独白ではなく対話であるべきだということ、つまり本質的にはやりとりだということである。だが、理性はいかにして説得なしに何かをやりとりしうるのだろうか。対話においてやりとりされ吟味されている考えが何か修辞的な形をとらずにいることは可能だろうか。そんなことは不可能である。そして、プラトンの対話篇そのものにおけるこの登場人物ほど、この真理を説得力をもって主張している者はいない。[50]

　プラトンは理性と説得を常に対比していたわけではない。たしかに彼はときおり、説得することと理性に訴えることが異なる経路を通じて働き、異なる目標をもつかのように述べることもある。しかし他のところでは、合理的言説自体が説得の一種であるということを、言葉の上でも、またより深いレベルでも受け入れている。[51] このことが強調されるときには、ソフィスト術や非合理的な政治の力による支配からいかにして自由になれるのかという問いはもはや、理性はいかに説得から解放されうるのかという問いの形をとらない。つまりそれはもはや、合理的コミュニケーションの経路を、異質な感情的干渉から守るという問題ではない。むしろその問題は、説得の受け入れうる形態と受け入れがたい形態とを区別すること、特に、教育や穏当な政治的議論と、専制的に管理されることとを区別することの問題となるのである。

プラトンがこの形で問題を論じるとき、彼は、説得が誰の利益に資するのか、すなわち説得する者の利益か、それとも説得される者の利益かという問題に全てが懸かっているという想定に惹きつけられている。彼は、人の真の利益は合理的自己のそれであると考えていたので、この答えに安心していた。しかしながら近代世界においては、人の真の利益に関するプラトンの理解にある意味では同意する者にとってさえ、プラトンにとってその利益を表現する見込みのある唯一の政治組織であった啓蒙専制は、ほとんど受け入れがたい。ある統治者の一団が私たちの本当の利益を過《あやま》たずに同定すると（信じがたいが）考えられうるとしても、その事実はそれだけで統治者らが使いうるあらゆる説得の形式を正統化するわけではない。それが意味するのは、彼らの非正統的な説得が搾取ではなくパターナリズムの例になるということだけだろう。いずれにしても、近代世界において、合理性のもつ価値に真剣な関心をもつ者が、私たちの真の利益についてのプラトンの説明を受け入れることはほぼなかろう。むしろ彼らは、私たちの利益はパターナリスティックに扱われるべきでないというニーズを含むと考えるだろう。政治的説得、またそれを受け入れうる限度に関する近代の理解は、むしろ次のような考えから出発する傾向にある。つまり、望ましくないコミュニケーション形式の欠点とは、起きていることを聴衆に隠すことで、起きていることを制御する力を聴衆から奪うことだという考えである。[52] 近代のリベラルな国家において、合理的説得の理論は、自由論の一部となるだろう。

こうしたアプローチは、古代世界に由来する部分もあるが、多くは近代、特に啓蒙思想のいくつかの理念に負っている。しかしながら、このアプローチは、そのいくつかの形態、特に最もカント主義的な形態においては、まやかしの理念の圧力によって歪曲されている。その理念とは、合理性と自由は究極的には完全に一致するというものである。この理念は、究極の自由という観念を含んでいる。それによれば、私自身の倫理的に重要な側面のうちに、単に私を偶然形作った過程の結果として私に帰属しているものがある場合、私は完全には自由でない。私の価値観が単に私が晒されてきた社会的、心理学的過程によって私自身のものになっているにすぎないなら、私は洗脳されてきたも同然だ（と議論は進む）。すなわち、私は十全に自由で合理的な責任ある行為主体ではありえない。もちろん、自分が受ける教育を制御することなど、誰にもできないだろう。おそらくは、教育が進んだ段階で周縁的な部分を制御する場合を除けばであるが。当の理念が要求しているのはむしろ、私の立場全体が原則的には批判に晒されねばならず、その結果、私が保持するすべての価値観は、私にとって考慮の対象となり、批判的に受け入れられ、たまたま私の一部であるにすぎない何かのままではなくなるはずである。

私はこの理念を、際立って近代的、つまりカント主義的な観点で叙述してきた。この形態において当の理念は近代の野心を表しており、それが議論の俎上に載せられてきたのは、まさしく、受け入れうる言論ないしは合理的言論についての近代の理解とプラトンの理解とを対比する場面においてである。しかし、ある深いレベルにおいて、この理念はプラトンと共有しているものがある。それは、私たちが恥、罪、自律性について議論する中で出会った、無性格な道徳的自己というプラトン的観念を前提しているのである。[53] この観念は全体的批判に向かう野心のうちに暗に含まれている。この野心が意味をもつ場合、批判者としての自己は、ある人がたまたまそうであるようなこと全てから切り離されうる。批判者としての自己はそれ自体としては単に、理性あるいは道徳性という視点である。この無性格な自己という観念は、批判に向かう元来の動機にも暗に含まれている。もし私が、私の価値観や見地を単なる偶然から、つまり私の育ちや、あるいはより一般的に言って私に起きたことから獲得したのなら、――こう議論は進んでいたわけだが――私は洗脳されてきたも同然だ。しかし、こうした過程によって洗脳されている、既に存在している自己とは誰なのか。それもまた、無性格な自己としかならないであろう。しかし実際には、既に存在している自己は単なる社会化の過程によって誤った方向に導かれたり、目をくらまされたりしているのではない。むしろ、人間の実際の自己は、そうした過程を通じて構築されていくのである。

アラスデア・マッキンタイアなどの批判者にとって、特徴のない道徳的自己という信念は啓蒙の特徴的表現であり、啓蒙の遺産を放棄すべき主な理由となっている。[54]それはマッキンタイアにとっては、アリストテレス主義の復権に向かうということである。しかし啓蒙は、誠実さを支持する一群の社会的、政治的理念を、また恣意的で単に伝統的な権力に対する批判を代表するものなのだから、そうした〔無性格な自己という〕イメージは本質的には必要ではない。そして、もっと一般的に言って、私たちが自分たちの倫理的観念をよりよく理解できるなら、そうしたイメージが必要でないことがはっきりするような仕方でそれらの理念を再考することが望めるだろう。本書のこれまでの議論は、ギリシア人のもついくつかの観念を見直すことで、私たちは自らが必要とする倫理的観念をよりよく理解できるようになるというものであった。これまでの議論は、啓蒙の諸理念が、道徳性の合理主義的形而上学ではなく、社会的、政治的誠実さの追求とみなされる限り、それら諸理念を糾弾するものであるとは限らない。

少なくともこうした点では、私たちの探究は、私たちをプラトンに立ち返らせることはない。特徴のない道徳的自己という観念は、たとえカントや彼に似た考え方をする人々において大きく改変された形で現れており、プラトンの政治学とは全く異なる政治学に適用されているとしても、カント主義的理解がプラトンと共有していた観念である。しかし私たちは、アリストテレスの諸観念に立ち返ることがどの程度許されるのかについても、注意が必要である。既に第二章で示唆したように、アリストテレスもまた、プラトンほど過激な形態ではないにせよ、自己についての「倫理化された」理解をもっている。すなわち、心の、とりわけ行為に関わる心の機能は、最も基礎的なレベルにおいて、倫理学によって意味付けされたカテゴリーによって定義されるという見解である。プラトンの場合、特徴のない道徳的自己が、こうした心理学の一部をなす。心の理性的な力は、望ましい行いと際立った仕方で結びついているとされており、まさにそれゆえに、倫理的生を送るための行為者のあるべき姿の説明に、性格といった、行為者のその他の偶然的な特徴が登場する必要がなくなるのである。たしかにアリストテレスの場合はそうではない。アリストテレスの場合、善き人はある性格を必要とし、そしてそれは偶然的環境の中で形成される。だが、アリストテレスが性格の形成を叙述し、欲求が理性によってどのように制御されるのかについて語るとき、より微妙な仕方で倫理的観点からやはり構築された心理学に私たちは連れ戻されるのである。

　実際アリストテレスは「徳が生ずるのは、自然によるのでもまた自然に反するのでもない」と述べており、あるレベルでは、これに合理的に反論できる者はいない[55]。だが、彼自身の観点は、この主張が一見して含意する以上に強いものであった。徳は「自然によらない」とアリストテレスが述べる際、彼は徳が訓練や性格形成がなくても自発的に発現することのみを否定している。この否定は、徳が特定の種類の動物としての人間の正しい発達を表す限りで、別の意味では徳が自然だと信じる余地を残している。それがアリストテレスの信念であったし、彼が有徳な性格に取って代わる他の様々な性格を記述する際に、この信念ははっきりと表れている。その性格とはすなわち、ことごとく理性の機能不全や特に快楽の支配を表す、弱さや邪悪さの諸形態である。前章で見たようにアリストテレスは、理性と感情の関係が男性と女性の関係のモデルになると考えていたし、また、生物学的観点からみて女性は損なわれた、ないしは不完全な男性であると考えていた。これら二つの考えの結びつきは、アリストテレスの倫理思想の構造の内に存在するある連関を表現している。すなわちより一般的に言えば、理性の生を送ることに失敗している人とは、損われた、不完全な、ないしは未完成な人間なのである。アリストテレスにとって倫理学は心理学に基づき、あるいは生物学にさえ基づく。それは実際のところ、彼の心理学が部分的には倫理学であることを意味する。「私はトゥキュディデスのどこを愛するか」とニーチェは書いた。[56]「私が彼をプラトンよりも深く尊敬する原因は何か」。彼の答えは、彼がトゥキュディデスに帰する、偏見のない大局的な理解、あらゆる種類の人々に良識を見出そうとする意志に関わるものであった。「彼はプラトンよりも大きな実践的判断をもっている。彼は自分の気に入らなかった人間、あるいは人生において自分に苦痛を与えた人間を、誹謗したりけなしたりする人ではない」。ニーチェの判断にはいくらか空想的、あるいはここでもやはり時代遅れな側面があるが、有用な洞察も含まれている。トゥキュディデスはアテナイの政治、つまり民主政や帝国について、かつて考えられていたほど地域的な意味で偏りがなかったわけではないかもしれない。しかし彼は、説明に用いる心理学を自分の倫理的信念の意のままにしないという意味では偏りがない。同時に、ニーチェの実践的判断への言及が重要な仕方で強調しているように、トゥキュディデス的な「偏りのなさ」は、人間的事象に対する完全に「価値自由」な説明を生み出そうとする試み、人間的事象を物理作用と同レベルの現象へと還元しようとする試みとみなされるべきではない。彼の目的は、社会的な出来事の意味を解することである。そしてそれは、その出来事を人間の動機、また状況の行為者たちへの見え方などと理解可能な仕方で関係づけることを伴う（諸々の演説が果たす複雑な役割はこの過程にとって決定的に重要である）。だが、理解可能で典型的な人間の動機に対するトゥキュディデスの理解は、プラトンの理解よりも幅広く、そして特定の倫理的立場にコミットしていない。あるいはむしろ――この区別こそ重要なのだが

――トゥキュディデスの人間の動機に対する理解は、プラトンの心理学理論のうちに認められる理解よりも広い。アリストテレスとの関係でも、プラトンほど明白ではないとしても、同じことが言える。

たしかにアリストテレスは無性格の道徳的自己という考えから自由であった。また（すでに示唆した通り）合理的行為に関する彼の説明には強い倫理的傾向が存在するとはいえ、彼の道徳心理学は別の面においては有用な仕方で現実的である。しかし、前章で論じたように、より一般的に言って、アリストテレスが好んだ世界や社会のモデルのいくつかは、近代がはっきりとそして正当に不信を抱きうるようになった事柄に含まれる。啓蒙思想を全体的批判の観念や合理主義的社会像と同一視してしまう場合、アリストテレスやヘーゲルに頼りたくなるのも驚くことではない。私たちはそうすることで、社会から純粋な道徳意識としての人間を抽象するのではなく、むしろ人間を社会によって偶然的に形成されたものとみなし、また自分の育った世界に倫理的アイデンティティを負う人々とみなす哲学を見出そうとするのである。しかしその方向にも別の幻想がある。その幻想は、人間は社会によって「構成される」という魅力的な言い回しを用いたヘーゲルの主張のうちに隠されている。それは、人間と社会の関係、そして人間同士の関係は、もし適切に理解され適切に成り立っているならば、いかなる本当の損失も含まない調和的なアイデンティティを実現することができるとする考えである。

こうした幻想の追求は、近代政治思想の歴史の一部を形成している。しかし、特徴のない道徳的自己でも、社会と自己との最終的和解を約束するという社会によって「構成」された自己でもない選択肢が存在するということを学べるのは、近代特有の展開からだけではない。私たちはそれを、プラトンやアリストテレス以前のギリシアの著述家たちについて省察することからも学ぶことができるのである。すでに言及したトゥキュディデスについての所見のなかでニーチェは、その特異な「偏りのなさ」を賞賛しながら、そこにソポクレスの名も付け加えている。トゥキュディデスに対する彼の診断が社会に対する純粋な科学者への敬意の表明と捉えられるべきではないのと同じように、ソポクレスへの言及は、超然として冷ややかな古典主義の究極的表現という彼の作品に対する古びたイメージへの逆戻りではない（これは、広く共有されたことのある文学解釈のなかでは最も驚くべき解釈の一つであることは間違いない）。いずれにせよ、実証主義者トゥキュディデス、オリュンポスの神々の如く荘重なソポクレスという信用ならない捉え方から解放されたとき、私たちは、ではなぜこの二人が一緒に扱われうるのかと問う必要がある。多くの伝統的な対立図式は、前五世紀後半のギリシアに関する私たちの理解に基づいて、彼らを切り離す方向に働く。「アルカイックな世界観」（私が第一章で引用したドッズの言葉）がソフィストに影響された合理主義と対立し、[57] 人間の寄《よ》る辺《べ》なさの感覚が「グノーメー」や理知的な政治と対立し、そして超自然的な結びつきが心理学的、社会的な説明可能性と対立する。こうした対立には根拠がないわけではない。しかし、進歩主義の諸前提にはもはや頼れない以上、私たちは、こうした対立図式がどれほど遠くまで私たちを連れていくのかを問わねばならない。

　カント的ないしヘーゲル的観点で西洋の倫理的経験の歴史を考えるなら、私たちはそれを、宗教的なものと世俗的なもの、前合理的なものと合理的なものといった対比を軸にして構造化するだろう。例えば、人類を超えた人格的諸力といった考え方に対立するものとしての、自律的な人間理性の出現を探し求めるだろう。無論こうした対比がつくる溝に挟まれた両側にソポクレスとトゥキュディデスは位置する。しかしながら、進歩主義的な像を拒否するなら、私たちは次のような考えにいっそう開かれることになるだろう。すなわち、重要な問い——あるいは少なくとも重要な問いの一つ――は、人間自身がこれまで形作ってきたものを超えた、人間的利益、とりわけ人類の倫理的利益のために本質的に形作られているものがそもそも存在すると、一部の作家や哲学が信じているかどうかという問いなのである。この問いとそこからもたらされる区別に照らせば、プラトン、アリストテレス、カント、ヘーゲルは皆同じ側におり、彼らは皆、人間理性の世界、歴史、構造が適切に理解されれば、それらが人間の生と情熱に意味を与えるパターンを生み出すことができると、何らかの仕方で信じている。[58]それとは対照的に、ソポクレスとトゥキュディデスはこうした感覚を私たちにもたらさないという点で似通っている。彼らの各々は、人間主体には部分的にしか理解しえない世界、倫理的情熱に必ずしも適合しない世界に対し、分別をもって、あるいは愚かに、ときには破滅的に、ときには気高く対処する存在として人間を描いている。こうした視野に立つとき、運命に対するソポクレス的な不明瞭さと、理性が偶然の危険に晒されるというトゥキュディデス的な感覚との間の違いはそれほど大きなものではない。[59]その違いは、彼らや、本書で対象としたホメロスその他の人々と、次のように考える人々との間にある違いほど大きくない。すなわち、現世ないし来世で、物質的でないにせよ道徳的には、個人としてであれ歴史的集合体としてであれ、私たちの身は安全なのだと考えている人々である。あるいは、安全ではないにしても、少なくとも、世界の構造のあるレベルでは、私たちの関心に究極的な意味を与える何かが見つかるだろうと安心している人々である。

ここで、第一章の終わりで直面した問いに戻ろう。私たちはギリシア悲劇にどのように応答するのか。ギリシア悲劇が私たちの経験と関係しうるために必要とされる「構造的な置き換え」と私が呼んだものはどんなものになるのか。ナポレオンはゲーテに、古代世界における運命の位置にあるのが、近代では政治であると述べた。同じ精神でもってバンジャマン・コンスタンは、古代の悲劇における超自然的なものの意義は、政治的観点からのみ近代劇に継承されうると述べた。彼は次のように書く。「今日もし現代の悲劇を古代人の運命性《ファタリテ》に基づけるなら、きっと失敗するだろう。……民衆は、運命に苛まれるオイディプスや、復讐の女神エリニュスたちに苛まれるオレステスよりも、むしろ彼の身ぐるみを剝がし、あるいは縛り上げる社会秩序に対する個人のこの闘争にこそ感動するであろう」[60]。コンスタンは近代悲劇をいかに書くべきかという問題に関心があったわけだが、彼の見解は、古代の悲劇を現代の経験の一部にするとはどういうことかに関して含蓄がある。ギリシア悲劇はまさに世界と理想的に調和している人間像を拒否し、十分に理解すれば私たちが世界と調和しうる方法を教えてくれるような世界が存在する余地を残さなかった。悲劇の登場人物の具体的で偶然的なありようと、世界がその人物に働きかけるあり方との間にはギャップがある。ある場合にはそのギャップは、人間の目的同士の衝突から理解できる。別の場合には、完全には理解することができず、制御することもできない。それは超自然的必然性を含む世界に当てはまるのと同じくらい、社会的現実にも当てはまるかもしれない。登場人物や個人のプロジェクトと、それを破壊しうる諸力、構造、環境との相互作用は、神々や神託が登場せずともその意味を保持しうるのである[61]。

このように言うからといって、非人格的な政治的現実が、ソポクレスの悲劇の慣例のもとで世界がときおり示すような明確に目的をもった様相を帯びることがあり、それが運命論を助長する、などと主張するつもりはない。改革の方策が、ほぼ悲劇のように、意図されたのとは反対の結果を容赦なく生み出すという趣旨の見解はたしかに存在する。アルバート・ハーシュマンが指摘したように、この見解は反動的ペシミストに人気がある[62]。だがそれはここでの論点ではない。ここで重要な類比は、私が先に超自然的な力におけるスタイルの欠如として論じたものとの類比である。すなわち、社会的現実は、多神教の神の生き生きとした個人的もくろみや、ユダヤ教、キリスト教、あるいはマルクス主義の目的論がもつ世界史的意義を示すことなしに、重要で価値のある人物やプロジェクトを押しつぶそうと働きうるのである。

悲劇が芸術の一つの形態であることを忘れないようにすべきであると私は一度ならず述べてきた。ここには悲劇的英雄として行動する何者かへの示唆は何もない（この注意は、運命のソポクレス的必然性そのものがある程度まで芸術の産物なのだということを心に留めておくなら、いっそう裏付けられるほかない）。また私は、「悲劇」と呼ばれうる芸術様式が現代世界でもうまく創造できるのかというコンスタンの問いへの答えを示そうとしているわけでもない。いくつかの種類の理由から、おそらくそうしたものは創造できないだろう。ここでの論点は次のことだけである。悲劇的な人としてではなく単なる人として、私たちが自分たちの倫理的な生と自らの役割について考えるとき、古代の悲劇がどんな意味を私たちにもつのかを問うとしよう。そのとき、悲劇のもつ超自然的側面でさえ、私たちの経験のうちに何らかの類似点を得るかもしれないということである。だがその類似点を追究し、必要とされる構造的な置き換えを詳細に描くことは、さらなる課題であり続けている。

私たちは、キリスト教以後というだけでなく、そのカント的、ヘーゲル的遺産以後の倫理的状況にいる。私たちは人間が勝ち得たものについて相反する感覚をもっており、また人間の選びうる生き方に希望をもっている（とりわけ、彼らが嘘をつかず生きるべきだという、今なお強力な理念の形で）。私たちは、世界が私たちのために作られたわけでも、私たちが世界のために作られたわけでもないと知っているし、私たちの歴史が目的ある物語を何も語らないことも知っている。また世界の外や歴史の外に、私たちの活動を正当化するよりどころとなることを望みうる立ち位置がないことも知っている。私たちは、私たちが価値を認める多くの人間の達成の法外な代償を――この反省的な意識そのものもその達成に含まれるのだが——認めなくてはならない。そして、最終的にはうまくいくのだと示してくれるような、ヘーゲル的な救済史も、ライプニッツ的な全世界の費用便益分析も存在しないことを認めねばならない。私たちは重要な点で、私たちの置かれた倫理的状況について、これまでのどんな西洋人よりも古代の人々に似ている。より具体的には、前五世紀あるいはそれ以前の人々に似ている。彼らは、世界と私たちとの倫理的関係を理解できるものにしようとしたプラトンやアリストテレスの試みにまだ影響されていない意識の痕跡を私たちに残したのである。

おそらく私は、本書の冒頭で述べたように、現代世界は古代世界とどこもかしこも異なっていることを否定しているわけではないと、もう一度言っておくべきだろう。また、私たちがホメロス的、悲劇的、ないしペリクレス的人間でないことを残念に思うべきだと言っているのでもない。少なくとも西洋世界で最も永続している幻想の一つは、物事がより美しく、かつさほど断片的でなかった時代があったというものである。この幻想の最も古い表現は実際、最初期のギリシア文学にすでに見出すことができ、それはこれら二つの郷愁の根拠を具象化している。[63] しかし、それは常に幻想であり、古代世界に関するどんなまともな研究も、私たちの相互の社会関係、またさらに言えば、私たちと存在との関係において失われた統一性を求めるべく、その世界に立ち戻ることを促すべきではない。そして、もし私たちが、その世界から生き残ってきたもののうちに特別な美や力をもつ物事を見出すのであれば、ただそれらに驚くだけでなく、それら、あるいはそれらの一部だけでも現代に利用できるかもしれないと考えることは、私たちを勇気づけるだろう。

ピンダロスの描いたイメージは当を得ているのである。[64]

さて今はオイディプスの智を知りたまえ。人が、大きなかしの木の枝々を

鋭い刃先の斧で切り落とし、見事な姿形を辱めても、
ひとたび冬に最期の火が迫る時には、
または王宮の真っすぐな柱の数々とともに支えとなって、
おのが地を寂しくしつつ、
他所の壁の中で惨めな苦役に従事する時には、それは、
実を結びはしないが、おのが真価を証明する。

〔ピンダロス『ピュティア祝勝歌集』第四歌二六三―二六九行〕

解説
# 古代ギリシアから私たちが学ぶこと

納富信留

## 1　セイザー・レクチャー

『恥と運命の倫理学（原題『恥と必然性』*Shame and Necessity*）』は、バーナード・ウィリアムズが一九八九年春にカリフォルニア大学バークレー校で行った「セイザー・レクチャー」を元に、一九九三年に出版された。一九二九年秋に生まれたウィリアムズが六〇歳を前にして行った講義である。[01] この本の性格を考える上で、セイザー・レクチャーとは何であり、そこでウィリアムズが何をやろうとしたかを考えることが、何より大事である。それは、これが一体どんな本であり、その特徴がどこにあるかを指し示してくれるからである。

セイザー・レクチャーは、ノルウェー生まれの銀行家セイザー氏と夫人からの寄付に基づき同校が伝統的に開催してきた西洋古典学の特別講座で、毎年世界の著名研究者が招かれてセミナーと講義を行っている。その講義は後にカリフォルニア大学出版局からシリーズとして刊行されることになっており、一九二〇年代から今日まで、世界の名だたる古典学者・古代哲学者・古代史家が名著を送り出してきた。二〇二二年までに七六冊を数えるシリーズの五七冊目に出たのがこの『恥と運命の倫理学』で、現在まで広く読まれてウィリアムズの代表作となった。

西洋古典学の代表的研究者たちによるレクチャーでは古代哲学のテーマが重要な部分を占め、古くはジョン・バーネット『プラトニズム』（一九二八年）やポール・ショーリー『プラトニズム、古代と現代』（一九三八年）から、私たちの時代ではジェフリー・ロイド『知恵の諸展開――古代ギリシア科学の主張と実践の研究』（一九八七年）、アレクサンダー・ネハマス『生の技法――プラトンからフーコーまでのソクラテス的考察』（一九九八年）、デイヴィド・セドレー『古代における創造論とその批判者たち』（二〇〇八年）、ミヒャエル・フレーデ『自由意志――古代思想における概念の諸起源』（二〇一一年）といった錚々たる研究成果がここで生まれている。

その中で、ウィリアムズも本書の冒頭で言及した伝説の名講義が、一九五一年刊のE・R・ドッズ『ギリシア人と非理性（*The Greeks and the Irrational*）』[02]である。一九四九年秋に行われた講義は、一九世紀以来の古代ギリシア像を一新させたとも言われる衝撃を与えた。オックスフォード大学でギルバード・マレーの後任としてギリシア語欽定講座教授になったドッズは、新プラトン主義者プロクロス『神学綱領』の注釈書で学界デビューしたが、そのポスト就任には兎角の批判もあった。[03]神秘思想と宗教に関心を寄せたドッズは、従来合理主義の象徴とされたギリシア哲学、そしてギリシア文明に「非理性」を見て取り、とりわけその源泉とされるプラトンを非理性の角度から扱ったが、それは従来のギリシア理解の転覆であり、既存のギリシア研究への挑戦であった。ドッズの研究には文化人類学や精神分析などの背景があり、ニーチェの影響も窺われる。[04]セイザー・レクチャー『ギリシア人と非理性』は、文明を問い直す古典文献学の金字塔となった。

ウィリアムズは「はじめに」で述べているように、オックスフォード大学で学部時代にドッズの教えを受け、本書を彼へのオマージュとしている。二〇世紀半ばを代表する古典学者の深い影響への敬意と同時に、哲学者としての正面からの応答でもあった。それは、哲学著作が生まれる以前に焦点を当て、文化人類学の手法には訴えず、いまだ認知されていない彼ら古代ギリシア人と我ら現代人の間にある類似性を明らかにするという古典学の考察である。ウィリアムズはドッズが論じた古典テクストの素材、「アーテー（狂気）、ミアズマ（穢れ）」などを取り上げつつ、それとは異なる試み、つまり哲学を遂行したのである。

ウィリアムズは一九六七年から一九七九年までケンブリッジ大学キングスカレッジに籍を置いたが、そこはジェフリー・ロイドが活躍するように、フランスの西洋古典学（本書でしばしば言及されるJ＝P・ヴェルナンら）や文化人類学と交わる場として、イギリスで最も開かれた研究拠点であった。そうして一九八八年からアメリカ・カリフォルニア大学バークレー校に拠点を移したウィリアムズは、翌年セイザー・レクチャーの指名を受け、それまで培った思索を結実させたのである。

## 2　現代の解放としての哲学史

ロンドン大学での弟子で同僚となったマイルズ・バーニェットは、ウィリアムズの没後に哲学史に関する論文の集成『過去の感覚――哲学史論集（*The Sense of the Past: Essays in the History of Philosophy*）』（二〇〇六年）を編集したが、その解説で本書を「彼のすべての本の中で、最も深遠（of all his books the most profound）」と絶賛している。[05] ウィリアムズは本書の「はじめに」で、自分が古典学の専門家ではなく古典学の教育を受けた哲学者であると断っているが、それは単なる謙遜ではなく、むしろ学問の専門分化に抗してそれを超えて論じる姿勢を示している。実際、例えば附録2でエウリピデス『ヒッポリュトス』の難解テクストを解釈するように、ウィリアムズは随所で本格的な古典文献学の議論を展開している。

現代分析哲学の最前線で活躍したウィリアムズには、他方でプラトン、アリストテレスといった古代ギリシアの哲学者から、デカルト、ヒューム、シズウィック、ニーチェ、コリングウッド、ウィトゲンシュタインまでを論じた哲学史の論考があり、『過去の感覚』に計二五編が収められている。哲学史をそれ自体で研究するのではなく、哲学史をつうじて哲学をする姿勢は、遺作となった『真実と誠実さ――系譜学の一論考（*Truth and Truthfulness: An Essay in Genealogy*）』（二〇〇二年）でも発揮される。『恥と運命の倫理学』で彼は、プラトンらからさらに時代を遡り、古代ギリシアの文化の基盤となったホメロスやアッティカ悲劇を取り上げる。その意図は、本書第一章「古代の解放」が丹念に、しかし決然と示している。

ヨーロッパ人にとって古代ギリシアを扱うことは、未開の地域に入る文化人類学とは異なる。それは、どれほど他者であっても「もっと直接に自分たちを理解することの一部」だからである（本書三―四頁）。この背景には、近現代の西洋（ヨーロッパと北米）がギリシア文明に由来し、絶えずこの源泉に立ち返ることで自らのアイデンティティを確保してきた歴史がある。だが、ウィリアムズは古典文献学と哲学史の考察が、自らの起源を確認するという目的以上に、むしろ将来に向けて開かれた反時代的な哲学（ニーチェ）だと主張する（四頁）。そこには、古代ギリシアからキリスト教中世を経て、近代の啓蒙へと進歩したという西洋の歴史観への強烈な反発と、それを覆すニーチェ的な系譜学の意図がある。

ウィリアムズが意識する進歩主義史観の標的は、同年の生まれで同時期にオックスフォード大学でドッズの教えを受けた古典学者アーサー・W・H・アドキンズである。[06] ホメロス時代の「恥の文化」からやがて「罪の文化」へと進歩したと考える点でアドキンズは師ドッズと共通するが、ウィリアムズはその図式を退けるのである。ウィリアムズはむしろ現代の私たちが自身のことを分かっていないと示唆し、自身についての新たな理解、将来へ向けての哲学を目指す。そこで見えてくるはずなのは、私たちの内にあるギリシア的なものである（一一頁）。

終結部で、ウィリアムズは本書の意図を繰り返す。「ギリシア人のもついくつかの概念を見直すことで、私たちは自らが必要とする倫理的観念をよりよく理解できるようになる」（一九五頁）。プラトンやアリストテレスより以前の古代ギリシア人、ソポクレスやトゥキュディデスらに、現代の西欧人は倫理的状況において極めて似ているという（二〇三頁）。この逆説的な結論はいったいどのように導かれるのか。

## 3　恥の文化

本書の原題「恥と必然性（Shame and Necessity）」に掲げられた二つの概念が、ウィリアムズが古代ギリシアに目を向けて取り出し、そこから近現代を見直す鍵であった。

「恥の文化」に最初に注目したのは、ドッズ『ギリシア人と非理性』第二章である。「恥」と訳しうるギリシア語の「アイドース」は、それまであまり注目されていなかった文化概念である。[07] ドッズは「ホメロスによって描かれた社会は、明白に恥の文化（shame-culture）に属する」と述べ、ルース・ベネディクト『菊と刀――日本文化の諸相』（一九四六年）を参照しつつ、自分たちヨーロッパ人は「強力な罪の文化の継承者である」とする。[08] ここに文化人類学的な比較思想の観点があり、思わぬところで私たちの日本文化に通じている。

ドッズはホメロス世界からアルカイック期に「恥」から「罪」への漸次的な推移があったとして、アルカイックの「罪（guilt）」意識は、ヘレニズム期以降に意識の内面化によってキリスト教的な「罪（sin）」の感覚になると論じた。[09] 後に、より広範な文献を検討したダグラス・ケアンズは、ホメロスからアリストテレスにいたる長期にわたって「恥」をめぐる文化的差異は少ないと論じ、この主題の研究を定着させた。[10]「恥」を鍵概念にする考察は、必然的に「罪」に基づくキリスト教文化、つまり現代の西洋倫理をもたらす基盤との対比となる。だが、ウィリアムズは、後者から見て前者を外面的で不完全な倫理とするのではなく、むしろ現代で忘れられた積極的な意義をそこに見出す。その考察は主に第四章でなされ、附録1「恥と罪のメカニズム」で補われる。

進歩主義において近代道徳を代表するカント主義が最も対立し、否定するのが古代の「恥」の概念である。それは文化人類学者が最初に考察したように、西洋近代文明から離れた未開の心性であった。恥は、自分が尊重するだろう人に見られるときに感じる反応である。だが、ウィリアムズは、それがしばしば批判されるような社会や他者に一方的に規定されるという他律ではなく、自分が何者であるかに目をむける自律(autonomy)であると論じる。「アイドース」には通常「罪」にあたる要素も含まれるため、ギリシア人は「罪」を恥と別の特別な事柄とは見做していなかった(一一四―一一五頁)。現代人は「罪」を道徳と非道徳との区別で捉えるが、古代の「恥、罪」はその区別から離れたところで成立していた。このようなギリシア人の感覚は、現代の私たちが自明視している道徳の見方を再考させる。

さらに、ウィリアムズは「恥」が古代にのみ存在し今は失われた倫理だとは考えない。「恥は、ギリシア人に働いていたのと同様に、私たちに対しても不可欠な仕方で働き続けている。自分が何者であるか、何者であろうと望むのかという感覚を感情を通じて与えることで、恥は行動、性格、結果の間を媒介し、また倫理的な要求と生のそれ以外の部分の間をも媒介する」(一二七―一二八頁)。こうして取り出された「恥」は、思わぬ仕方で古代と現代とに共通する生のあり方だと気付かされる。

「恥の文化」が文化人類学で最初に取り上げられたフィールドは、日本であった。ウィリアムズが古代ギリシア社会から取り出した「恥」の倫理は、はたして前近代や近代の日本人にどこまで当てはまるのか。これは、ウィリアムズら西洋の論者には扱いにくい課題であろう。ヨーロッパ対東アジア、とりわけキリスト教の道徳と武士道など日本独特の道徳との違いがどこにあり、それが哲学的に何を意味するのかという問いにつながる。ウィリアムズの考察は古代ギリシアと現代欧米のみを対象とするが、より視野を広げて、歴史的には直接のつながりがない文化において「恥」を考察することも有意義であろう。日本哲学からの慎重かつ積極的な参入が望まれる。

## 4　ホメロス世界の復権

ウィリアムズが進歩主義史観を退ける主戦場は、ドッズが『ギリシア人と非理性』第一章で扱ったホメロスである。その課題には第二章、第三章が集中して取り組んでいる。

ホメロス叙事詩の登場人物たちが人間として意思決定を行なっているという基本的事実の確認は、ブルーノ・スネルらの影響ある見方への反論である。[11] ホメロスの人間は統一した主体、つまり「自分自身」ではないというスネルの解釈は、その後多くの批判にさらされてきたが、ウィリアムズはとりわけ倫理的な行為主体という側面に注目する。主体性の欠如と結び付けられる「神の介入」という論点は、ドッズが「多元的決定（overdetermination）」という用語により合理主義への疑義の起点としたものであるが、それにもかかわらず主体がきちんと意思決定しているという仕方で回収される。それは同じ事態に対する、日常的な心理を説明する仕方の違いにすぎない。むしろ、ホメロスにはないと見なされてきた「意志（will）」、意志の努力（efforts of will）」という心的行為の概念こそ、哲学者が作り出した擬似物なのである（四三—四四頁）。実際、この概念こそ、初期と古典期のギリシア人に欠けていたがローマ期に登場してキリスト教で最重要となる、「道徳」に必須の哲学概念であった。ウィリアムズは、私たちはむしろこの概念を使わない方がうまくいくという方向さえ示唆する。近代において構築された「道徳（morality）」を批判的に覆すことで、それと明確に区別される「倫理（ethics）」を目指す、それがウィリアムズの意図であった。[12]

スネルは「魂」をめぐって「テューモス、ノオス、プレーン、プシューケー」など語の多様性が魂の非統一性を示すと論じたが、ウィリアムズはその論理を次のように退ける。スネルの論法には、実は「内的行為者」を要請する後世の魂の理論が前提されていて、その「魂」が分裂し多数であるから統一主体がないと結論されている。だが、前提とされた理論枠組みこそ問われるべきである（三九—四〇頁）。アナクロニズムを突く鋭い議論である。

ホメロスの叙事詩に「意図（intention）」にあたる単語はない。だが、その事実はその世界の人々が行為をなすにあたって意図を持たないとか、その観念のない未成熟な世界であったということを意味しない。「ホメロスと彼の描く人物が特定の概念からしか理解できないような区別をしているとき、彼のうちにはその概念が存在するというのは妥当である」（六二頁）。ホメロスは別の仕方で同じ事態を捉えているのである。例えば、神の介入や狂気（アーテー）といった超自然的な要因もこういった説明にあたる。これは古代世界を論じる者にとって重要な洞察である。ウィリアムズが展開している古典読解の議論は、こうしてそれ自体が古代倫理学を構築するのに貢献するだけでなく、方法論的にいかに健全に論じて哲学的に考察すべきかの見本として提示されている。アナクロニズムや論点先取などに陥ることなく、古代をできるだけそのまま捉えること、それが基盤となる。

そこで明らかになるのは、近代まで哲学が進歩させてきたと信じている見方（例えば、道徳的責任）が、決して唯一の正しいものではなく、古代により望ましいものがあるかもしれないという可能性である。例えば、ウィリアムズが第三章で論じるように、古代ギリシアと現代とで異なる「責任」概念があるのではなく、同じ要素を異なる社会において異なる仕方で調整しようとしているだけである。この見方は、進歩主義史観を退け、西洋の「道徳」優位を否定するとともに、「普遍な（universal）」、つまり人間のあり方に共通の基本にコミットしている（六九—七〇頁）。価値観の相対主義ではなく、普遍的な要素を扱う「よりよい」やり方を求める倫理学がここにある。古代を同じ視線で見つつ現代を相対化するには、社会で生きる私たち人間という共通の場が必要であり、ギリシア哲学が打ち出した普遍性はそれを意味していた。それを見て取らせるのは、あくまで現実の生の現場に根ざす倫理であった。

本書の考察には、「自発性（voluntary）」という概念が「本質的に表面的」だとか、自由意志の問題は形而上学にしか存在しない（八三頁）といった歯切れの良い言明が散りばめられている。既成の問題に囚われず、それを哲学史から系譜論的に見直しつつ、正しく哲学をするセンスが遺憾なく示されている。

## 5　必然性と運命

「必然性（necessity）」はギリシア語の「アナンケー、アナンカイオン」にあたり、「そうならざるを得ない、強いられる」といった意味である。「運命（fate）」とも併記されるように、古代では人間と世界のあり方を捉える鍵であった。[13] ウィリアムズが古代の「必然性」を論じるのは、近代の道徳を推し進めたカント主義における「義務」に対抗する概念だからである。

「必然性」は、第五章、第六章の議論で計三種に区別される。一つは、他者から加えられる社会的な必然性、強制であり、古代の奴隷がこれにあたる（言うまでもなく、出自や環境や教育による格差など、現代でもそのような必然性は社会に溢れている）。もう一つは、例えば狂気から醒めたアイアスが「行かねばならぬ」と言って自殺に向かうような必然性であり、恥の文化において理解される。近代道徳の「義務」とはおよそ無縁のものである。さらに、これら人間的必然性とは別に、神託や運命の力といった「神的な必然性」があり、この超自然的な説明を現代の私たちは共有していない。

とりわけ最後の点は、悲劇の筋（ミュートス）を組み立てる必然性と結びつく。ウィリアムズは触れていないが、考察の背景にはアリストテレス『詩学』の「ミュートス（筋）」論が意識される。悲劇は、一定の大きさを備えて完結した高貴な行為の模倣（ミーメーシス）である。「ありそうな仕方で、あるいは必然的な仕方で（kata to anagkaion）出来事が次々に起こり、不運から幸運へ、あるいは幸運から不運へ変わることができる」というのが悲劇に求められる大きさである（『詩学』第七章）。この「必然的」は単に因果関係の緊密な連鎖だけではなく、神的な要素を含む「他ではあり得ない」という必然性の心的認識である。ウィリアムズがアイスキュロス『アガメムノン』『テバイを攻める七人の将軍』、ソポクレス『アイアス』『オイディプス王』といった悲劇を取り上げて分析するのは、現実の生活にましてそうした文学作品が必然性という力を心に植え付けるからである。文学は現実の世界とは異なる架空ではなく、まさに行為する私たちの生き方の再現（ミーメーシス）なのである。

社会的なアイデンティティ（例えば、奴隷であることや女性であること）の強制力を古代人は必然性や運の問題としたが、近代人は正義などの道徳によってその見方を退け、必然性と運を制御しようとする。では、その問題は消えてなくなったのか。第五章での古代奴隷制への検討、とりわけ徹底的なアリストテレス批判が示すように、古代ギリシア社会、そして古代ギリシア哲学者はしばしば現代から見て明らかに誤った判断をしていた。だが、ここで大切なことは、それが道徳的不完全性に由来するのではなく、社会や経済の必然性からの要請によって考慮が歪められていたと認識することである。この点では古代と現代で本質的な違いはない。「強制、必然」という概念との関係で奴隷の問題を考えることは、過去に行われたが現在では清算されている悪しき慣行をめぐる議論の再燃ではなく、私たちが生きる現実を哲学的に考えることなのである。類似の仕方で、古代ギリシア社会に対して現代人が批判を投げかける「女性」をめぐる態度も、私たちに無縁で解決済みの問題では決してない。

ウィリアムズがこうしてプラトンやアリストテレスといった定番のギリシア哲学者の論述を扱うのではなく、それ以前の文学作品を取り上げるのには、一つにはニーチェやハイデガーと共通する歴史への態度がある。だが、より重要なのは、理論化され道徳化される以前の生の人間を取り上げることで見えてくる現代の私たち自身のあり方である。

ホメロスの叙事詩は語られて聞かれ、悲劇は演じられて見られた。そこで観客は登場人物の行為と意思決定を目の前にし、運と必然性に恐れ慄《おのの》く。私たちが現代において古代の著作を読むこと、そこから学ぶことは、その原体験を取り戻すことであろう。ウィリアムズがセイザー・レクチャーで読み解き語りかけたのは、古代と現代を通じてこの現実を生きる人間、その生の姿ではなかったか。「神の神秘に直面した人間の無力さの、また、あらゆる人間の功業を待ち受けているアーテーの圧倒的な感覚」[14]。これが、若きバーナード・

ウィリアムズをギリシア古典に導いた師への応答であった。

納富信留（のうとみ・のぶる）
東京大学大学院教授。
元国際プラトン学会会長。

## 注

01 バーナード・ウィリアムズ哲学の全体像については、本書訳者の一人・渡辺一樹の『バーナード・ウィリアムズの哲学——反道徳の倫理学』青土社、二〇二四年がある。経歴については、第一章一節を参照。

02 岩田靖夫・水野一訳『ギリシァ人と非理性』みすず書房、一九七二年。

03 一九三六年のドッズ教授就任に激しく抵抗したオックスフォード大学クライストチャーチのデニス・ペイジに、ウィリアムズはしばしば手厳しい批判を向ける。例えば、ドッズの解釈に異を唱えたペイジに対して、「驚くべきことは、それが単にテクストの内容を正しく示していないという点だ」（一六四頁）。

04 ただし、ドッズがその著作でニーチェに言及するのは一箇所だけで、彼の友人ローデの学説を批判する文脈である（邦訳八四頁）。

05 ウィリアムズとバーニェットの関係については、やや私的な叙述となるが、納富信留「過去と哲学へのセンス——B・ウィリアムズ、M・F・バーニェットとプラトン」『フィルカル』Vol.9, No.2、二〇二四年がある。

06 第一章の注8、他に一〇一頁参照。A. H. Adkins, *Merit and Responsibility: A Study in Greek Values*, Oxford University Press, 1960 はとりわけ強い影響力を持ってきた。ウィリアムズは、一九九六年にアドキンズへの没後献呈論文集に彼に強烈に反対する論文（ソポクレス『トラキスの女たち』を論じる）を寄せている（『過去の感覚』第二章に所収）。

07 統一的な検討は、後に触れるケアンズらの研究書以前には、一九三七年刊の Von Erffa, *αἰδώς und Begriffe in ihrer Entwicklung von Homer bis Demokrit* くらいしかなかった。

08 『ギリシア人と非理性』邦訳二二頁と注１０６参照。アメリカの文化人類学者ベネディクトは、初期の論考でニーチェに依拠して、ネイティヴ・アメリカンを「アポロン型、ディオニソス型」の対比を用いて分析している。

09 『ギリシア人と非理性』邦訳四四頁。

10 Douglas L. Cairns, *Aidōs: The Psychology and Ethics of Honour and Shame in Ancient Greek Literature*, Oxford University Press, 1993. ウィリアムズは同年に刊行されたこの研究書を参照していない。また、前年に出たN. R. E. Fisher, *Hybris: A Study in the Values of Honour and Shame in Ancient Greece*, Aris & Phillips, 1992も「恥」を論じている。

11 B・スネル『精神の発見――ギリシア人におけるヨーロッパ的思考の発生に関する研究』新井靖一訳、創文社、一九七四年、第一章など。この点でウィリアムズは、基本的にドッズの慎重な態度を継承する（『ギリシア人と非理性』邦訳二五―二六頁、注31）。

12 本書七頁参照。彼の道徳批判は、渡辺一樹『バーナード・ウィリアムズの哲学』が第三章で論じており、とりわけ「自由意志」が第二節で取り上げられる。

13 ウィリアムズの主要関心に「道徳的な運（Moral luck）」の問題があることも想起したい。渡辺一樹『バーナード・ウィリアムズの哲学』第三章、古田徹也『不道徳的倫理学講義――人生にとって運とは何か』ちくま新書、二〇一九年を参照。

14 『ギリシア人と非理性』邦訳五九頁、本書二〇頁で引用される。

# 訳者あとがき

本書の翻訳にはじめに携わった者として代表してあとがきを書かせていただく。現代の倫理学者が書いた古典学講義というこの稀有な本の翻訳に携わることになったのは、全くの偶然からだった。慶應義塾大学出版会の立案により本書の翻訳をすることとなり、諸般の事情から私はその依頼を受けて一人で訳すことになった。だがやはり協力者が必要と考え、担当編集者の片原良子さんを通じて納富信留先生から、二人の協力者を紹介していただいた。一人はウィリアムズの専門書を出版したところでもあった渡辺一樹さん、もう一人は古代ギリシア哲学を専門としている杉本英太さんである。お二人には私の未訳箇所の翻訳および本文の見直しを担当していただいた。分担を以下の通り記す。

翻訳担当
河田　「はじめに」および本文（第一章から第六章）
杉本　「注」「附録2」
渡辺　「A・A・ロングによる序文」「附録1」

見直しおよび修正担当
河田　「A・A・ロングによる序文」「注」「附録2」

杉本　第二章、第四章、第五章、第六章
渡辺　「はじめに」、第一章、第三章、第四章

このように担当制ではあるが、全体を皆で吟味を重ねて彫琢しており、その意味でこれは共訳書である。お二人には格別の感謝を記したい。

本書をどのような本と捉えるのかは難しい。倫理学書と見た場合でも、本書はかなり反時代的な本である。自律を中心に語る道徳からすれば他律ともみなされかねない「恥」を倫理の一部とみなす点は、現代倫理でも珍しく反道徳的な倫理学書と言える。また「何をすべきか」という能動より、起きたことを「どう受け止めるか」という受容をめぐる話を、責任概念を超えて考察する面も本書の特徴と言えるだろう。それだけではない。通常の倫理学の本でしばしば出てくる具体例では、人は、倫理的問題を論じるための道具となりがちであり、性格などが描かれないただの行為者として登場する。これに対し、本書に登場する悲劇的な英雄たちは、何が倫理的に正しいかを答えるための例として扱われてはいない。彼らは、自らのエートスのうちで見出した生を理解し受け入れて生きる人物として尊重されている。ウィリアムズにとって、具体的な性格と来歴のある生をもつ人々こそ、倫理学で取り上げられるべき存在なのである。ここにおいてギリシア文学と倫理学は分かち難く結びつくことになる。ウィリアムズはソクラテス以前のギリシア古典に対する深い敬意と情熱を持っており、それが本書を倫理学書としても西洋古典学書としても他に類のないものにしているのである。

私にとって、本書は「避けがたい運命を、人はどう受け入れ生きていくのか」という必然性に関わる問いに対し、誠実に向き合う姿勢を教示してくれた本である。ギリシア古典と呼ばれるホメロスや三大悲劇作家の作品は、いま現にある私のテューモスを震わせたと言っていい。途中で本書を訳す困難を感じても、その

重圧に耐え放棄しなかったのは、これらの作品の素晴らしさと、そこから受けた個人的な慰撫のおかげである。抗えない運命に翻弄されて生きているのは、古代ギリシア人だけではない。その描き方に多少ギリシア特有のものがあるだけで、避けられない事柄とどう向き合うのかという答えのない問題は、私たち自身が今もなお自身に問わねばならない問いである。答えが見つからないその問いと真摯に向かい合う姿勢を本書はギリシア古典から描こうとしている、と私は感じている。この訳書が倫理学書としてだけでなく、神々の悪戯によって翻弄されながらも、自身と向き合いその生を全うしようとしている姿を描いている古典文学の魅力を伝えるものになっていればと願っている。

とはいえ、ギリシア古典に関わる書籍は、原典も含め日本で相当翻訳され、また研究書も多い。この学術的な層の厚さがなければ、私が翻訳を進めることは不可能に近かった。初歩的な本から専門書、翻訳の解説まで、入手できる限りのものを参考にさせていただいた。また第五章のテーマなどについては本書より詳しい書籍も多い。それらをここに挙げる予定であったが、膨大なリストとなり、紙幅の都合上、割愛せざるを得なかった。古典文献一覧を作成し、参考にした書籍を挙げさせていただいたが、それ以外の研究書に助けられたことも記しておきたい。

最後に、訳者一同、この翻訳を進める上で支えとなって下さったすべての人たちに感謝の意を表したい。特に編集者の片原良子さんには、作業工程の見直しなど細かい調整だけでなく、励ましや助言などさまざまな面で支えていただいた。心からお礼申し上げたい。

最後に、様々に貴重な意見をいただいた納富信留先生に感謝申し上げます。

沈みゆく陽の光を頼りに歩くとき、夕闇の空では新しい光が生まれている

二〇二四年夏

訳者を代表して　河田健太郎

恥と運命の倫理学
――道徳を乗り越えるためのギリシア古典講義

2024年10月19日　初版第1刷発行

著　者――――バーナード・ウィリアムズ
訳　者――――河田健太郎・杉本英太・渡辺一樹
発行者――――大野友寛
発行所――――慶應義塾大学出版会株式会社
〒108-8346　東京都港区三田2-19-30
ＴＥＬ〔編集部〕03-3451-0931
〔営業部〕03-3451-3584〈ご注文〉
〔　〃　〕03-3451-6926
ＦＡＸ〔営業部〕03-3451-3122
振替 00190-8-155497
https://www.keio-up.co.jp/
装　丁――――木下悠
組　版――――株式会社キャップス
印刷・製本――中央精版印刷株式会社
カバー印刷――株式会社太平印刷社


Printed in Japan ISBN978-4-7664-2992-3

著　者

バーナード・ウィリアムズ　Bernard Williams（1929–2003）

20 世紀を代表する英国の哲学者。オックスフォード大学古典学部を最優等で卒業。オックスフォード大学教授、カリフォルニア大学バークレー校教授などを歴任。功利主義批判、近代道徳批判など、道徳哲学の業績で知られる。2003 年に死去した際、タイムズ誌上で「当世最も傑出した道徳哲学者」と評された。主な著作に、*Moral Luck*, 1981（『道徳的な運』勁草書房）、*Ethics and the Limits of Philosophy*, 1985（『生き方について哲学は何が言えるか』ちくま学芸文庫）、*Making Sense of Humanity*, 1995, *Truth and Truthfulness*, 2002 などがある。

訳　者

河田健太郎（かわだ・けんたろう）

東京都立大学人文科学研究科博士課程単位取得退学。専攻は英米倫理学。代表著作に、ジョン・マクダウェル『心と世界』（共訳、勁草書房、2012 年）、フィリッパ・フット『人間にとって善とは何か——徳倫理学入門』（共訳、筑摩書房、2014 年）などがある。

杉本英太（すぎもと・えいた）

東京大学大学院人文社会系研究科修士課程（文学）修了。現在、東京大学大学院人文社会系研究科博士課程在籍。日本学術振興会特別研究員（DC2）。専攻は、古代ギリシア哲学。論文に、「言葉と無矛盾律——アリストテレス『形而上学』Γ 巻 4 章の構造」（東京大学哲学研究室『論集』41 号、21–34、2023 年）など、訳書に、ハーマン・カペレン、ジョシュ・ディーバー『バッド・ランゲージ——悪い言葉の哲学入門』（共訳、勁草書房、2022 年）がある。

渡辺一樹（わたなべ・かずき）

エディンバラ大学大学院修士課程（哲学）修了、東京大学大学院人文社会系研究科修士課程（哲学）修了。現在、東京大学大学院人文社会系研究科博士課程在籍。日本学術振興会特別研究員（DC1）。専攻は、道徳哲学・政治哲学。代表著作に、『バーナード・ウィリアムズの哲学——反道徳の倫理学』（青土社、2024 年）、『思想としてのアナキズム』（共著、以文社、2024 年）などがある。

# 事項・人名索引

・「古典文献一覧」に挙げた主要な著者と著作は「著者・著作索引」にまとめた。

## ア行



## カ行

## ナ行



## ハ行



## マ・ヤ行



## ラ・ワ行



# 著者・著作索引

# 注

・書籍の出版地・出版年は参考文献一覧を参照のこと。
・複数回引用する書籍や論文は略号で参照する場合がある。
・略号は引用初出時、および参考文献一覧で説明する。

## 第 1 章

01　GI p.viii〔E. R. ドッズ『ギリシァ人と非理性』岩田靖夫、水野一訳、みすず書房、1972 年、vi 頁〕.

02　先駆者の一人はジェーン・ハリソンである。e.g. *Prolegomena to the Study of Greek Religion*.

03　私はこのアプローチが分業という一般的な枠組みの範囲内で体裁よく道を切り抜けてくれることを願っている。文化人類学的な議論にかかずらわないことで最も大きな危険が生じると私が自覚している場面とは、私が「超自然的」なものと呼ぶ事柄についてのギリシア的な理解に触れる場面である。これについては後の第 6 章、とりわけ 161–163 頁を参照せよ。

04　この主題に関しては、以下を参照。Richard Jenkyns, *The Victorians and Ancient Greece*. また、これとは別の文化への影響については以下を参照。E. M. Butler, *The Tyranny of Greece over Germany*.

05　しかし、こうした想定が時代遅れであるのは、現在ちょっとした流行になっている見解、すなわち「覇権を握っている」西洋の伝統とその諸作品に結びつけられた価値判断がすべて等しくかつ有害な仕方でイデオロギー的な構築物であるという見解ゆえではない。いずれにしてもこの見地は、その覇権に対抗して展開される批判装置自体もみなこの伝統の産物であるという（理解すればするほど根深い）問題にぶつかる。だが本書では、そうした見地に反対する議論を展開するつもりはない。むしろ私は、本書で論じている諸作品そのものがこの見地に反対する論拠になっていることを願っている。

06　*Vom Nutzen und Nachteil der Historie für das Leben*, in *Unzeitgemäße Betrachtungen*, translated by Gary Brown as “History in the Service and Disservice of Life,” in *Unmodern Observations*, ed. William Arrowsmith, p.88 [UO]〔「反時代的考察　第二篇　生に対する歴史の功罪」『ニーチェ全集　第二巻（第 I 期）』大河内了義訳、白水社、1980 年、117 頁〕. この引用では、unzeitgemäß の訳語として、伝統的な「反時代的 (untimely)」を「非近代的 (unmodern)」の代わりに用いた。「非近代的 (unmodern)」は「ポストモダン (postmodern)」を示唆するが、この語は現在では「当世風の (fashionable)」〔という意味〕に近すぎる。

07　複数の友人が、本書の原稿を読んで、あちこちに出てくるこの「私たち」は誰のことを表しているのかと尋ねてきた。これはある特定の文化的状況にいる人々

を指している。しかし、その状況にいるのは誰なのか。この「私たち」が、世界中のすべての人々や、西洋のすべての人々を意味しえないことは明白である。私はこの語がすでに私と同じように考えている人々だけを意味してはいないことを願う。私に言えるのはせいぜい、「私たち」はあらかじめ固定された指示を通じて機能するのではなく、むしろ人を招き入れることで機能するのだということだけだ。（同じことは哲学の多くの場合、とりわけ倫理学の場合における「私たち」に言えると思う。）それは、「私」が「あなた」に、私や他の人々が考えていることを言うということではない。むしろ、いくつかのことをどの程度まであなたと私が考えており、またどの程度まで、ことによると他のことどもを考える必要があるのかを考えてみるよう、私があなたに求めるということなのだ。

08　よく知られていて影響力のある例は、A. H. Adkins, *Merit and Responsibility: A Study in Greek Values* [MR] と *From the Many to the One: A Study of Personality and Views of Human Nature in the Context of Ancient Greek Society* [MO] である。この基本的な考え方は広く浸透しており、ギリシア人について直接論じる人々だけにとどまらない。

09　ドッズは前者の見解を採っていた。アドキンスの MR と MO においては後者の見解が支配的である。Hugh Lloyd-Jones, *The Justice of Zeus* [JZ]〔ヒュー・ロイド・ジョーンズ『ゼウスの正義』眞方忠道・眞方陽子訳、岩波書店、1983 年〕はこうした方向性を強く推し進めすぎないよう警告しており、それはごく理にかなっている。特に p.25 以下〔42–43 頁〕を参照。

10　ニーチェは、現代文化が徹底的に荒廃しており、救済を――本論考がそれを要求することを以降の狙いとする以上の救済を――必要とすると考えていた。だが、彼の以下の発言に同意するとしても、彼のその見解を受け入れる必要はない。「ギリシア文化を完璧に把握することによってわれわれは、それがすでに現代においては消滅してしまっていることを知る。つまり教養と教育の現状にあって、文献学者とは偉大なる懐疑家のことだ」（notes for “Wir Philologen” [III 76], translated as “We classicists” by William Arrowsmith in UO, p.345〔「遺された断想（一八七五年初頭――一八七六年春）」『ニーチェ全集　第五巻（第 I 期）』高辻知義・谷本慎介訳、白水社、1980 年、150 頁〕）。

11　かくして Engels, *Anti-Dühring*, Marx-Engels Werke 20, p.168〔エンゲルス『反デューリング論　上』秋間実訳、新日本出版社、2001 年、254 頁〕は次のように述べている――「奴隷制がなければ、ギリシア国家はなく、ギリシアの芸術と科学とはなかった。奴隷制がなければ、ローマ帝国はなかった。ギリシア文化とローマ帝国という基礎がなければ、しかし、近代ヨーロッパもないのである。……奴隷制とこれに類するものとを一般的なきまり文句でののしり、そのような恥じなければならない事柄に道徳的な怒りを浴びせかける、ということは、非常にお手軽にやれる。……それを耳にしたところで、しかし、こうした制度が、どのようにして成立したのか、なぜ存続したのか、どんな役割を歴史のなかで演じてきた

のか、ということについて一語でも聞き知ったことにはならない」(quoted by M. I. Finley, *Ancient Slavery and Modern Ideology*, p. 12 [AS])。

12 Heinrich von Staden, "Nietzsche and Marx on Greek Art and Literature: Case Studies in Reception," *Daedalus*, Winter 1976, p.87.

13 彼はこの言葉を二度用いている。すなわち『悦ばしき知識』第二版の序文〔「華やぐ知慧」『ニーチェ全集　第十巻（第Ⅰ期）』氷上英廣訳、白水社、1980 年、19 頁〕、および『ニーチェ対ヴァーグナー』の結びにおいて〔「ニーチェ対ヴァーグナー」『ニーチェ全集　第三巻（第Ⅱ期）』浅井真男訳、白水社、1983 年、300 頁〕。

14 とりわけ "We Classicists" [III 49], UO p.337〔『ニーチェ全集　第五巻（第Ⅰ期）』135 頁〕において。ただし彼は、「幼年時代と少年時代は、みずからの目的をみずからのうちに容している。これらの時代は踏み段ではない」（ibid. [V 186], UO p.385〔『ニーチェ全集　第五巻（第Ⅰ期）』228 頁〕）とも述べている。フォン・シュターデンは、子供としてのギリシア人というイメージを若きマルクスも共有していたことを指摘している。

15 同書の包括的な研究としては、M. S. Silk and J. P. Stern, *Nietzsche on Tragedy* を参照。

16 トレイシー・B. ストロングの著書 *Nietzsche and the Politics of Transfiguration* は、その〔「ニーチェと変容の政治学」という〕書名にもかかわらず、実際にはニーチェ的政治学を提示していない。ニーチェの政治学が大したものでなく、彼自身の洞察にそぐうものではなかったという主張は、Mark Warren, *Nietzsche and Political Thought* で見事に論じられている。

17 この点をアラスデア・マッキンタイアは十分に認識していないと思う。彼は『美徳なき時代』や、より最近では *Whose Justice? Which Rationality?* において、私が進歩主義的な見解と呼んできたものをたしかに拒否してはいるが、しかし現代の諸見地、とくにリベラリズムを、過去の諸伝統の断片のまとまりに欠けた寄せ集めにすぎないものとして取り扱っている。彼の考えでは——私の理解が正しければ——、たしかにある伝統がギリシア人から始まってはいるが、古代におけるその主な貢献者はアリストテレスであり、聖トマスにおいてその伝統は頂点に達したのである。近代性に関する彼の見方への若干の批判としては、新しい方の著作への私の書評を参照していただきたい。*London Review of Books*, January 1989.

18 *The Anti-Christ*, 60〔「アンチクリスト」『ニーチェ全集　第四巻（第Ⅱ期）』西尾幹二訳、白水社、1987 年、268 頁〕. しかしながら、彼はキリスト教が様々な仕方で古典古代を永続化させることによく気づいていた。"We classicists"[III13], UO p.329〔『ニーチェ全集　第五巻（第Ⅰ期）』122 頁〕を参照。

19 *The Critic as Artist*, in *Intentions* (first published 1891), p.119〔「藝術家としての批評家」『オスカー・ワイルド全集　4』西村孝次訳、青土社、1989 年、97 頁〕.

20 *The Body and Society*, p.86. この注目すべき本の長所の一つは、そこに含まれる

洞察と学識が、現に起きたことを、それが起こらないこともありえたという感覚を保ちつつ理解することを可能にしている点である。

21 この問いは以下で問われている。Bas van Fraasen, “Peculiar Effects of Love and Desire,” in *Perspectives on Self-Deception*, ed. Brian McLaughlin and Amélie Rorty.

22 中心的なテキストの一つは『パイドロス』だが、この対話篇は、弁論術と哲学、および話し言葉と書き言葉という、二つの異なる対比を探究している。第二の対比についての論述は、第一の対比についての議論が、たとえば『ゴルギアス』での議論よりもずっと微妙でより問題含みのものとなることに寄与している。この対話篇についての非常に有用な考察として、G. R. F. Ferrari, *Listening to the Cicadas: A Study of Plato's Phaedrus*, とくにその第2章を参照。また、書き言葉に対してソクラテスが表明した態度がプラトン自身の書き物の土台を揺るがすかどうかという問いに関しては、第7章を参照。

23 「悲劇作家の関心事は、ときおり宗教哲学という陰気なカテゴリーに追いやられている」(Robert Parker, *Miasma*, p.308)。哲学が悲劇に取って代わったという見解は、Bruno Snell, *Die Entdeckung des Geistes*, translated by T. G. Rosenmeyer, with the addition of an extra chapter, as *The Discovery of the Mind in Greek Philosophy and Literature*〔B. スネル『精神の発見：ギリシア人におけるヨーロッパ的思考の発生に関する研究』新井靖一訳、創文社〕で支持されている。とくに chap.5〔第6章〕を参照。この見解は、哲学が悲劇を不可能にしたというニーチェの見解とは区別しなければならない。Martha C. Nussbaum, *The Fragility of Goodness*, p.12 seq. [FG] は以上の文脈のもとで悲劇研究をすべきだと論じているが、ヌスバウムが挙げる理由のなかに、悲劇に特有のことは多くない。そのうちいくつかは――例えば「複雑」で「具体的」な登場人物というものを彼女は強調しているが (p.13) ――悲劇よりも小説にいっそうよく当てはまるように思われる。

24 Aeschylus *Agamemnon*, ed. J. D. Denniston and Denys Page, pp.xv–xvi. これらの発言は序論から採られているが、その序論はペイジによるものである（p.vi を参照)。Lloyd-Jones, JZ p.107〔167–168 頁〕は、アイスキュロスの知性という問題に関してきちんと修正を加えている。ただし、彼は悲劇と哲学の関係をとりあげてはいない。

25 有用な説明としては以下を参照。Simon Goldhill, *Reading Greek Tragedy*. ポリスに関わる側面については、とくに第3章を参照。

26 特に以下を参照。Jean-Pierre Vernant and Pierre Vidal-Naquet, *Mythe et tragédie en Grèce ancienne*, vol. 1 [MT], translated by Janet Lloyd as *Tragedy and Myth in Ancient Greece*, and vol. 2; Nicole Loraux, *Façons tragiques de tuer une femme* [FT], translated by Anthony Forster as *Tragic Ways of Killing a Woman*; Charles Segal, *Tragedy and Civilization*. ゴールドヒルはこの種の論考へのさらに多くの参照を与えている。J. ピーター・ユーベンは論集 *Greek Tragedy and Political Theory* の序文で、悲劇の上演はポリスの催しだったという論点から、そこには政治的な内容が含まれていた

という考えへと、おそらくあまりに安易に論を進めてしまっている。しかし今ではユーベンの *The Tragedy of Political Theory: The Road Not Taken* を参照のこと。

27　*Ursprung des deutschen Trauerspiels*, translated by John Osborne as *The Origin of German Tragic Drama*, p.101 seq.〔『ドイツ悲劇の根源』浅井健二郎訳、ちくま学芸文庫、1999 年、210 頁〕。〔ウィリアムズの〕参照は英訳に基づく。同じ箇所でベンヤミンは、ニーチェの純粋に美的な悲劇観を力強く批判している。

28　P.109〔230 頁〕. 英訳者の「ディモーニック (demonic)」は誤解を招きうるので、訳語を変更している。ダイモーン的なものに内在する「両義性」の例、および悲劇がそれを逆説にまで研ぎ澄ましうる様々な方法に関しては、本書第 6 章 172 － 182 頁の議論を参照。そこでは神託、および神託と可能性との関係について論じている。

29　MT p.16. この箇所（および以下、p.19）の英訳は私自身のものである〔本書の日本語訳はウィリアムズの英訳に基づく〕。

30　MT p.63.

31　無数にある例から一つを取ると、守役（パイダゴーゴス）がオレステスとピュラデスを殺害に向かわせるときの彼の言葉は、μέλαινά τ᾽ ἄστρων ἐκλέλοιπεν εὐφρόνη である (*Electra* 19)。εὐφρόνη〔夜〕はその婉曲表現をなすものと共に去り〔この語は字義的には「慈悲深い時」を意味する〕、新たな闇——星々の光が消え去る時——として表されうる夜明けがやってくる。オイディプスの言葉づかいについては、さらに本書第 3 章 71–72 頁と第 6 章 180–181 頁を参照。

32　*Tragedy and Civilization*, p.7.

33　GI p.49〔59–60 頁〕.

34　すでに述べたように、この問題はソポクレスの場合にはただちに生じる。アイスキュロスについてもおおよそ同じことが言える（また『縛られたプロメテウス』の作者についても。この作者がアイスキュロスではないとする詳細な議論として、Mark Griffith, *The Authenticity of "Prometheus Bound"* を参照)。エウリピデスの場合は事情が異なる。もっとも、正確に言ってどう異なるのかは複雑な問題である。これに関する若干の所見は、本書第 6 章 182–186 頁を参照。

35　MT p.37.

36　Hugh Lloyd-Jones, *Blood for the Ghosts*, p.200, および同書の題辞 (p.5)。マーク・ミゴッティ氏が私に指摘したところでは、（西洋古典学研究における二人の関係を考えると皮肉なことであるが）ヴィラモーヴィッツはこの言葉をニーチェから得たに違いないとのことである。「……われわれが魂を昔の作品に付与することによってのみ、それらは生き続けることができるのであるから。つまりわれわれの血があってはじめて、それらはわれわれに向かって語るのである。実際に「歴史に即した（ヒストーリッシュ)」再現［演奏・朗読］というものがあるなら、それは亡霊のように幽霊どもに語りかけもするであろう」(*Assorted Opinions and Maxims*, 126, in *Human, All Too Human*)〔「第一部　さまざまな意見と箴言」『ニー

チェ全集　第七巻（第Ｉ期）』手塚耕哉訳、白水社、1980 年、85 頁）。

## 第２章

01　P.31〔61 頁〕. ヴォイトの言葉は Dodds, GI p.21 n.31〔25 頁、注 31〕に引用されている。

02　*Il.* 13.455–59〔本文の訳では松平訳に従い「二途に思いめぐらした」とした〕. "wondered two ways" は私自身の διάνδιχα μερμήριξεν の訳だが、ぎこちない訳であることは認めねばならない。これについては以下の注 23 を参照。ホメロスを引用する際、私はリッチモンド・ラティモアの翻訳をほぼ踏襲しつつ、当座の論点にとって必要である場合にはより字義通りの訳文に変更している。

03　冥界の描かれ方は『イリアス』と『オデュッセイア』の間で様々に異なっており、また『オデュッセイア』第 11 歌と第 24 歌の間でも多少異なっている。James M. Redfield, *Nature and Culture in the Iliad*, p.257 n.52 は、H. ラーンの以下の言葉を引用している。「ホメロスにあって魂（プシューカイ）は、彼が総じて人々を目に見える形で無に近づけうる限りで、無に近づいている」("Tier und Mensch in der Homerischen Auffassung der Wirklichkeit," *Paideuma* 5 (1953–54), p.450)。冥界で出会う人影どもが死者の名前をもつからといって、(下記注 8 の論点はあるにせよ) それらがそのままその人々だというわけではない。それらは εἴδωλα〔幻影〕(*Od.* 11.476 al.) であり、ギリシア世界では私たちの世界と同様に、名前は事物からその像へと苦もなく移行するのである。

04　*Il.* 3.23（動物の体に関わる箇所）が反例になると主張されてきたが、当該対象はむしろ死んでいるということのほうがありそうだ。ローブ版の訳の通り、それは死骸 (carcass) である。

05　P.5 seq.〔21–22 頁〕.

06　J. L. オースティンは **I have a pain in my waist*〔* 私は恰幅が痛い〕という文の奇妙さについて指摘したものだ。

07　*Il.* 24.405–23. 当の亡骸がヘクトルであるという考えの表現は非常に力強い : ὥς τοι κήδονται μάκαρες θεοὶ υἷος ἑῆος / καὶ νέκυός περ ἐόντος 422. 神々は、ヘクトルが亡骸であるにもかかわらず、彼を気遣っている。また *Il.* 24.35 におけるアポロンも参照のこと。彼は他の神々に次のように語りかける : τὸν νῦν οὐκ ἔτλητε νέκυν περ ἐόντα σαῶσαι. しかし彼は、同じ発言の締めくくりには、アキレウスが辱めているのが κωφὴν γαῖαν だと言いうるのである。アキレウスによる凌辱に関する示唆的な説明として、Vernant, *L'Individu, la mort, l'amour*, pp.68–69 [IMA] を参照。

08　「行為の全段階を通じて堅持される人格の同一性の、最も単純で、あらゆる抽象化に先立つ表現とは、固有名である」(Albin Lesky, "Göttliche und menschliche Motivation in Homerischen Epos," *SHAW* 1961, p.11 [GM])。

09　チャールズ・テイラーはスネルの諸解釈を歪めている種類の過ちに対して十分に用心深い哲学者だが、その彼でさえホメロスに関する議論の中でそれらの解釈

を引き合いに出している：*Sources of the Self*, pp.117–118〔『自我の源泉』下川潔、桜井徹訳、名古屋大学出版会、2010年、138–9頁〕. スネルの立場に似るがいっそう極端な立場を、ジュリアン・ジェインズは科学的・歴史的思弁をなす有名な著作 *The Origin of Consciousness in the Breakdown of the Bicameral Mind* の中で提示している。「おしなべて、『イリアス』には意識というものがない」(p.69)〔『神々の沈黙——意識の誕生と文明の興亡』柴田裕之訳、紀伊國屋書店、2005年、91頁〕。ジェインズは、(「人々をロボットのように操」る) 神々とは「今日幻覚と呼ばれるものだ」と主張する (pp.73–74)〔97–98頁〕。意識を持たない生物がいかにして幻覚をもちうるのかについては説明がない。スネルの論述方式の諸側面には、A. A. ロングやクリストファー・ギルといった人々によって、他の箇所で言及する諸著作で有効な批判がなされてきている。また Richard Gaskin, "Do Homeric Heroes Make Real Decisions?" *CQ* n.s. 40 (1990); and R. W. Sharples, "But Why Has My Spirit Spoken with Me Thus?" *Greece and Rome* 30 (1983) をも参照。また Lloyd-Jones, JZ p.9 seq.〔14頁〕をも参照。

10　P.8〔25頁〕.

11　以下の引用箇所 (p.15)〔37頁〕を参照。スネルのテクストにはデカルト的要素とおぼしきものが多い。例えば p.5〔21頁〕における、視覚と「視覚的印象」に関する不思議な主張など。〔ウィリアムズの参照する英訳が「視覚的印象を受け取る (receive optical impressions)」と訳している箇所のドイツ語原文は単に「視覚的に知覚する (optische Wahrnehmungen zu machen)」であり、邦訳もこれに基づいている。ただし、別の箇所（邦訳18頁）では「感覚的印象を人間に伝達する (sinnliche Eindrücke dem Menschen zu vermitteln)」という言い方もなされている。〕

12　P.15〔37頁〕.

13　この点で私は、デイヴィッド・クラウスの論評が示している方向性に賛同する。「ある意味でこれは、ホメロスの術語法が二元論的な自己の観念に達しえていないと非難しつつ、同時にそうした観念のもとでホメロスの言語を翻訳しているのだ」(*Towards the Soul*, p.14 n.13 [TS])。

14　Introduction, p.ix〔9頁〕.

15　とはいえ、「魂に対立する身体」という概念理解より理論的であるわけではない。デカルトが古代の伝統と意識的に対立して、身体の機械論的な理解——それによれば、生きている人の身体と死んでいる人の身体の違いは、動いている時計と壊れた時計の違いに似たものだというのが本当だということになろう (*The Passions of the Soul*, 1:6〔『情念論』谷川多佳子訳、岩波文庫、2008年、8–9頁〕)——を練り上げたのは、このいっそう理論的な目的のためであった。この種の理解が、今では私たちの身体理解となっているように思われる。この理解が拒絶しているのがアリストテレス的な観念だけでないことは重要である。なるほど、生きている人についてのプラトンの観念は、二元論的である限りではアリストテレスのそれとは異なり、デカルトのそれに似ている。しかし、その「生」の理解は

近代の理解ではない。『情念論』の上記引用箇所（および 1:5〔8 頁〕、魂が立ち去るのは身体が死ぬからである）を、『パイドン』102A seq. における不死性の最終論証と対照せよ。

16　この想定がここでの議論が示す以上になお複雑であることは、以下 39–40 頁で見ることになる。

17　この題材に関する詳細な説明としては、Claus, TS を参照。また Redfield, p.175 seq.; Norman Austin, *Archery at the Dark of the Moon*, p.106 seq. をも参照。この主題については他にも多くの研究がある。クラウスの論旨のいくつかは彼自身の挙げる証拠によって支持されていない。彼の主張によれば、θυμῷ の慣用的用法（大まかには「甚だしく」を意味する）や κατὰ θυμόν という定型句を除けば、「θυμός が他の語の「生命」に関わる用法に付け加える唯一真に重要なカテゴリーは「感情」だということが見て取れる」（「生命」に関わる用法とは、「魂」を指す語を、エネルギー、活力、生きていることを意味するのに用いる用法のことである）。しかし就中以下を参照。*Od.* 4. 452–53 οὐδέ τι θυμῷ / ὠίσθη δόλον εἶναι; 12.57–58 ἀλλὰ καὶ αὐτὸς / θυμῷ βουλεύειν（スキュラとカリュブディスの間をいかに航海すべきかを）; 10.415 δόκησε δ' ἄρα σφίσι θυμός（帰郷したかのように）; 1.200, 9.213, *Il.* 7.44（予言、神託、神の決定を理解すること）; *Il.* 9.189 τῇ ὅ γε θυμὸν ἔτερπεν（竪琴を弾いて歌うアキレウスについて）; cf. *Od.* 1.107（駒遊びに興じる求婚者たち）.

Thomas Jahn, *Zum Wortfeld 'Seele-Geist' in der Sprache Homers* (Munich, 1987) は、θυμός とその他 6 つの語、例えば φρήν/φρένες や κῆρ, κραδίη などは意味論的に互換性があり、韻律上の可能性に応じて利用されていると結論している。今では A. A. ロングの同書の書評 (*CR* n.s. 42 (1992)) を参照。ここでの同書の参照を私はロングに負う。

18　参照箇所については Dodds, GI p.16 seq. and notes〔20–21 頁、および 32 頁注 105〕を参照。ドッズ自身はこの現象を認めている。さらに言えば、ドッズはこの「習慣的知性主義」を意識的表現とみなさないよう忠告している。むしろ彼は次のような示唆に富む主張をしている。「それは、〔単に〕意志の観念の欠如に由来する不可避の結果なのである」。

19　εἴ μοι … / ἤπια εἰδείη *Il.* 16.72–3. これと同様の仕方で、αἴσιμα, ἄρτια: *Od.* 14.433, 19.248; およびキュクロプスが ἀπάνευθεν ἐὼν ἀθεμίστια ᾔδη: 9.189. 上述のパトロクロス : *Il.* 16.35; ネストルとアガメムノン : *Od.* 3.277. マイケル・J. オブライエンは *The Socratic Paradoxes and the Greek Mind*, p.39 seq. において、この用法について同じ結論に達し、同じ箇所についてさらなる主張を行っている。とりわけ p.43 を参照 :「この［οἶδα の用法の］多様性の最も単純な説明は、他の意味が第一の意味から派生したというものではなく、むしろこの語がホメロスにおいて、当の語について私たちが行う区別をまたぎ越えているというものだ」（私はこの参照を、査読者の役割を匿名で担うセイザー委員会のメンバーに負う）。

20　λέων δ' ὣς ἄγρια οἶδεν *Il.* 24.41; ライオンとの比較がこの句の後に続く。Hermann

Fränkel, *Early Greek Poetry and Philosophy* [EGP]（参照はこの英訳に基づく）は、*Od.* 19.329, ἀπηνὴς αὐτὸς ἔῃ καὶ ἀπηνέα εἰδῇ という表現の効力に基づいて、本文の提案に抗っている。だが、私が擁護している見解は、〔接続詞 καὶ が結ぶ〕これら二つの節が同義であることを含意しない。かりに同義であるとしても、当の καὶ は、よくある構文により、〔「すなわち」を意味する〕補足的な役割のものでありえるだろう。

21　Snell, p.20〔43 頁〕.

22　*Il.* 13.455 seq. Δηίφοβος δὲ διάνδιχα μερμήριξεν, ἤ ... ἦ ...; cf. 1.188; δίχα δὲ φρεσὶ *Od.* 22.333.

23　このことは ὧδε δέ οἱ φρονέοντι δοάσσατο κέρδιον εἶναι (e.g., *Il.* 13.458; *Od.* 22.338, 24.239) や ἥδε δέ οἱ κατὰ θυμὸν ἀρίστη φαίνετο βουλή (e.g., *Il.* 2.5, 14.161) のような定型句で表現される。オデュッセウスとリュキア人については : *Il.* 5.671–74.

24　*Il.* 10.503 seq.「とんでもない (awful)」と訳した語は κύντατον であり、これは κύων「犬」から形成される言葉である。κύων は男性名詞だが、女性に対する罵倒語として用いられる。例えばヘレネが *Il.* 6.344, 356 で自分自身を称して言うように。これについて、また Ar. *Nub.* 659–66 で冗談の種になっている ἀλεκτρυών の明確な男性形について、Nicole Loraux, *Les expériences de Tirésias*, pp.8 seq., 239 を参照。

25　Cf. Lesky, GM p.18 seq.

26　*Il.* 21.455 では、死すべき定めの者であるラオメドンが、アポロンとポセイドンの耳を切り落としてやるぞと脅したことがあると伝えられている。ラオメドンが彼らの素性を知らなかったということを示唆する材料はない。プリアモスの父ラオメドンはゼウスの 5 世代下の子孫だから (20.213 seq.)、厳密に言えば 32 分の 1 は神の血が入っているが、そうであってもほとんど同じことである。この主題については、Nicole Loraux, “Corps des dieux,” *Le temps de la réflexion* 7 (1986), pp.335–54 を参照。

27　Lesky, GM p.23 は、*Il.* 9.600–601, ἀλλὰ σὺ μή μοι ταῦτα νόει φρεσί, μηδέ σε δαίμων / ἐνταῦθα τρέψειε が選択肢を提示するものではないこと、またラティモアの翻訳（「あなたの内なる神霊をそちらに向かせないように (let not the spirit within you turn that way)」）が近代風の改変になっていることを指摘している。同様の仕方で、702–3, ὁππότε κέν μιν / θυμὸς ἐνὶ στήθεσσιν ἀνώγῃ καὶ θεὸς ὄρσῃ. この箇所についてレスキーは「人間の内面の動きと神的影響とが一個同一の行為につながっている」(p.24) と述べている。

28　レスキーは、『イリアス』のうちに *Od.* 3.26–27, ἄλλα μὲν αὐτὸς ἐνὶ φρεσὶ σῇσι νοήσεις, / ἄλλα δὲ καὶ δαίμων ὑποθήσεται の明確な並行箇所はないと述べている (GM p.34)。

29　オデュッセウスによるカリュプソの描写 : *Od.* 7.262; メドン : 4.712–13; ペネロペイアの問い : 4.707. この二つの例のどちらにおいても、神的でない方の選択肢

は ἤ καί で導入されている。καί は「また一方では」という強意語に違いない。*Il.* 1.62–63, ἀλλ' ἄγε δή τινα μάντιν ἐρείομεν ἢ ἱερῆα / ἢ καὶ ὀνειροπόλον, および Denniston, *The Greek Particles*, 2d ed., p.306 の他の用例を参照のこと。付加的な καί（"P ἢ καὶ Q" が「P または P&Q」を意味したような）は、この問題を誰の仕方で説明するにせよ、意味をなさないだろう。

30 *Il.* 15.82; μενοινήῃσί（接続法、アリスタルコスの読み；μενοινήσειε, 希求法、諸写本の読み）は「熱心に欲する」を意味し、単に願うだけでなく欲求することを指す。Cf. *Od.* 2.248, 285; Soph. *Ajax* 341. 神々は常にそのように軽々と動くわけではない。*Od.* 5.100 seq. で（よりによって）ヘルメスがこぼす、うんざりする渡海の長旅についての喜劇的な不平をこれと対照せよ。ヴェルナンはこの点で神々の力を誇張する傾向にある。*Od.* 1.22–26 をヴェルナンのように解釈し (IMA p.34)、ポセイドンが地上の両極に同時に存在すると述べる根拠は、私には見当たらない。

31 基礎的な問題は、これら一連の概念が理論にまとめることになっているのであろうデータとは何なのかということだ。ただちに出せる答えは「観察可能な行動」である。ここで困難なのは、想定される理論をあらかじめ含んではいないような、関連する「行動」概念を見つけることだ。Cf. Jennifer Hornsby, "Bodily Movements, Actions, and Mental Epistemology" *Midwest Studies in Philosophy* 10 (1986). 信念、欲求等々による説明がある理論をなすと私たちが言うとき、これは「消去的唯物論者」が抱く考えとは区別されねばならない。その考えとは、そうした理論は原始的・「民間心理学的」理論であって、魔術の観念と同様に、科学的説明によって置き換えられるであろうというものだ。この全く説得力のない見解についての一番説得力のある解説として、Steven Stich, *From Folk Psychology to Cognitive Science: The Case against Belief* を参照。

32 これは、「ホメロスがある事柄についての語をもたない場合、彼はそれについての観念をもっていなかった」というスネルの「語彙」原理の反例になるだろうか。これが反例になるのは、ホメロスがある事柄についての「語をもっていた」とき、彼がもつその語は出現するすべての文脈においてその事柄を意味しており、どの文脈でも他の事柄を意味していない、ということを「語彙」原理が前提している場合に限る（「ある文脈においてある特定の事柄を意味する」と言うことで私が意味しているのは次のことだ——もし私たちが当の文脈において示されようとしている論点を理解するつもりなら、私たちは当の語が他ならぬ当の区別をなしていると理解する必要がある）。しかしこの形では、この原理は明らかに受け入れがたい。以下の議論および注 34 を参照。また意図については第 3 章 62–63 頁および注 3、注 4 を参照。

33 厳密に言えば、それこそ熟慮された意思決定である。他方でホメロスは長い熟慮を伴わない意思決定にも事欠かない。もちろん、これが意思決定の説明となるためには、思考の結果が「行うこと」であって「自分が行っているとわかること」ではないことが重要である。しかしホメロスにおいては、実生活と同様に、

しばしば後者である。

34　実践的な意味においては、ὁρμαίνειν は μερμηρίζειν 同様、分割の表現としばしば結びついている : *Il.* 14.20–21, δαϊζόμενος κατὰ θυμὸν / διχθάδι'; *Il.* 16.435, ゼウスは διχθὰ δέ μοι κραδίη μέμονε φρεσὶν ὁρμαίνοντι と言い、それに答えて 443 行目にヘラは語気鋭く ἔρδ'（「そうしなさい」）と言う。もう一方の意味については、*Od.* 4.789 を参照。そこでペネロペイアは、テレマコスは殺されるだろうかと思い巡らす。そして 15.300 では、テレマコスが同じことを思い巡らす。Gaskin, p.9 は、「ホメロスにおける意思決定は決してそれとしてラベリングされない」と述べている。彼が言わんとしていることはおそらく、「それらの意思決定は αἱρεῖν や αἱρεῖσθαι のような動詞によって示されない」と言い表せる。しかし、なぜこの語が特別だと思われているのかは不明瞭である。αἱρεῖσθαι は「意思決定する」を意味しうるが (e.g. Hdt. 1.11)、それに加えて他の様々なこと、とりわけ「好む」を意味しうる。Plato *Ap.* 38E において αἱροῦμαι は「私は意思決定している」を意味していない。

35　P.20〔43 頁〕; *Il.* 16.513 seq.

36　「ホメロスの英雄たちにたやすくできたことを今の人間がなすには多大な労力を要する」というしばしば出てくる考えは、この考えを前提している。*Il.* 20.285–87 ὃ δὲ χερμάδιον λάβε χειρὶ / Αἰνείας, μέγα ἔργον, ὃ οὐ δύο γ' ἄνδρε φέροιεν, / οἷοι νῦν βροτοί εἰσ'· ὃ δέ μιν ῥέα πάλλε καὶ οἶος. 同じ定型句が 5.304, 12.449 にも見られる。また 12.383 も参照。

37　*Il.* 11.407; 17.97; この定型句はシャープルズが見事に論じている。彼の説明によれば、これは斥けられた行為から行為者を「引き離す」ための定型句である。Fränkel, EGP p.79.

38　πρὸς ἀλλήλους Plato *Pol.* 272C et saep.; ἀνὴρ ἀνδρὶ Thuc. 8.93. Lesky, GM p.10 は古代諸語における並行例に言及している。

39　このことは Lesky, GM pp.13–14 で指摘されている。この自己同定の概念はこの文脈でドッズによって用いられているが (GI, chap.1)、ドッズはそれを θυμός が「非－自己」を表すという考えと結びつけている。私はこの考えは本文で示す理由ゆえに斥けたい。ドッズはまた (p.25 n.98〔31 頁注 98〕)、同種の現象の例として *Od.* 9.299 seq., τὸν μὲν ἐγὼ βούλευσα ... 302 ἕτερος δέ με θυμὸς ἔρυκεν を挙げる。そしてシャープルズは、ここで二つ目の行為は行為者が「しぶしぶ」採用するものだと述べる。このように理解すると、この箇所は以下に論じられる 20.17 seq. と似たものになる。そして、そうする理由がいくらかあるのは明らかである。とはいえ、後者における「忍耐」がまさに前者の時のことを指しているかどうかは必ずしも明らかではない。前者のくだりに関する限り、オデュッセウスが初めは良い考えだと思われることを考えており、それから決定的な反論を思いついているということも同じくらいありうる。

40　*Od.* 20.17 seq.「続けた (from then on)」の方がラティモアの「不平なしに

(without complaint)」より νωλεμέως に近いように思われる。ラティモアの訳はここでの文脈ではかなり誤解を招く。「大いに聴従して (in great obedience)」は ἐν πείσῃ の訳である。古注家はこれを ἐν δεσμοῖς と言い換えている。プラトンによる引用が *Rep.* 441B にあり、これは以下に論じる魂の三分説を提出する箇所である。

41　*Il.* 22. 357; 最良の諸写本は ἐν φρεσὶ; その他の写本は ἔνδοθι である。アキレウスによるプリアモスの描写は *Il.* 24.518 seq. に現れる。すなわちプリアモスに行う準備があった両方のことについて ἔτλης 519. LSJ s.v. *τλάω はこの語の及ぶ範囲についての有用な注釈を与えている。プリアモスの行いはきわめて並外れたものだと思われている。480 seq. の驚くべき比較に注意せよ。そこでは、プリアモスをひと目見たときのアキレウスと他の者たちの驚愕が、ある男が ἄτη πυκινὴ によって誰かを殺した場合に、その男が別の国の裕福な男の家に来て、その男を人々が見たときの驚愕になぞらえられている。

42　Cf. K. J. Dover, *Greek Popular Morality in the Time of Plato and Aristotle*, pp.98–102 [GPM].

43　アドキンズの以下の論評を参照。「少なくともこの点からすれば、私たちはいまやみなカント主義者である」(MR p.2)。この点とは、義務と責任を倫理の中心概念とみなし、これこれの状況下での私の義務が何であるかという問いが「行為者が道徳的決定を要するあらゆる事柄において自問すべき基本的な問いである」と考えるという点である。アリストテレスにおける τὸ δέον およびそれと「義務」との関係についての説明、また理由ないし ὀρθὸς λόγος がいかなる意味で「命じる」のかについての説明は、Gauthier-Jolif, vol.2, pp.568–75 を参照。そこでの説明は有用であり、カント的観念が無関係であることも述べているが、興味深いことに依然としてカント的道徳のいくつかの前提に囚われている。

44　Snell, p.103〔208–9 頁〕にはそうした考えを強く示唆する部分がある。この図式をカント的と呼ぶのはカントに対して不当な仕打ちではあるが、彼の哲学にはその図式についていくらかの責任がある。

45　同様に、τὸ θυμοειδές の役割は、倫理的な、また究極的には政治的な区別を通じてのみ説明されうる。この側面に関しては、私の論文 “The Analogy of City and Soul in Plato’s *Republic*” in *Exegesis and Argument: Essays Presented to Gregory Vlastos*, ed. E. N. Lee, A. P. Mourelatos, and R. M. Rorty を参照。『国家』第 4 巻における魂の区分とそれを支持する議論とについては、議論の余地のある多くの問題がある。とりわけ、「反対者の原理」の地位に関する問題がそうである。いくつかの局面では、魂の葛藤は諸力の対立をモデルとし、他の局面では命令の対立（ないしは矛盾でもありうるが）をモデルとする。議論や参考文献については、とりわけ T. H. Irwin, *Plato’s Moral Theory: The Early and Middle Dialogues*; John Cooper, “Plato’s Theory of Human Motivation,” *Hist. Phil. Quarterly* 1 (1985); Michael Woods, “Plato’s Division of the Soul,” *PBA* 73 (1987) を参照。

46　すでに言及した著者たちに加えて、例えば *The Theory of Will in Classical Antiquity* におけるアルブレヒト・ディールなど。さらなる論評は以下の第 3 章注 5 を参照。

47　行き先の一例は、ニーチェが暴露し、ルサンチマンの働きという見地から診断した種類の心理学である。この心理学は、行う人と行いとのあいだにギャップを措定し、自由意志によってギャップを埋める。とりわけ『道徳の系譜』第 1 論文第 13 節を参照。この例はとりわけ不明瞭であるが、おそらくとりわけ強力でもある。しかし思うに、私たちの錯覚をどこまでより一般的な現象、すなわち基礎において倫理化された心理学――この例はその特に有害な例にすぎない――へと辿っていけるかを考察するほうが、歴史的にも哲学的にもより有益だろう。

48　シャープルズは、魂に関するプラトンの記述が、ホメロスのそれと比べて、魂を統一的でないものとして描いていると正しく指摘している。

49　[Arist.] *Mag. mor.* 1182a25.

50　*EN* 1145b14 seq. なるほどアリストテレスは、不完全な行為者の場合にアクラシアーの心理的メカニズムが倫理的に有益にはたらきうるのではないかという問いを提起している。ネオプトレモスについての議論と「ソフィスト的逆説」についての議論はここから生じる (1146a17 seq.)。しかしこの題材についてのアリストテレスの議論は、倫理化の度合いのより低い心理学の観点からして最も興味深い議論を阻んでしまっている。例えば 1151b21 を参照 :「というのも、快楽のゆえに何かをなす者のすべてが、自堕落なわけでも、低劣なわけでも、無抑制なわけでもなく、ただ醜い快楽のゆえに行為する者がそうなのである」。より一般的に言って、アリストテレスの心理学理論には倫理的含意がある。サラ・ブローディは、「アリストテレスの枠組みの内部では、「基礎的な」人間本性についての価値自由的理論は不可能である」(*Ethics with Aristotle*, p.102) と述べていた。だが私は、プラトンとアリストテレスの心理学理論について論評する際に、完全に「価値自由」な人間心理の適切な説明がありうるとほのめかしたくはないということを強調しておかねばならない。そうした説明がありうるのか（例えば心理学が純粋に統計的であるわけではない「正常性」の概念をなしで済ませられるのか）は、私には疑わしく思われる。しかし、それは目下の議論が提起する論点ではない。ここでの論点はむしろ、問題になっている価値の範囲はどこなのか、また何が特に説明を要するのかということである。プラトンとアリストテレスに対する私の批判は、心理学的説明が諸価値を含むと彼らがみなしているということではない。むしろ、彼らが心理学的説明のうちにある特定の倫理的ないし社会的に望ましい諸価値を組み入れているという点なのである。この問題は第 6 章 195 頁以降で再登場する。

51　“How Is Weakness of the Will Possible?” in *Essays on Actions and Events*, p.30 n.14.

52　とりわけ Amélie Oksenberg Rorty, “Where Does the Akratic Break Take Place?” および “Akrasia and Conflict”（いずれも *Mind in Action* 所収）を参照。

53　EGP p.80. レッドフィールドによるフレンケルの立場の記述とそれへの論評 (p.20 seq.) を参照。

54　*German Tragic Drama*, p.106 seq.〔上、222 頁以降〕ヴェルナンはヴィダル＝ナケを引きつつ、アキレウスは『イリアス』において自分自身（とパトロクロス）に英雄的な行いを歌った様子が描かれる (9.189) 唯一の登場人物であると述べている (IMA p.55)。しかしそこからヴェルナンが、「アキレウスは、英雄的人物としては、自分自身の像を自らに反射する歌という鏡のうちにしか、彼自身にとって存在をもたない」という主張に進むのは間違っている。この主張にはアプリオリな反論が可能である。すなわち、もしそうなら、彼はどうやって歌の主題を知るのだろうか。しかしなお深刻なのは、『イリアス』自体のなかで与えられている素材が、この描像の反証になっていることだ。

55　P.22 seq.; レッドフィールドが p.22 で述べているように、「私たちは［フレンケルのように］詩から文化へとあまりに性急に進むことには慎重にならなければならない」。私は完全にこれに賛同する。本文の以下で私が提起する問いは、詩そのものが私たちに残す印象において、アキレウスが生きている心的な生はレッドフィールドが示唆するほど瞬間的なものかという問いである。

56　19.67 の παύω χόλον は、意志的な行為の報告ではない。むしろそれは行為遂行的な宣言である :「反目はおしまいだ」。

57　18.113 における必然性は ἀνάγκη という語で表現されている（これは「無理やりに (by force)」（ラティモア）ではない)。この語は 19.66 で繰り返されるが、19.67 の「私に相応しくない」は χρή である。この語については G. Redard, *Recherches sur χρὴ, χρῆσθαι* を参照。この語には χρήματα すなわち人間に収用されたものとの関連がある。Lowell Edmunds, *Chance and Intelligence in Thucydides*, p.43 [CI] をも参照。前 5 世紀には χρή は内的な根拠を持つ必然性や要求の表現として好まれる傾向にある一方、δεῖ は必要なもの、因果的必然性、神的な不可避の事柄などのより外的な制約に好んで用いられた。Barrett の Eur. *Hipp.* 41 に関する議論を参照。ホメロスは δεῖ を一度しか使っておらず、こうした対比をこのように表現することはホメロスには見られない。S. Benardete, “XPH and ΔEI in Plato and Others” も参照。この論文には多くの有用な考察が含まれているが、古代人にとって倫理学が「主体の領域の外側にあった」という、当然にもベナルデート自身が逆説的だと述べる主張 (p.293) は、私たちは受け入れるべきではない。

58　Austin, p.276 n.18; もう一方のアプローチとしては、D. L. Page, *Homeric Odyssey*, p.123 seq. を参照。繊細な論述として、Sheila Murnaghan, *Disguise and Recognition in the Odyssey*, chap.4 を参照。

59　「ペネロペイアはユリシーズを傷によってそれと認めるのではなく、彼の想像力によってそれと認めるのだ」。リチャード・エルマンのモリー・ブルームに関する言葉。“The Uses of Decadence,” reprinted in *a long the riverrun*, p.17.

60　ソクラテスは死に直面して自らをアキレウスになぞらえている。Αὐτίκα, φησί,

τεθναίην, δίκην ἐπιθεὶς τῷ ἀδικοῦντι, ἵνα μὴ ἐνθάδε μένω καταγέλαστος παρὰ νηυσὶ κορωνίσιν ἄχθος ἀρούρης Plato *Ap.* 28B–D（参照先は *Il.* 18.98–104）. グレゴリー・ヴラストスは、一つの類似点と、ある大きな違いとに注意している (*Socrates*, pp.233–35)。「幸福の追求において、ギリシアの想像力にとって最も高貴な精神は敗者である……ソクラテスは勝者である……彼が現に望んでいる種類の幸福を望んでいる限り、彼が敗れることはありえない」。このことを前提するなら、また不死性の予期を付け加えるならなおさらのこと（不死性を得る準備がソクラテスにはできている (40E seq.)。またおそらくは ἐνθάδε という語のうちにこれを聞き取ることもできるだろう）、ホメロスの言葉はかなり異なる調子を帯びてくる。英雄としてのソクラテスについては以下を参照。Nicole Loraux, “Socrate, contrepoison de l’oraison funèbre,” *L’antiquité Classique* 43 (1974), cited by Vernant, IAM p.42. ケブリオネスの箇所は *Il.* 16.775–76.

## 第３章

01　*Od.* 22.154–16 ὦ πάτερ, αὐτὸς ἐγὼ τόδε γ’ ἤμβροτον — οὐδέ τις ἄλλος / αἴτιος, ὃς θαλάμοιο θύρην πυκινῶς ἀραρυῖαν / κάλλιπον ἀγκλίνας· τῶν δὲ σκοπὸς ἦεν ἀμείνων.

02　とりわけ τυγχάνω が他の動詞と合わさって当の行為をすることに成功することを意味する用法を参照せよ。例えば *Il.* 4.106–8 ὑπὸ στέρνοιο τυχήσας / ... βεβλήκει; 23.466 οὐκ ἐτύχησεν ἑλίξας.

03　10.372 Ἦ ῥα, καὶ ἔγχος ἀφῆκεν, ἑκὼν δ’ ἡμάρτανε φωτός.〔語 ἑκών が〕出現する 9 箇所のうち、このほか 5 箇所がこの意味で用いられている。4.43 は本文で論じられる。23.434–35, 585 は衝突を避けるために馬を御する場面である。6.523 でヘクトルは、戦いにおいて怠惰だということでパリスをたしなめ、ἀλλὰ ἑκὼν μεθιεῖς τε καὶ οὐκ ἐθέλεις と述べる。ここは注目すべきことに、パリスが進んで動いていないだけでなく、それが意図的であるとも述べている。また 3.66 では、神々の贈り物は捨て置かれるべきではなく、ὅσσά κεν αὐτοὶ δῶσιν, ἑκὼν δ’ οὐκ ἄν τις ἕλοιτο と言われる。主張の眼目は、ひとが神々の贈り物を進んで得ようとしないということではなく——むろんひとは進んで得ようとするのだから——、むしろ、贈り物を得ようと企てることによっては、それを得ることはないだろうということだ。7.197 では ἑκὼν は修辞的な効力しかもっていないように見える（アリスタルコスは ἑλὼν を読む）。8.81 や 13.234 では、単に誰かが何かを進んで行うというだけの意味で用いられているかもしれない。この意味では ἑκὼν は ἀέκων の対義語である（以降の本文および注 4 を参照）。『オデュッセイア』ではこの意味が通常の意味であり、4.646–47 で明確に表現されている。ἤ σε βίῃ ἀέκοντος ἀπηύρα νῆα μέλαιναν, / ἦε ἑκών οἱ δῶκας. 22.351–53, ὡς ἐγὼ οὔ τι ἑκὼν ἐς σὸν δόμον οὐδὲ χατίζων / πωλεύμην ... / ἀλλὰ πολὺ πλέονες καὶ κρείσσονες ἦγον ἀνάγκῃ において示唆されているのは、吟唱詩人が気が進まないながら家に来たということでも、意図せず家に来たということでもなく、むしろ彼が家に引きずり込まれたということ

であり、それはなんら彼の行為ではない。この境界線についての問題は強要に特有である。第 6 章 187–189 頁と注 43、および注のなかのアリストテレスの引用箇所を参照。彼は *EN* 1110a2–4 で次のように注意深く定式化している。βίαιον δὲ οὗ ἡ ἀρχὴ ἔξωθεν, τοιαύτη οὖσα ἐν ᾗ μηδὲν συμβάλλεται ὁ πράττων ἢ ὁ πάσχων, οἷον εἰ πνεῦμα κομίσαι ποι ἢ ἄνθρωποι κύριοι ὄντες. この ὁ πράττων ἢ ὁ πάσχων という句は「行う者、あるいは場合によっては被る者」ではなく、バーネットが理解する通り、「行う者、あるいはむしろ被る者と言おうか」である。風の例は、船が望まない行き先へと吹き流されることを指しているように思われる。Gauthier-Jolif ad loc. を参照。

04 これらの否定的表現の通常の用法は、ἀέκητι + 属格で「意志に反して」を意味する頻出の構文からも例証される。ホメロスにおいて ἀέκων が一義的に「意図せず」を意味するのは *Il.* 16.263–64 の一箇所だけである。そこでこの語は、垣根の蜂を刺激する旅人について用いられる。その人は面白半分で蜂を煽り立てる腕白な少年と対比されている。

05 *Il.* 4.43; Dihle, p.26. Kirk ad loc. は、この表現が「ホメロスによる繊細な心理分析」だと述べている。だがむしろ、これはある種の日常的な心理分析の見事な表現である。またディーレは彼の目の前にある事柄をいつもこれほど鋭く表現しているわけではないということも言っておかねばならない。彼もまた、その著作の学識と精妙さにもかかわらず、焦点となっていない哲学的前提によって見解が歪められているうちの一人である。それゆえ彼は、偽証に関するヘシオドスの直接的な言葉 (*Op.* 280 seq.): εἰ γάρ τίς κ' ἐθέλῃ τὰ δίκαι' ἀγορεῦσαι / γιγνώσκων ... / ὃς δέ κε μαρτυρίῃσιν ἑκὼν ἐπίορκον ὀμόσσας / ψεύσεται を引用し、「意図性の含みは γιγνώσκων と ἑκὼν のみによって導入されている」と注釈する。実際のところ、ここで γιγνώσκων は意図性とほとんど関係がなく、むしろ関係があるのは ἐθέλῃ である。最初の節は本当の証言をすることを望んでいて、またその立場にある人を指している。そして二つ目の節は、意図的に偽証する人を指している。これらの考えを表現するために他の何かが必要であるという考えは、彼の論述の他の多くの部分と同様、理性・感情・意志（「知・情・意」）の三項からなる古風な心理学の産物であるように思われる。この心理学はプラトンによる魂の区分の末裔である。第 2 章 52 頁を参照。

06 *Il.* 19.86 seq. この箇所はしばしばアガメムノンの弁明と呼ばれる。ドッズは GI の第 1 章でこの箇所を論じている。彼はゼウスへの言及を、Διὸς δ' ἐτελείετο βουλή という 1.5 の有名な言葉（これ自体すでに古代において盛んに論じられた）に結びつける論者の一人である。この言葉については、以下の第 5 章 130 頁を参照。

07 ἄτη が事態、すなわち破滅や災厄を意味する場合は、そうした制限はない。またこの名詞に関連する動詞にもそうした制限はない。確かに哀れなエルペノルはワインと δαίμονος αἶσα κακή (*Od.* 11.61) とが相まってこの心的状態に置かれたの

だが、ケンタウロスは単に酒によって自らをその状態に置いたのである (21.297)。10.68, ἄασάν μ' ἕταροί τε κακοὶ πρὸς τοῖσί τε ὕπνος において、ἄασάν は心的状態を指してはいない。この語は ἄτη の「事態」的な意味に対応しており、それらがオデュッセウスを災厄に陥れたということを意味している。

08 *Il.* 19.137.

09 このことは Lloyd-Jones, JZ p.23〔39 頁〕(ゼウスへの言及によって「アガメムノンは面目を守るが、自分の責任を取り除くことにはならない」) や Redfield, p.97 において認識されている。Adkins, MR pp.51–52 はこう述べる。「アーテーを持ち出す弁明は、自分の行為に対する責任を避ける試みにはなりえない」。しかし続けてこうも述べる。「この意味では、責任は道徳的なものではないが、避けられるものではない……諸価値の競争的枠組みのもつ含みとはそうしたものである。道徳的［アドキンズによる強調］責任はそれら諸価値のうちに居場所をもたない」。アドキンズによる「競争的」諸価値と「協力的」諸価値の区別の用法に対する決定的な批判としては、A. A. Long, "Morals and Values in Homer," *JHS* 90 (1970) [MV] を参照。また以下、第 4 章 125 頁以下を参照。「道徳的」責任という明確な観念が存在するという前提については、以下 69 頁、および 79 頁以下を参照。

10 異常な精神状態における行為にこれらの表現を用いる際の危険の一つは、異常な精神状態にあることが通常の状態であるような行為者の事例を忘れてしまうかもしれないということだ。そうした事例を解釈する際に生じる多くの困難は、言うまでもなく司法の実践にとって非常に重要であるが、そうした困難は目下の探究の範疇にない。

11 上記、第 2 章 38–39 頁を参照。

12 もちろんこの点については、とりわけ複雑な社会ならどこでも、果てしない問題が生じてくる。例えば、お互いの間で何らかの効果をもたらした複数の行為者の間での因果関係の割り振りなど。また共同責任に関する諸問題もある。だがこれらの困難は、私が目下論じている原初的な観念を応用する際の困難である。

13 そうした様々な儀礼に関する記述として、Walter Burkert, *Griechische Religion der archaischen und klassischen Epoche*, translated by John Raffan as *Greek Religion*, pp.82–84 を参照 (参照箇所は英訳に基づく)。また Parker, *Miasma*, p.258 seq. を参照。パーカーは、穢れの原因と見なされる身代わりと犯罪者が (驚くべきことではないが) 実践上いつも区別されていたわけではないという主張を行っている。

14 *Il.* 11.654 δεινὸς ἀνήρ· τάχα κεν καὶ ἀναίτιον αἰτιόῳτο. また 13.775; *Od.* 20.135 をも参照。

15 *Od.* 20.394 πρότεροι γὰρ ἀεικέα μηχανόωντο. この論点、および *Il.* 3.100 の ἀρχῇ に関する論点 (注 16 を参照) を、私はオリヴァー・タプリンに負う。

16 3.100 καὶ Ἀλεξάνδρου ἕνεκ' ἀρχῆς. ゼノドトスは ἄτης を読んでおり、この読みは、様々な異読があるとはいえ、これに似た箇所である 6.356 や 24.28 については正

しいように思われる。これらの問題についてはKirk ad loc. を参照。カーク自身は、本文には変更を加えていないものの、ἄτης を支持する方に傾いている。しかしモンローは ἀρχῆς に説得力ある擁護論を与えている。彼が引用しているのは Hdt. 8.142 であり、この箇所は全ての写本が περὶ τῆς ὑμετέρας ἀρχῆς ὁ ἀγὼν ἐγένετο を読んでいる。校訂者たちは、ἀρχῆς だと「帝国」を意味しなければならなくなると感じたために、この箇所を修正してきた。しかし 5.97.3 αὗται δὲ αἱ νέες ἀρχὴ κακῶν ἐγένοντο Ἕλλησί τε καὶ βαρβάροισι を参照。この箇所は当該の事柄（イオニアの反乱に対するアテナイの援助）を指している。

17 Hdt. 1.1 δι᾽ ἣν αἰτίην ἐπολέμησαν. Thuc. 1.23.5–6 で 戦 争 の αἰτίαι と ἀληθεστάτη πρόφασις とが対比されるのは有名だが、そこでは αἰτία は両方の意味を担っている。τὰς διαφοράς と組み合わさっているので、これは条約破棄をもたらす不平の種となった諸問題に関係する。しかしそれらは戦争の直接の原因、つまり戦争が生じた ἐξ ὅτου〔出処〕でもある。A. W. Gomme, *A Historical Commentary on Thucydides*, vol. 1, pp.153–154; G. E. M. de Ste. Croix, *The Origins of the Peloponnesian War*, p.51 seq. を参照。

18 *OT* 109.

19 398. ここでは γνώμη は予言的な徴に頼ることと対比されている。

20 Thuc. 1.144; γνώμη と理性的探究の役割に関するより一般的な記述としては、Edmunds, CI を参照。『オイディプス王』におけるこうした言葉づかいの重要性はしばしば指摘されてきた。特筆すべきは、バーナード・ノックスによる、“Why is Oedipus Called Tyrannos?” *CJ* 50 (1954), reprinted in his *Word and Action* [WA] という素晴らしい論文における指摘である。彼はそこで、オイディプスに似ているのはペリクレス期アテナイそのものであるという説得力ある提案を行っている。

21 ヘロドトスが述べているように (2.33)、τοῖσι ἐμφανέσι τὰ μὴ γινωσκόμενα. *OT* 915–16 において、イオカステは逆方向の推論に言及して ἀνὴρ / ἔννους τὰ καινὰ τοῖς πάλαι τεκμαίρεται と述べ、オイディプスがもはやそうした男として振る舞っていないと述べる。だが実際は、それこそ彼がしはじめていることなのである。

22 *Od.* 11.271 seq.: エピカステはそれと知らずに途方もないこと〔を行った〕、μέγα ἔργον ἔρεξεν. Cf. Aesch. *Ag.* 1546, クリュタイムネストラが行ったことについて。エピカステがオイディプスに多くの災禍を残したことは重要である。ὅσσα τε μητρὸς Ἐρινύες ἐκτελέουσιν, 280.

23 Arist. *Ath. Pol.* 1; Plut. *Solon* 12. これらの論点を私は Burkert, p.77 seq. に負う。血の穢れがあるという信念がホメロス以後の時代に生じたという考えは Dodds, GI によって提示された。しかしホメロスにそれが見られないのは、ホメロスがある事柄についてあえて語らないというよくあるパターンを辿ったものだということもありうる。Parker, p.16 は（また pp.66 seq., 130 を参照）、そうした信念が発生したという印象が、主として叙事詩と悲劇という二つのジャンルの比較に基づいていると示唆する。説明を要するのは、家族内での暴力という主題を典型と

して悲劇が生まれたことである。「分離の学」、境界画定としての浄めについて、Parker, chap.1（および彼のジャガーズ氏への言及、pp.18–19）を参照。

24 Plato *Leg.* 831A, 865 seq. エウリピデスにおいてはいつものごとく懐疑的な調子が聞き取れるが (cf. *IT* 380 seq., *HF* 1234)、とはいえエウリピデスが「それに抵抗した」というドッズの発言 (GI chap.2, n.43〔68 頁、注 43〕) は強すぎるに違いない。精神障害のための浄めという関連事項に関する合理主義的な論評として、Hippoc. *De morb sacr.* 1.42 を参照。また G. E. R. Lloyd, *Magic, Reason and Experience*, pp.44–45 を参照。Lloyd は、宗教的な浄めと、より医学に近い実践との連続性を強調している。

25 出来事と行為、因果性、意図の関係に関して、基礎的な著作となるのはドナルド・デイヴィドソンの著作である。彼の *Essays on Actions and Events*〔『行為と出来事』服部裕幸、柴田正良訳、勁草書房、1990 年〕を参照。

26 *OT* 744–45.

27 *OC* 960 seq.

28 Parker, p.130 は次のように書いている。「『四部作集』の著者は、穢れの教説を、それが実際に生み出していた不安の程度を超えた理論的極端へと推し進めてしまっているように思われる」。ある意味ではこれは正しい。だが思うに、Parker が言わんとしているのは、『四部作集』の関心が不安そのものを含み込んでいるということであり、そう信じる理由はないように私には思える。『四部作集』が体現しているのは決疑論であって宗教ではない。Adkins, MR p.102 seq. は、因果性に関する諸論証が完全に穢れへの不安によって動機づけられていると解する。

29 現代の読者は、この医師がいずれにしても処罰されることはないと知っても驚かないだろう。医師が罰せられないことは保証されていた。3 *Tetral.* 3.5.

30 Plut. *Per.* 36.

31 2 *Tetral.* 2.3, ἔβαλε μέν e.q.s. ἔβαλε は「当てる」を意味するはずである。2.5, οὐδένα γὰρ ἔβαλε, および 3.5 における βάλοντα と τρῶσαι の並行性を参照。この論証は単に、被告が彼に当てたことが彼の死の原因ではないというものである。

32 現代法においては、観客がアイスホッケーの試合中にリンク外に飛び出したパックに当たった場合に、当の観客は出席することで自らを危険に晒したと見なされ、損害賠償を得られないことがありうる。Murray v. Harringay Arena Ltd. [1951] 2 K.B. 529, cited by H. L. A. Hart and A. M. Honoré, *Causation in the Law*, p.199〔H. L. A. ハート、トニー・オノレ『法における因果性』井上祐司、植田博、真鍋毅訳、九州大学出版会、1991 年。ただし、ウィリアムズが第一版を参照しているのに対して、訳書は第二版の邦訳であり、第二版では同事件への言及は削除されている〕.

33 柔軟性のない応答の要求が呪術的信念なしには理解不能だからといって、ギリシャ人が当の実践を行っていたということが非呪術的には理解できないということではない。Plato *Leg.* 865E は、被害者の親族が行きつけの場所で殺人犯を見た

ときの怒りに言及している。そうした怒りは仇討ちにつながりうる。Cf. Parker, p.118.

34　Palsgraf v. Long Island Railroad Co. (1928) 248 N.Y. 339, 162 N.E. 99. 当の行為者にはある程度の過失があったに違いないけれども、過失のごく小さな種晶から、非常に大きな責任の結晶が生育することがありうるのだ。Cf. *Restatement of the Law of Torts*, par. 430:「過失ある行為者が別の者の損害の責任を負うためには、行為者の過失が他方の損害の法的原因である……ことが必要である」。また過失ある行為が損害の「法的原因」である要件の一つは、それが「損害をもたらす実質的要因」であることである。「実質的要因」やその関連事項の解釈 (cf. 432 seq.) は、何が必要条件であるか、何が寄与原因であるか等々の問いをもたらす。これらの問いは『四部作集』の著者には完全に認識可能なものだっただろう。因果関係について異なる結論に達した（そしてほぼ同一の事実について、ニュージャージー州では原告が勝利し、ペンシルバニア州では原告が敗訴した）種類の事件について、Hart and Honoré p.95〔241 頁〕を参照。

ハートとオノレは、出来事の因果的解釈が賠償の必要性とは独立になされることが、法理学のねらいであると考えている。この理想が叶いうるものかどうかは論争の的である。正反対の見解の力強い主張として、ポールスグラフ事件におけるカードーゾ首席判事の主張を参照。「原因であるが、近接原因ではない。「近接」という語で私たちが意味しているのは、便宜のため、公序のため、大まかな意味での正義のために、法はある点を越えて出来事の系列を辿ることを恣意的に拒むということである。これは論理ではなく、現実的な政策である」。ポールスグラフ事件では実際のところ、裁判所は最終的に鉄道会社に有利な判決を下した。原告に起きたことは、（ごく大雑把に言えば）当の行為とあまりに遠く隔たった関連しかもっていないとみなされたのだ。

35　アメリカ法における古典的な陳述としては、Morissette vs. U.S., 342 US 246 (1951) におけるジャクソンの判決を参照。意図と予見に関する問題については、H. L. A. Hart, *Punishment and Responsibility*, p.119 seq. を参照。過失については p.145 seq. を参照。

36　ハートはこの観念を強調している。彼の最も有用な主張は、刑罰の自発性への（広い）制約が、自由の一般的要求に基づきうるものであり、「道徳的有責性」の観念と結びつけられる必要はないというものである。とはいえ、彼の議論が刑罰に関わるものであることは重要である。本文で述べた通り、民法はさらなる問題を引き起こす。民法の場合、市民が自身の生活に対してもつ統制力を増すという目的は、例えば無過失保険のように、他の形を取ることもできる。これらの問題は、リベラルな目的が単に制約的なもの、つまり特に国家による予測不可能な侵害から市民を守るものと理解されるべきか、それともより広く個人の自由と統制力を増進する方針を積極的に促すものと理解されるべきかという、非常に基礎的な問いを提起する。

37　*OT* 1331 αὐτόχειρ. これは 266 で彼がライオスの殺害者に適用したのと同じ語である。

38　*OC* 437 seq.『コロノスのオイディプス』によれば、彼の追放は彼が自ら課したものではなく、また目潰しのずっと後に起きたことである。

39　*OC* 266–67 τά γ' ἔργα μου πεπονθότ' ἐστὶ μᾶλλον ἢ δεδρακότα（本文〔英語原文〕の翻訳はロバート・フィッツジェラルドによる）。Cf. 539 οὐκ ἔρεξα. 引用された論評は Adkins, MR p.105 のもの（アドキンズはこの箇所を『四部作集』についての自分の議論にただちに接続している）。

40　第 1 章 18 頁。

41　大将たちを殺害する企てそのものが狂気の徴であるとは示唆されていない。カルカスのものと報告される言葉が示すように (758 seq.)、アイアスは常に περισσός, ὠμός, δεινός であった。コロスは彼の死後に述べるように、彼は στερεόφρων (926), ὠμόφρων (930) であった。彼が実際にしたことの重要性は、それが彼の通常の ἦθος と対照的であることに存する。Cf. 182–83 οὔποτε γὰρ φρενόθεν γ' ἐπ' ἀριστερά / ... ἔβας. これとは異なる点を強調し、ある意味でアイアスの通常の ἦθος そのものが異常であるということを強調するものとして、R. P. Winnington-Ingram, *Sophocles: An Interpretation*, chap.2 を参照。また Goldhill, pp.181–98 をも参照。アイアスが全般的に異常であるという見方がホメロスにおける原型との対比に依拠している限りでは、ヴェルナンによるアキレウスの極端さの特徴づけ (IMA pp.43–45) が、この見方の矯正に有用である。

42　59, 66, 207, 215, 452 al.

43　51–52; および 447–448 におけるアイアス自身の描写、κεἰ μὴ τόδ' ὄμμα καὶ φρένες διάστροφοι / γνώμης ἀπῇξαν τῆς ἐμῆς を参照。ここでは γνώμη は別の役割、すなわち彼の正常な判断や計画という役割を果たしている。

44　118 seq.;〔原文の〕英訳はジョン・ムーアによる。この注目すべき発言は、オデュッセウスが後に起こる口論の水準に絡め取られてはいないことを示している。そしてこの論点は、1257 でメネラオスが、軽蔑した調子で ἀνδρὸς οὐκέτ' ὄντος, ἀλλ' ἤδη σκιᾶς とアイアスに言及する際に強調される〔これは実際はアガメムノンの発言〕。オデュッセウスは、人をそのようなものとするのはその人の死ではないということを知っているのだ。

45　γέλωτος 367.

46　彼が自分の決断を翻している箇所はないと私は解釈する。647 seq. の大演説が誠実なものか、それとも偽りの演説（トルークレーデ）かという退屈な論争は、いまやとりわけ M. ジヒアルの論考 “The Tragic Issue in Sophocles' *Ajax*,” *YCS* 25 (1977) によって克服されている。ジヒアルが見事に述べているように、アイアスの話し方は、ヘラクレイトスがデルポイの神託について述べているがごとくである。すなわち οὔτε λέγει οὔτε κρύπτει, ἀλλὰ σημαίνει. アイアスは他の人々に語りかけているわけではない。事実、最後を除いて、彼は人々に呼びかけてはいない。

そして彼は自分自身に語りかけているわけでもない。ゴールドヒルが指摘するように (p.192)、それだけでは何の解決にもならない。しかしアイアスは自分自身から語りかけているのだ。様々な両義性のなかでおそらく最も注目に値するのは、多くの批評家が指摘するものだが、658–59 に見られる。γαίας は ὀρύξας とともに理解されるべきで、ἔνθα――これは彼の身体を指している――とともに理解されるべきではない。このことは、899 におけるテクメッサの知らせの言い回し、κρυφαίῳ φασγάνῳ περιπτυχής から確証される。

47 David Furley, “Euripides on the Sanity of Herakles,” *Studies in Honour of T. B. L. Webster,* vol. 1, ed. J. H. Betts, J. T. Hooker, and J. R. Green の提案である。彼は、Jacqueline de Romilly, “Le refus du suicide dans l’*Heraclès* d’Euripide,” *Archaiognosia* 1 (1980) が独立に同じ立場を主張していると指摘している。エウリピデスにおける登場人物が、他の悲劇と対比したとき、心変わりをする一般的傾向にあることについては、以下を参照。Bernard Knox, “Second Thoughts in Greek Tragedy,” *Greek, Roman and Byzantine Studies* 7 (1966), reprinted in MA.

48 εἴρηκας ἐπιτυχόντος ἀνθρώπου λόγους *HF* 1248. 後にテセウスは彼に贈り物と名声、そして死後には供犠を約束する。だがこの発言自体、ヘラクレスが必要としているのは φίλος であるという考察で締めくくられるのである。

49 *HF* 1348.「友好的な援助」というのは φιλία の（弱い）訳語である。この語は、多くの著者が指摘しているように、「友情」より広い社会的含意がある。例えば Goldhill, chap.4; および Mary Whitlock-Blundell, *Helping Friends and Harming Enemies: A Study in Sophocles and Greek Ethics* を参照。

## 第4章

01 *Ajax* 690;〔原文の英訳は〕ジョン・ムーアの訳。

02 ἀρκτέον *OT* 628, ἀκουστέον 1170; ὁποῖα δραστέ’ ἐστίν *Trach.* 1204. 他にも多くの例がある。

03 *Il.* 9.379 seq. οὐδ’εἴ μοι δεκάκις τε καὶ εἰκοσάκις τόσα δοίη; 22.349 seq. バーナード・ノックスは *The Heroic Temper* においてソポクレスの英雄たちのこの特徴を巧みに詳述している。ホメロスがソポクレスに与えた影響については、とりわけノックス、および Pat Easterling, “The Tragic Homer,” *BICS* 31 (1984) を参照。

04 アドキンズの論述はそうした前提に満ちている。ホメロスにおけるヘクトルについては、以下も参照。W. J. Verdenius, quoted by Redfield, p.119:「疑う可能性はヘクトルにとって全く考えられないことである。彼の名誉心は、「汝なすべし」と勧告することで彼を戦いに駆り立てたわけではない。むしろ、彼は無媒介に、自ずと行動に移っているのだ」。このヘクトルの演説については、以下 99 頁、および注 12 を参照。

05 〔原書の引用する〕英訳は 1734–38 年のもの。元の詩はジャン゠フランソワ・サラザン (1603–54) のものである。私はこの引用を Howard Clarke, *Homer’s Read-*

*ers*, p.133 に負う。アキレウスや他のホメロスの英雄たちの心理が文字通り幼児的であるという考えは、W. Thomas MacCary, *Childlike Achilles: Ontogeny and Phylogeny in the Iliad* によって受け入れられている。彼の目的は「フロイト的な意味における自我の個体発生と、ヘーゲル的な意味における西洋人の系統発生とを同時に語る」ことである。驚くには当たらないが、彼の研究課題はスネルに大きく依拠している。

06 例えばギリシア人について論じる際などにカント的カテゴリーを使用する多くの人は、かりに彼らが当然と考える対比に根拠があるとした場合に、彼らがどの程度までカント自身の哲学を受け入れなければならなくなるのかを理解していない。この点に関しては、拙著 *Ethics and the Limits of Philosophy,* 特に第 4 章を参照。

07 近年 J. T. Hooker の論文 ("Homeric Society: A Shame Culture?" *Greece and Rome* 34 [1987]) がこの形容に対する異論を唱えているが、彼の論文は、何を否定しようとしているのかを全くはっきりさせていないため、説得力があるとは言えない。私が後に主張するように（以下、114 頁以下を参照)、この形容はどこか誤解を招くところがある。だがそれにもかかわらず、それはアルカイック期の世界（加えてまたそれ以降のギリシア社会）と私たち自身の世界との間にある何らかの真の違いを示している。

08 恥の基本的な諸経験、またそれらの経験が込み入ってゆく仕方についての、これよりずっと複雑な説明は附録 1 を参照。

09 ギリシア語には「恥」の意味を担う語根が二つある。ここや名詞 αἰδώς におけるように、αἰδ- という語根、および名詞 αἰσχύνη におけるように、αἰσχυν- という語根である。私はこれら二種類の語の用法を区分することには概ね関心を持ってこなかった。私の目的にとって、その区別から帰結することはあまり多くない。またとりわけ、その言語変異の多くは通時的である。つまり、たいていの文脈において、αἰσχυν- を語根とする語句が αἰδ- を語根とする語句に置き換わる傾向にある。G. P. Shipp (*Studies in the Language of Homer*, 2d ed., p.191) は、中動態の αἰσχύνομαι はホメロスの中で三回しか出現しておらず、かつ『オデュッセイア』にしか出現していないと指摘している。「これが αἰδέομαι に置き換わるプロセスの始まりであり、そのプロセスはアッティカ散文で完結した」。後に本文（99 頁）で論じられる *Il.* 22.105–6、および *Od.* 21.323–4 を参照。Shipp はこれに続けて、ヘロドトスは意味に違いをもたせながら両方の動詞を使用していると述べる。すなわち、αἰδέομαι + acc. は「〜の力などを尊敬する」という意味で用い、αἰσχύνομαι は「恥じる」という意味で用いている。アッティカ方言では αἰσχύνομαι がこの両方の意味を引き継いでいる。Eur. *Ion* 934 αἰσχύνομαι μέν σ', ὦ γέρον, λέξω δ'ὅμως を *HF* 1160 αἰσχύνομαι γὰρ τοῖς δεδραμένοις κακοῖς と比較せよ。Eur. *Hipp*. 244 に関してはバレットも参照。

10 裸のオデュッセウス : *Od.* 6.221–22（また注 24 も参照); アプロディテとアレス: 8.234; ナウシカアの結婚 : 6.66; ペネロペイア : 18.184; テティス : *Il.* 24.90–91; 涙

を流すこと : *Od.* 8.86; Isoc. 7.48.

11　アイアス : *Il.* 15.561; ネストル : 661; 鬨の声 : e.g., 5.787. ここでも他の箇所でも、ホメロスからの資料について私は Redfield, p.115 seq. に負っている。後述のヘクトルを前にしたギリシア勢は 7.93. こうした箇所を見ると、『イリアス』において「特定の人を前にした「恥じらい」がある行動方針を採る動機として引き合いに出されている」箇所が、次の注で言及されるヘクトルの感情についての一節と第6巻の関連箇所しかないとフッカーが述べるとき (p.122)、彼がいったい何を言っているつもりなのかがわからなくなる。

12　*Il.* 22.105 seq. この演説全体については、ヘクトルがそれを自分自身についてなしたというのがそれに関する最も重要な事実であるというレッドフィールドの（注4で引用したウェルデニウスに反する）見解を参照。「彼は自分自身を描写することで、他の人々が彼とは異なることや、彼が自分の実際のありようと異なりえたことに自分が気づいているということを私たちに知らせる」(p.119)。非常に似た定型句が *Od.* 21.323–34 にある。αἰδώς と恐れの関連性については、さらに以下の注24を参照せよ。

13　νέμεσις がそれほどの範囲にわたるという事実は αἰδώς の性格にとって非常に重要である。とりわけそれは、αἰδώς という語が、私たちが「恥」と呼ぶものだけでなく、私たちが「罪」と呼ぶもののいくつかの側面をも含んでいるかどうかという問題にとって中心的である。以下113頁、および附録1を参照。

14　P.115. アキレウス : *Il.* 11.649.

15　「社会化する感情」としての αἰδώς について、Redfield, p.158 を参照。

16　ポセイドン : *Il.* 13.122。 他の例は *Il.* 2.223, 24.463; *Od.* 2.136, 1.263, 22.489, 2.64 al.; Redfield, p.117. 求婚者に関しては Long, MV p.139 を参照。「ホメロスにおいて暴力未満の唯一の強制はアイドースを通じたものであるのだから、この詩人の意図は、彼らをキュクロプスたち――アテミストイ、すなわち人間に許容される振る舞いの限度を踏み越えてきた者ども――と五十歩百歩のものとして描くことなのである。」

17　この論点は、アドキンズによる「競争的」徳と「協力的」徳の二分法を批判する際にロング (MV p.122 seq.) が示した次の論点と関係する。すなわち、競争的徳はアドキンズによれば成功を目指すものであるが、アルカイック期のギリシア人は協力が成功に必要であることをよく知っていたのだから、競争的徳は協力的徳の一部を包含していなければならないことになる。

18　Clarke, p.137 の引用による。贈り物がアキレウスにとって忌むべきものである理由については、Vernant, IMA p.48 のすばらしい叙述を参照。

19　もちろんこのことは、ドーヴァーが述べるような (GPM p.228)、「賞賛を望むことは徳の主要なインセンティブであり、非難を恐れることは不正な行為の主要な抑止力である」というギリシア人の認識と両立する。彼が引用する箇所のいくつか、例えば Dem. 25.93 は、このことを直接述べている。すなわち多数者は

「〔陪審員〕諸君を恐れ、言葉でも非難でもとにかく恥を苦痛と感じるので」不正を働かないよう気を配る。しかし、ドーヴァーが引用しているいくつかの箇所が色々とかなり異なったことを述べていることは重要である。デモステネスは、4.10 と 1.27 では、恥が自由人ないし正しい考えをもつ人にとって大きな罰ないし強制となると述べているだけであり、彼が用いる言葉 (ἡ τῶν πραγμάτων αἰσχύνη, τὴν ὑπὲρ τῶν πραγμάτων αἰσχύνην) は、公衆の意見がもつ力ではなく、出来事への反応を強調している。彼は 8.51 では、否定的な意見を恐れる自由人と、身体的苦痛への恐怖によってのみ動機づけられる奴隷とを区別する。この区別は自由人の他の動機がどのようなものでありうるかにはなんら言及していない。Lycurg. *Leoc.* 46 は、賞賛が「善い男たちが期待する、彼らの受け入れる危険に対する唯一の褒美」であると述べているが、この発言は彼らが褒美のためになんでもするとは述べていないし、そうほのめかしてもいない。これに対して Xen. *Cyr.* 1.5.12 はこれと逆の、やはり非常に異なる論点を示している。すなわち、褒美が欲しいなら、危険に立ち向かわねばならない。

20　いくつかの宗教集団のメンバーは、裸でいるとき、例えば入浴するときに自分の体を覆うことに固執した。女性は διὰ τοὺς ἀγγέλους「天使たちゆえに」ベールを被らねばならない (1 Cor. 11.10) という聖パウロの謎めいた発言を参照せよ。テルトゥリアヌス以後、多くの人々がこれを『創世記』6.1–4 と結びつけてきた。「「神さまが何もかも見ていらっしゃるというのは、ほんとう？」――と幼い少女が母親に訊いた、「――ずいぶん失礼じゃない」」。ニーチェ『悦ばしき知識』第二版序文第 4 節〔『ニーチェ全集　第十巻（第 I 期）』19 頁〕。

21　*Od.* 19.146 = 24.136;「非難するでしょう」は νεμεσήσῃ.

22　νεμεσσήθητε καὶ αὐτοί, / ἄλλους τ' αἰδέσθητε περικτίονας ἀνθρώπους *Od.* 2.64–65.

23　ὣς ἐρέουσιν, ἐμοὶ δέ κ' ὀνείδεα ταῦτα γένοιτο. καὶ δ' ἄλλῃ νεμεσῶ, ἥ τις τοιαῦτά γε ῥέζοι *Od.* 6.285–86; ラティモアは νεμεσῶ を「非難する (disapprove)」と訳しており、これは完全に適切であるが、目下の議論の文脈ではいくらか論点先取になってしまう。

24　ギリシア人は恐怖と αἰδώς を結びつけるのが容易だと考えていたが、そのこと自体が、本文で強調された論点に照らして理解されねばならない。すなわち、行為者は公衆の意見や個人の反応を恐れると同時に、彼に期待される振る舞いについての内面化された感情をもつことができるし、それどころか、彼が抱く恐れはそうした感情を含み込みうる、という論点である。単純な恐れからより複雑に社会的な感情までのグラデーションがあるというだけではなく、それに関連して、恐れが何に対するものか――殴打、罵詈雑言、非難、賞賛されている人物や集団からの拒絶――という点でのグラデーションがあるのだ。個人に向けられた感情についてさえ、このことはホメロスにおいて例証される。アキレウスについて *Il.* 24.435 τὸν μὲν ἐγὼ δείδοικα καὶ αἰδέομαι περὶ κῆρι; 主人の怒りへの恐れについての類似の定型句として *Od.* 17.188. 既に言及した *Od.* 6.221–22 では、オデュッセ

ウスは単に αἰδέομαι γὰρ γυμνοῦσθαι κούρησιν ἐυπλοκάμοισι μετελθών と述べているが、この箇所を、同じ出来事について彼がアルキノオスにした説明 (7.305–6)、ἀλλ' ἐγὼ οὐκ ἔθελον δείσας αἰσχυνόμενός τε, μή πως καὶ σοὶ θυμὸς ἐπισκύσσαιτο ἰδόντι と比較するのは興味深い。後者の動機は、先の箇所で彼が表明していた動機ではないが、他方でそれは全く異なる種類の動機というわけでもない。

Δέος はときに公的・政治的文脈で αἰδώς や αἰσχύνη と直接結び付けられる。例えば Soph. *Ajax* 1073–80 において。この箇所やこれに似た諸箇所について、Edmunds, CI p.59 seq. and Appendix が興味深い議論をしている。それは論議の的となってきた Thuc. 2.42.2 の不明瞭な箇所に対する彼の解決策を論証するなかでの議論であり、そこで彼は適切にも Plut. *Cleom.* 9 τὴν ἀνδρείαν δέ μοι δοκοῦσιν οὐκ ἀφοβίαν, ἀλλὰ φόβον ψόγου καί δέος ἀδοξίας οἱ παλαιοὶ νομίζειν を引用しつつ、δέους が戦没した市民たちの勇気と公共精神を表すと理解する。本文の論点は、人は δόξα をもたらすものどもに対して何らかの態度を取ることなしに ἀδοξία を恐れることはできない、という言い方で述べうるかもしれない。

25　*Ajax* 462 seq.

26　479–80.「べき」は χρή であり、よくあることだが、これらの考え方の内面化を表している。第2章、注57を参照。

27　*Antigones*〔ジョージ・スタイナー『アンティゴネーの変貌』海老根宏、山本史郎訳、みすず書房、1989年〕.

28　*Ant.* 31.

29　この性的なイメジャリーはしばしば注目されてきた。これは73 φίλη μετ' αὐτοῦ κείσομαι, φίλου μέτα から後の（例えば891）婚姻のイメージに至るまで繰り返し現れる。

30　*Phil.* 79 seq. φύσει … πεφυκότα における〔φυ- 語根の語の〕繰り返しに注目せよ。この繰り返しは、性格の問題を強調することで、それを打ち捨てる準備をしている。また ἀλλ' ἡδὺ γάρ にも注目せよ。これは二語のうちに、反対の考慮事項を提示することから、当の考慮事項を理由として提示することへと移行している。γενναῖος な者としてのネオプトレモスについては、Martha Nussbaum, "Consequences and Character in Sophocles' *Philoctetes*," *Philosophy and Literature* 1 (1976–77) を参照。この劇作品全体が恥の働きという観点からの研究に値する。

31　これは *Il.* 13.278 ὅ τε δειλὸς ἀνὴρ ὅς τ' ἄλκιμος ἐξεφαάνθη におけるのと同様である。

32　ネオプトレモスの台詞は 94–95 および 120: ἴτω: ποήσω, πᾶσαν αἰσχύνην ἀφείς である。110 におけるネオプトレモスの問いに注目せよ：「それにしても、どんな顔をすれば、それを声に出して言えるのだろう」。ἀφεῖναι が「顧みない」を意味することについては、*OC* 1537 τὰ θεῖ' ἀφείς を参照。

33　Gregory Vlastos, "Happiness and Virtue in Socrates' Moral Theory," *PCPS* 1984, p.188.

34　*Phil.* 1383.

35　この違いやその他の違いについては、ハーバート・モリスによるごく短いが示唆に富む論考 “Guilt and Shame”（*On Guilt and Innocence* 所収）を参照。精神分析的な視点からの啓発的な議論で、私自身のものに近いいくつかの結論に達しており、また罪の消去不可能な機能をさらにいくつか示唆しているものとして、Richard Wollheim, *The Thread of Life*, chap.7, 特に pp.220–221 を参照。

36　*Pride, Shame and Guilt*, p.81.

37　アイアスとテラモンの場合のように（上記 106 頁を参照）、他の人の目に触れることができないということは恥に典型的である。Cf. Agathon frag. 22 Nauck ἀδικεῖν νομίζων ὄψιν αἰδοῦμαι φίλων; Dover, GPM p.236.

38　概ね以下の方針に沿う説明として、John Rawls, *A Theory of Justice*, secs. 67, 70–75〔ジョン・ロールズ『正義論 改訂版』川本隆史、福間聡、神島裕子訳、紀伊國屋書店、2010 年、577–586, 606–650 頁。ただしウィリアムズは第一版を参照している〕; および Alan Gibbard, *Wise Choices, Apt Feelings*, chap.7. これら二つの論述はなるほど大幅に異なってはいるが、その相違点は目下の関心事に関わるものではない。ギバードは恥と罪の区別と動物の協力行動ととの間に様々な関連がありうることを、強く主張しているわけではないが、示唆している。

39　Dover, GPM p.195 seq.（および p.195 で参照される同書のそれまでの議論）、p.200 seq. を参照。

40　ギバードは自己帰属に関する議論のなかでこの論点を示している。彼はまた他の社会から集められた他のいくつかの種類の倫理的経験について興味深い言及を行っている。それらは大まかに罪や恥と同じ領域を占めるが、私たちの目から見ると、ホメロスのギリシア人の倫理的経験よりはるかにエキゾチックである。

41　そもそも倫理的性向と非倫理的性向をどれほど有効に区別しうるのかという問いについては、Hume, *Enquiry Concerning the Principles of Morals* の賞賛すべき appendix IV〔デイヴィッド・ヒューム『道徳原理の研究』渡部峻明訳、哲書房、1993 年、190–207 頁〕が欠かせないテクストでありつづけている。

42　ロールズは p.445〔584–86 頁〕で、彼自身の道徳感情の理論の観点からそうした事例をうまく叙述している。

43　これら三つに（本章でこの後論じられる）自律の理念が付け加わるなら、さらなる不整合が付け加わる。これについては附録 1、49 頁を参照。

44　直接的な表現は 373 seq. に存在する。この箇所は複数の困難をもたらしており、注釈者たちはこの箇所が αἰδώς の種類を——かりに区別しているとして——どう区別しているのかを問題にしてきた。私は附録 2、54 頁でそれらの困難を論じ、また本文で言及した解釈を擁護している。パイドラと恥や評判との関係の簡潔な描写として、772–775 で、コロスが彼女の自殺を予知的に描写する言葉を参照。δαίμονα στυγνὸν καταιδεσθεῖσα, τὰν τ᾽ εὔ/δοξον ἀνθαιρουμένα φήμαν, ἀπαλλάσ/σουσά τ᾽ ἀλγεινὸν φρενῶν ἔρωτα. καταιδεῖσθαι + acc. はしばしば「〜に畏敬の念を抱く」「〜を畏怖する」(cf. *Or.* 682) を意味し、LSJ はこの意味で本箇所を引用している。

この場合 δαίμονα στυγνὸν は何らかの神を指すと解釈する必要があるが、それはそれ自体としてもっともらしくないし (cf. Barrett ad loc.)、また ἀνθαιρουμένα の意味を損なってしまう。パイドラは何かをよい評判に引き換えている（または引き換えようと試みている）のである。すなわち、彼女が生きてきた、また情熱をもって生き続ける必要があったであろう生である。それが彼女の δαίμονα であり、καταιδεσθεῖσα とは、彼女がそれを恥じているという意味である。

45 *Hipp.* 1074 seq.

46 "Shame and Purity in Euripides' *Hippolytus*," *Hermes* 98 (1970), p.287. シーガルは、ヒッポリュトスの状況と、（本文で後述する）プラトンによる誤解された正しい人の描写の並行性を指摘している点で、R. P. Winnington-Ingram, "*Hippolytus*: A Study in Causation," in *Euripide: Entretiens sur l'antiquité Classique*, vol.6, p.185 に従っている。この並行性がどれほど密接なものかを確定するのは難しい。なぜなら、プラトンにおける正しい人がどのように誤解されているのかが、私たちに正確に告げられていない（そしてアイスキュロスへの参照も助けにならない。注47を参照）からである。だがソクラテス裁判の残響、および事例の大まかな趣旨から、この人が正義について慣習的でない考え方をしていることは確かに示唆されている。彼が不正であるような「見かけをしている」のは、彼の本当の性格を他の人々が不正だと誤って解釈しているからであって、彼と他の人々の両方が受け入れるであろう基準に照らして彼の活動が不正であると他の人々が誤って考えているからではない。もしこれが正しければ、プラトンの例における見かけと実在の対比は、『ヒッポリュトス』において展開されている対比のどれとも厳密には一致しない。

（シーガルも引用する）デモクリトスに帰せられる考えは、確かに『ヒッポリュトス』の関心に近づいている。Frag. 244 DK πολὺ μᾶλλον τῶν ἄλλων σεαυτὸν αἰσχύνεσθαι; frag. 264 DK ἑωυτὸν μάλιστα αἰδεῖσθαι. 少なくとも後者の断片は、他の人々が知ることはないだろうという理由で悪しき行為を行うことを選んではならないということが主な関心事であることを明確にしている。それゆえこれは、表現は独自のものでありうるにせよ、新しい考え方ではない。

デモクリトスの他の三つの断片 (62, 68, 89 DK) は、人の性格を評価する際に、その人が欲していることはその人のすることと同じくらい重要だと述べている。これらの断片についての W. K. C. ガスリーの報告には、わずかに道徳主義的なひねりがある。「人の価値を評価するときには、意図が行為に劣らず重要である」(*A History of Greek Philosophy*, vol. 2, p.491)。元の考えは frag. 89, ἐχθρὸς οὐχ ὁ ἀδικέων, ἀλλὰ ὁ βουλόμενος において明確に（そしてごく非カント主義的に）表現されている。

47 *Rep.* 361A–C. アイスキュロスへの参照箇所は、*Septem* 592, οὐ γὰρ δοκεῖν ἄριστος, ἀλλ' εἶναι θέλει とアンピアラオスについて述べる箇所だと思われる。Cf. 361B8 οὐ δοκεῖν ἀλλ' εἶναι ἀγαθὸν ἐθέλοντα. プラトンが正確に言っていかなる対比

を示そうと意図しているのかは不明瞭だが（注 46 を参照）、アンピアラオスについての論点と異なるのは確かであり、それは ἄριστος から ἀγαθός への移行がその違いに寄与するような異なり方である。アンピアラオスの場合、εἶναι と δοκεῖν の対比、すなわち実在と単なる見かけ（すなわち評判）との区別とは、達成と見込みの対比、実際の功績と単なる自慢や誇示との対比である。

48　私の “The Analogy of City and Soul in Plato’s Republic” を参照。

49　これらの連動する前提はとりわけ Adkins, MR においてはっきりしている。

50　*Il.* 11.762. ホメロスにおいてこの表現が出現する箇所はこのほかに 4 箇所ある。校訂者たちは εἰ の正確な意味合いについて論じてきたが、大まかな趣旨は、今では目の前に提示することが難しい何らかの現実が過去にあったということである。本箇所は通常、τώς が二つ目の ἔον と一緒になっているかのように読まれている。すなわち「私がおよそそのようであったとすれば、私はそのようであったのだ」。だが ἔον が独立して読まれるべきであることは明らかだと思われる。他の箇所ではその意味である。*Il.* 3.180 において、ヘレネは「アガメムノンが私の義理の兄であったとすれば、彼は私の義理の兄だった」というつもりで言っているのではなく、「もしそんな人がいたとすれば」と言っている。*Il.* 24.426 において ἐμὸς πάϊς, εἴ ποτ’ ἔην γε は「およそ私に息子がいたとすれば」である。そしてこれら各々や本箇所を以下と比較するのはとりわけ有用である。すなわち *Od.* 15.267–68 πατὴρ δέ μοί ἐστιν Ὀδυσσεύς, / εἴ ποτ’ ἔην および *Od.* 19.315 οἷος Ὀδυσσεὺς ἔσκε μετ’ ἀνδράσιν, εἴ ποτ’ ἔην γε.

51　*All’s Well That Ends Well* 4.3.330–34, 337–348〔ウィリアム・シェイクスピア『終わりよければすべてよし』松岡和子訳、筑摩書房、2021 年、165 頁〕.

## 第5章

01　*Il.* 1. 5; 第 3 章注 5 を参照。

02　ホメロスはしばしば他の時や場所に言及する。とりわけ英雄たちの生地（例えば *Il.* 18.101–2, 9.393–94）、過去や平時（例えば直喩で描写される活動や、第 18 歌における楯の描写において）、および未来に（例えば 12.13–34 における、ポセイダオンとアポロンがどのようにギリシア勢の壁の痕跡を一掃したかの記述、および 7.67–91 におけるヘクトルの挑戦において。ヘクトルは、やがてある男が舟の上から、遠い昔にヘクトルに殺されて死んだ英雄の墓を見ることになり、τὸ δ’ ἐμὸν κλέος οὔ ποτ’ ὀλεῖται だと語るのだが、そのとき彼の挑戦の言葉は、未来と彼自身の功績とを結びつけている）。

03　Hes. *Theog.* 385 seq. West ad loc. は Pausanias, 2.4.6 の一節に言及している。προσάγοντες τὰς ἀνάγκας Thuc. 1.99.1.

04　*Il.* 24.751–53. しかしながら、都市を攻略する際の通常の習わしは、むしろ男性を殺し、女性を奴隷にするというものであった。このことについて、および目下の箇所については、Redfield, p.120 を参照。このことは歴史時代、例えばペロポ

ネソス戦争時に生じた。紀元前421年のスキオネについてThuc. 5.32.1を参照。また紀元前416年のメロスの事例もあり、これはトゥキュディデスの第5巻における対話によって有名になっている。『オデュッセイア』では男性が外国人のあいだで奴隷に取られることもある。14.272, 297.

05　*Il.* 6.450 seq.

06　例えばAS, p.67. 私はこの主題についてフィンリーのこの著作やその他の著作に負うところ大である。

07　プラトンは*Leg.* 776B seq. でヘイロータイを奴隷になぞらえている。トゥキュディデス5.23.3で報告されている紀元前421年のスパルタとアテナイのあいだの条約では、彼らはἡ δουλεία と呼ばれている。メッセニア人の身分に関する条項についてはPausanias 4.14を参照。G. E. M. ドゥ＝サント＝クロワは"Slavery and Other Forms of Unfree Labour"（Leonie Archer編の同名書籍所収）において、彼らが「国家農奴」であったと述べている。エポロイは毎年の役職就任時にヘイロータイに宣戦布告せねばならなかったが、それは彼らが国家の公認の敵となり、必要に応じて穢れを招くことなく殺されうるようにするためであった (Plut. *Lyc.* 28.7)。ドゥ＝サント＝クロワは、国家が自らの所有する労働力に正式に宣戦布告するというこの尋常でない慣例はおそらく他に類を見ないと述べている (p.24)。彼らが反乱に積極的であったことについては、とりわけThuc. 4.80.3, Arist. *Pol.* 1269a38–39を参照。

08　Arist. *Pol.* 1253b32, 1254a9.

09　Quem patrem, qui servos est? Plaut. *Capt.* 574. この言葉はFinley, AS p.75に引用されている。慣習は決してどこでも同じであったわけではない。クレタのゴルテュン法典は自由人の女性と自由人でない男性との婚姻を認めていた（しかしおそらく逆は認めていない）。この例はR. F. ウィレッツが前5世紀初頭のアルゴスの状況を論じる際に引き合いに出している : "The Servile Interregnum at Argos," *Hermes* 87 (1959).

10　ローマにおける事情はHor. *Serm.* 1.2.116–19、および大セネカによる受動的男色に関する言葉 (*Controv.* 4 praef. 10) を参照。大セネカによれば、それは自由人にあってはimpudicitiaであり、奴隷にとっては必然であり、解放奴隷にとってはofficiumである。

11　例えばAr. *Thesm.* 930–1125; *Lys.* 435–52など。他の資料はThomas Wiedemann, *Greek and Roman Slavery*に所収。

12　Cf. Ar. *Plut.* 520 seq.「一種の戦争術ないし狩猟術」: Arist. *Pol.* 1255b38–39.

13　Xen. Mem. 2.3.3. Finley, AS p.81; the Erechtheum, p.101. 彫刻家の親方、画家の親方、建築家は奴隷ではなかったようである。建築家についてはJames Coulton, *Ancient Greek Architects at Work*, chap.1を参照（私はこの論点をアンドリュー・スチュワート氏に負う）。

14　Ar. *Vesp.* 1297–98, 1307.

15　σεσημασμένα τῷ δημοσίῳ σημάντρῳ *Poroi* 4.21. クセノポンは国家による奴隷の所有について新たな展開を提案しているのだが、彼はありふれていた慣習に言及しているに違いない。Ar. *Av.* 760 は、烙印が再度捕らえられた脱走者にのみ押されたということと矛盾しない。

16　Dem. 22.3; Antiphon *1 Tetral.* 2.7; Arist. *Rhet.* 1376b31 seq.; Lys. 4.10–17.

17　E. Levy, quoted by Finley, AS p.97.

18　*Digest* 1.5.5 [Marcianus].

19　Kock (frag. 95) はこの最初の断片を紀元前 4 世紀の喜劇詩人ピレモンに帰属しているが、彼はこの点で、マイネッケに続いて、所謂『メナンドロスとピリスティオンの競演』というローマ期の文集の書名をルトガースが 1618 年に引き写したときに犯した誤りに従っている。R. Kassel and C. Austin, *Poetae comici Graeci*, 7: 317. 詩の作者と年代は不明である。

Alcidamas ap. schol. Arist. *Rhet.* 1.13.3: ἐλευθέρους ἀφῆκε πάντας θεός, οὐδένα δοῦλον ἡ φύσις πεποίηκεν. 訳文は「送り出す」「解き放つ」という ἀφῆκε の二義を捉えようと試みている。

20　W. L. Newman, *The Politics of Aristotle*, vol.1, pp.139–42.

21　*Pol.* 1253b20–23.

22　アリストテレスの議論が少なくとも彼自身の前提を所与とする限りでは成功していると示す試みとしては、W. Fortenbaugh, “Aristotle on Slaves and Women,” in *Articles on Aristotle*, vol.2, ed. J. Barnes, M. Schofield, R. Sorabji (London, 1977) を参照。フォルテンボーに対しては Nicholas D. Smith, “Aristotle’s Theory of Natural Slavery,” *Phoenix* 37 (1983) がしっかりした批判を行っている。また Malcolm Schofield, “Ideology and Philosophy in Aristotle’s Theory of Slavery,” in *Aristoteles’ “Politik”*, XI Symposium Aristotelicum, ed. G. Patzig をも参照。

23　*Pol.* 1255b13; *EN* 1161b5.

24　R. G. Mulgan, *Aristotle’s Political Theory*, pp.43–44.

25　*Pol.* 1253b fin., 1330a25.

26　1254a15–17 における導出と、その直後に続く 5 章冒頭の問いとの順序関係に注意せよ。ヘーゲルは多くの点でアリストテレスに従っていたが、奴隷身分が関係的概念であるという自明の事実にいっそう深い内容を与えた点でもそうしていた。

27　アリストテレスは 1259b34 seq. において、支配と服従に度合いはないという特殊な主張をしなければならない。これが単に言葉に関する論点ではないとすれば、その限りでそれは、必要とされる制度が奴隷制でなければならないという想定の産物である。

28　Theognis 535; *Pol.* 1254b27 seq.

29　バルバロイは奴隷と女性の違いを見て取っておらず、女性を奴隷のごとくに扱っているが、それはバルバロイは誰もが奴隷のようなものだからだ、というアリ

ストテレス自身の議論 (1252a34 seq.) を参照。奴隷的なバルバロイという常套句については、Eur. *Hel.* 276 を参照（アリストテレスが引用している詩行は *IA* 1400）。βάρβαρος という語がもつ様々な含意、および誰がバルバロイと見なされたかについては、Helen H. Bacon, *Barbarians in Greek Tragedy* を参照。アリストテレス著作集に含まれる観相学的資料については、G. E. R. Lloyd, *Science, Folklore and Ideology*, pp.22–25 [SFI] を参照。この種の身体的特徴についての近代における「科学的」探究については、Stephen Jay Gould, *The Mismeasure of Man*〔スティーヴン・J. グールド『人間の測りまちがい』上下巻、鈴木善次、森脇靖子訳、河出文庫、2008 年〕を参照。

30 AS p.18.

31 Seneca *Ben.* 3.20. 古代奴隷制の廃止はキリスト教のおかげである――さらに言えば、キリスト教は古代奴隷制に反対したという点で注目に値する――という見解は、1771 年にジョン・ミラーによって攻撃され、1875 年にオーヴァーベックによって論破された。Finley, AS p.14 を参照。

32 1260a12–13.〔「支配する力を欠いている」の原文〕"lacks authority" は ἄκυρον の標準的な訳である。この訳の欠点は、この語句が〔女性の従属の〕理由を示す見かけさえしていないということである。この語は「効力をもたない」というより中立的な意味を担いうる。例えば *GA* 772b28 では「生殖能力のない」という意味である。

33 葬送演説におけるこの発言は Thuc. 2.45.2 にある。この状況に関する対立する諸見解については、A. W. Gomme, "The Position of Women in Athens in the Fifth and Fourth Centuries," *CP* 20 (1925); および John J. Gould, "Law, Custom and Myth: Aspects of the Social Position of Women in Classical Athens," *JHS* 100 (1980) を参照。資料は M. R. Lefkowitz and M. Fant, *Women's Life in Greece and Rome* にある。Dover, GPM p.95 seq. は参考文献とともに有用な要約を行っている。また書誌情報付きの有用な梗概として Helene P. Foley, "Attitudes to Women in Greece" in *The Civilization of the Ancient Mediterranean*, ed. M. Grant and R. Kitzinger を参照。Eva C. Keuls, *The Reign of the Phallus* は、アテナイ人男性が女性に対して抱いていた恐れを強調している。

34 Nicole Loraux, *Les enfants d'Athéna*; John K. Davies, "Athenian Citizenship," *CJ* 73 (1977): cited by Goldhill, p.58. ゴールドヒルは市民権の問題が生み出した不安の程度を強調している。

35 S. C. Humphreys, *The Family, Women and Death*, chap.1. ハンフリーズはこの文脈で、悲劇における女性表象を論じている。女性表象はもちろん悲劇というジャンルのごく際立った特徴の一つである（現存する劇作品で女性の登場人物のいないものは『ピロクテテス』の一作のみである）。これについては Nicole Loraux, FT の非常に示唆に富む議論を参照。

36 GPM p.95.

37 *Od.* 5.117 seq.;「へんねしを起こす」〔原文は “resent”〕は ἀγάασθαι (119, 122) の訳である。これは神々が、オデュッセウスとペネロペイアが一緒にいて青春を楽しむことに対して取った態度について用いられている語 (*Od.* 23.211) でもある。

38 Frag. 524 Nauck（『テレウス』). Helene Foley, *Ritual Irony: Poetry and Sacrifice in Euripides*, p.87 は、この一節が結婚生活を奴隷状態に非常に近いものとして描いていると注釈する。

39 近年の研究は、メデイアの最後の昇天の独特な性格、および彼女の性格における「男性的」要素と「女性的」要素の葛藤を際立たせてきた。Bernard Knox, “The Medea of Euripides,” *YCS* 25 (1977), reprinted in WA; Ann Norris Michelini, *Euripides and the Tragic Tradition*, p.87 al. [ETT]; Helene P. Foley, “Medea's Divided Self,” CA 8 (1989). 彼女の有名な最後の長台詞は、ἀκρασία の問題やプラトンの魂の区分との関係でよく論じられてきた。ストア派の諸見解に関する興味深い議論として、Christopher Gill, “Did Chrysippus Understand Medea?” *Phronesis* 28 (1983) を参照。

一部の研究者によれば、この有名な最後の長台詞はこの劇の一部ではない。彼らの提案は、本文批判がその機能をわきまえる分別によって抑制されない場合に抱く自惚れの顕著な例である。ベルクは *Medea* 1056–80 の全体を疑わしいものとして削除した。ディグルは最新のオクスフォード版の本文においてこの点で彼に従っており、彼は M. リーヴの論文 “Euripides *Medea* 1021–1080,” *CQ* n.s. 22 (1972) への参照を求めている。たしかにこの箇所は、劇を解釈する上でのいくつかの問題を示してはいる。実際のところ、最も深刻な問題は解決可能である。1079 θυμὸς δὲ κρείσσων τῶν ἐμῶν βουλευμάτων が「私の怒りは私の推論より強い」を意味すると理解するのではなく—— βουλεύματα はここまで常にメデイアの殺しの計画を指してきている——、「私の怒りが私の計画を支配している」と理解すればよい。Hans Diller, “ΘΥΜΟΣ ΔΕ ΚΡΕΙΣΣΩΝ ΤΩΝ ΕΜΩΝ ΒΟΥΛΕΥΜΑΤΩΝ,” *Hermes* 94 (1966) を参照。ディラーの解釈は、とりわけ H. Lloyd-Jones, “Euripides *Medea* 1056–80,” *WJA* N.F. 6 (1980) に応答する形で、G. R. Stanton, “The End of Medea's Dialogue: Euripides *Medea* 1078–80” *RhM* N.F. 130 (1987) で支持されている。だが目下の関心事は、この提案や、他の個別の提案に関わるものではない。ここでの論点は——そしてこれは根本的な論点だが——、未解決の解釈上の問題があるとしても、その事実を示すために、その箇所（古代によく知られており、純粋に言語的な水準ではほとんど問題のない箇所）全体が劇の一部ではないという意味の括弧を用いるのは極めて不適切だということだ。フレンケルが賢明にも述べたように、「言葉づかいと文体を注意深く検討しても原文が損なわれているという証拠が出てきておらず、それでも意味が不明瞭なままである場合、私たちの内容把握の限界を認める理由にはなるかもしれないが、当の箇所にダガー記号を付す理由にはならない」(*Aeschylus Agamemnon*, vol.1, p. ix)。

さらに今回の場合には、何が問題なのか、また批評家があまりに自由に用いる「整合性」という観念がエウリピデスやこのテクストに適合したものかどうかと

いう点について、反省が必要とされる。Reeve, p.58 は、この箇所の真正性に疑義を呈するある校訂者に言及しつつ、「メデイアの心があちこちに揺らいでいるとしても、彼女がそのつど正確に言って何を考えているのかを観客はわかっているとミュラーは主張してしかるべきだ」と述べているが、この主張は注目に値するものであり、また示唆に富んでいる。当の台詞（とりわけそれが独白であると言える側面）を Seneca *Medea* 893–977 と比較する繊細な論述として、Christopher Gill, "Two Monologues of Self-Division," in *Homo Viator: Classical Essays for John Bramble*, ed. M. and M. Whitby and P. Hardie を参照。

40　Ar. *Ran.* 949–50. 今では Anton Powell, ed., *Euripides, Woman and Sexuality* (London, 1990) を参照。

41　ヘルミッポス : Diog. Laert. 1.33. Aesch. *Ag.* 918 seq.

42　Brown, p.9 seq.: Thomas Laqueur, "Orgasm, Generation, and the Politics of Reproductive Biology, " *Representations* 14 (1986); また今ではラカーの *Making Sex*〔トマス・ラカー『セックスの発明』高井宏子、細井等訳、工作舎、1998 年〕を参照。生殖における女性の役割についての様々な理論、および女性に対するギリシア医学の態度に関するその他の資料については、Lloyd, SFI pp.58–111 を参照。女性の発生に関するアリストテレスの理論は、かなり奇妙な仕方で、彼の一般的な目的論と関係している。すなわち、生殖のシステムにおける本質的要素の一つが、生殖を行う際の約 50% の割合で何かがうまくいかないことに依存しているのだ。ここに倫理的な文脈があるということは、この変則に関連するかもしれない。以下、第 6 章 196–197 頁を参照。

43　Luc Brisson, *Le mythe de Tirésias* に負う。

44　Frag. Hes. 275, Merkelbach and West, p.136 seq. Cf. Hyg. *Fab.* 75; Ov. *Met.* 3.316–39. ブリッソンは、動物界においてテイレシアスに類比的なのはハイエナである——ハイエナは一年の間雄であり、次の一年は雌になると考えられた——という考え (Ael. *NA* 1.25) に言及している。ハイエナが両方の生殖器官をもっているというしばしば繰り返される話を、アリストテレスは *GA* 757a2–14 で斥けている。

45　τὸν θηλύμορφον ξένον *Bacch.* 353; cf. 453 seq. この劇におけるテイレシアスの役柄については、Paul Roth, "Teiresias as *Mantis* and Intellectual in Euripides' *Bacchae*," *TAPA* 114 (1984) で興味深い議論がなされている。他の作品におけるテイレシアスの役割については、Rebecca W. Bushnell, *Prophesying Tragedy: Sign and Voice in Sophocles' Theban Plays*, p.56 を参照。

46　紀元後 2 世紀については Brown, *The Body and Society*, p.9 を参照。この三区分の重要性に関する参考文献も示されている。

47　性とジェンダーのこの区別そのものが、ラディカルな観点からは、自然と慣習のあまりに安易な区別、および身体はもっぱら前者に属するという想定を助長するということで批判されうる。Carole Pateman, "Sex and Power," *Ethics* 100 (1990), 特に pp.401–402 を参照。

48　プラトンのフェミニズムの広がりと深さ如何は近年大いに議論されてきている。有用な議論として、Gregory Vlastos, “Was Plato a Feminist?” *Times Literary Supplement*, 17–23 March 1989. 否定的な見解としては、Julia Annas, “Plato’s *Republic* and Feminism,” *Philosophy* 51 (1976) を参照。

49　相対主義はこの方面の自己満足を必ずしも抑制しないし、自己満足を裏に隠すだけかもしれない。「私たちにとっては不正だ」というのは依然として進歩のように聞こえるのだ。

50　GI p.32〔38 頁〕.

## 第6章

01　ギリシアにおける自然的なものの概念については、とりわけ G. E. R. Lloyd, *The Revolutions of Wisdom*, esp. chap. 1 を参照。

02　教訓になる一例は、ガリレオによる慣性に基づく誤った潮汐論である。この理論が太陽や月からの遠隔作用――ガリレオが（実質的に）超自然的とみなした種類の「影響」――を要求しないことを、ガリレオはこの理論の美徳とみなしている。『天文対話』第四日を参照。これとかなり似通った仕方で、ヒポクラテス派の医師たちは、感染を迷信と考えて無視していたかもしれないと示唆されている。Parker, *Miasma*, p.220.

03　*Metaph.* Λ7.

04　この問題は T. M. Luhrmann, *Persuasions of the Witch’s Craft: Ritual Magic in Contemporary England* において繊細な議論がなされている。ラーマンの扱う対象である人々が、古代ギリシア人と異なり、呪術的実践が支配的な信念体系に認知的に対立する文化に生きているということは重要であり、また彼女の論述にとって中心的でもある。伝統的諸社会における呪術と儀礼、およびそれらと科学的説明との関係についての有用な議論として、John Skorupski, *Symbol and Theory* を参照。

05　“Decision and Responsibility in the Tragedy of Aeschylus,” *JHS* 86 (1966); reprinted in *Oxford Readings in Greek Tragedy*, ed. Erich Segal [OGT].

06　Denniston and Page, *Agamemnon*, p.xxiv n.4. ペイジがこの箇所の著者であることについては前出 9 頁の第 1 章、注 24 を参照。

07　プロメテウス：ἀνάγκαις ταῖσδ’ ἐνέζευγμαι *PV* 108. ヘクトル：κρατερὴ δέ ἑ λύσσα δέδυκεν *Il.* 9.239.

08　Søren Kirkegaard, *Fear and Trembling* (1843), translated by Alastair Hannay, pp.87–89〔キェルケゴール「畏れとおののき」『キェルケゴール著作全集』第 3 巻所収、尾崎和彦訳、創言社、2010 年、81–86 頁〕. 悲劇の英雄アガメムノンに「見る人の目も、信頼に満ちて、彼の上に注がれる」とキェルケゴールが言うとき、それはある意味で正しいが、それは倫理的確信ゆえではなく、観客が悲劇における表象のされ方についての確信を与えられているからだ（エウリピデスにおいては実際のところ、そうした確信はしばしば与えられていない）。キェルケゴールはこの悲

劇の英雄を確かに異なる人物であるアブラハムと対比していた。倫理的なものに反して進もうとするアブラハムの姿勢は、なんら倫理的なものによって媒介されてはおらず、むしろ「背理なものの力によって」進んでいる。「神性に対するこのような関係を異教は知らない」。これはむろん正しい。

09　私は、以下の論文における純粋に哲学的な議論の中で、このアガメムノンの箇所を例に用いた。"Ethical Consistency," *PAS Suppl.* 30 (1965), reprinted in *Problems of the Self.* この論文はいま問題となっている諸論点を主張したが、熟慮的カテゴリーと道徳的カテゴリー、およびそれぞれがもつ「「べき」が「できる」を含意する」に対する関係を、私が現在望んでいるほどはっきり区別していなかった。さらなる省察としては、*Ethics and the Limits of Philosophy*, esp. chaps. 1 and 10〔15–55, 338–380頁〕を参照。ロイド＝ジョーンズは "The Guilt of Agamemnon," *CQ* n.s. 12 (1962), reprinted in OGTにおいて、アガメムノンが二つの犯罪の間での必然的選択に直面していると正しく論じている。

10　FG pp.32–38. ヌスバウムは「ここでは選択と必然性のあいだに両立不可能性はない」ことを見て取っているが、必然性そのものについては不適切な説明をしている。アガメムノンは「彼の選択肢のなかに望ましい案がないという点で、必然性に迫られている」(p.34)。だがこの定式化は論点を主張するのに十分ではない。この定式化が捉えているのは、せいぜい、「彼はXとYの間で選択しなければならない」という表現によって言い表される必然性にすぎない。アガメムノンが辿り着いた必然性とは、Xを選ばなければならないという必然性である。これに加えて、くびきを付けるということに関する注11をも参照。

11　たとえ読みにくい箇所である214–217行目 παυσανέμου γὰρ θυσίας / παρθενίου θ' αἵματος ὀρ/γᾷ περιόργως ἐπιθυ/μεῖν θέμις. εὖ γὰρ εἴη についてヌスバウムの解釈を受け入れるとしても、アガメムノンの殺意を含んだ激情が彼自身の非難すべき失敗であるとみなすように意図されてはいないという主張は成り立つ。だが、いずれにしても、ヌスバウムの解釈には以下の異論がある。

1. ヌスバウムは最後の三語について、アガメムノンがその局面までに、当の行為が二つの悪のなかでよりましであるだけでなく、「敬虔で正しい」(p.35) ことだと考えるに至ったことを示すものだと理解する。これは単にやぶれかぶれの発言のように思われるものに対する過剰な読み込みである。フレンケルが当該箇所の注で述べているように、「[この発言は] 希望に満ちたものに聞こえるかもしれないが、そこに本当の希望はない」のだ。

2. ヌスバウムは、その直前の文が、当の行為が敬虔で正しいことだという考えから、狂乱状態でそれを望むことが敬虔で正しいことだという考えへとアガメムノンが移っていることを示すものだと理解する。215–16のテクストは不確かであり、16世紀以来、多くの校訂者（最も最近ではウェスト）が ἐπιθυμεῖν を欄外注として斥けてきた。ヌスバウムはフレンケルとともに写本のテクストを擁護している（このテクストは間違いなくデニストンやペイジが選ぶシェーマンの πε-

ριόργῳ σφ' ἐπιθυμεῖν よりよい。後者の読みは軍勢に欲求を帰属するか、あるいは非常にもっともらしくない解釈のもとでは、アルテミスに欲求を帰属することになる)。だが写本のテクスト自体は、欲求がアガメムノン自身のものであることを要求しない。写本のテクストが述べるのはただ、宗教的理由(= θέμις)がこの欲求をもつことは適切である——その意味は、人々がそれをもつこと、誰かがそれをもつこと等々でありうる——ということだけである。この箇所をヌスバウムのように解釈しない根拠は二つある。

(a) 214 行目の γὰρ は、その前にあるものの理由を導入していなければならない。θέμις が犠牲への欲求を要求するという一般的な主張は、それを拒否すると脱走になる理由を、圧縮された形で説明していると理解することができる。そして、そう理解するほうが、意思決定がすでになされたしるしだと考えるよりよいと思われる。後者の理解はむしろ 217 行目の γὰρ によりよく当てはまる(フレンケルが引用するヘルマンの注釈を参照)。しかしどう見ても、214 行目の γὰρ がアガメムノンの決断を導入しうるとは考えにくい。

(b) ヌスバウムの読みは、これらの行と、それに続く ἐπεὶ δ' … τόθεν … μετέγνω というストロペーとの、継起的な、さらに言えば対比的な関係を弱めてしまう。コロスは、アガメムノンが必然性のくびきを付けてから、いかにして奇妙で恐ろしいことが起こったかを私たちに告げている。だがヌスバウムにとっては、くびきを付けることが、それらの恐ろしいことをなす欲求を選び取る段階そのものであり、その段階が 214–217 行目で表現されていると彼女は考えているのである。

この最後の論点は、おそらくは最も重要な問題を伴っている。すなわちこの解釈は、くびきという力強いイメージをさらに弱めてしまうのである。ここでの必然性が何であるかについての説明が曖昧であることに加えて(注 10 を参照)、この箇所のヌスバウムの解釈は、アガメムノンが、自分にとっていっそう楽になる方法を探している最中にくびきを付けるという、逆説的な結果をもたらしている。

12 "Politics and Moral Character," in *Public and Private Morality*, ed. Stuart Hampshire, および同書所収のその他の論文を参照。これは、人生や実践におけるある特定の熟慮や熟慮のクラスの位置づけという、より一般的な現象の特殊事例である。この一般的な現象については、私の "Moral Luck," *PAS Suppl.* 50 (1976), reprinted in *Moral Luck*〔「道徳的な運」『道徳的な運』所収、鶴田尚美訳、33–65 頁〕を参照。

13 A. A. ロングによるヌスバウムの *Fragility of Goodness* の短評 (*CP* 83 [1988]) における言葉を参照。彼は『アガメムノン』および『テーバイ攻めの七将』や『アンティゴネ』に関して次のように述べている。「主要登場人物が苦境に立つときに観客が確かに感じるのは、いかなる言語も、とりわけ道徳的なしかつめらしさも、彼らの喪失や破滅を正当に扱うには不十分だということである」。もちろんコロスは、例えば 799 seq. において、申し分なくアガメムノンを批判できる。ヌスバウムは 214–217 行目の自分の解釈を支持しうる箇所としてこの箇所に言及している。彼女が参照するのはとりわけ θράσος [θάρσος Tri.] ἑκούσιον 803 であり、

これは何人かの校訂者が解釈を諦めてきた語句である。しかし、この句が *Od.* 11.438 Ἑλένης μὲν ἀπωλόμεθ' εἵνεκα πολλοί を参照していることは明らかである以上（また *Ag.* 1455 seq. をも参照）、799 seq. をイピゲネイアの供犠と関連付ける理由はまったくない（このことはフレンケルがアーレンスを批判するなかで非常に明確に述べている）。文脈の「全体がアウリスに関係している」(p.433 n.58) というヌスバウムの想定には根拠がない。

14 ὡς Soph. *El.* 571. 彼女は自分が τοῦ τεθνηκότος θ' ὕπερ 554 に語っていると述べていた。次の行で τῆς κασιγνήτης θ' ὁμοῦ と続けるとき、ὕπερ の意味は「に代わって」から「について」に移っている（カマーベークがこの箇所の注で述べるように、ここは「いささかくびき語法的である」)。何かを擁護する語調を用いてから遡及的に中立的な語調に変えることはソポクレスの特徴である。エレクトラの話のなかではもちろんアガメムノンのためらいが強調されており、彼女はアガメムノンが女神の要求によって βιασθείς であったと述べている (575)。

15 「『イリアス』ほど非宗教的な詩は決して存在しなかったというのが本当のところである」(*Introduction à l'Iliade*, p.294; quoted by Lesky, GM p.26) というポール・マゾンの主張と比較せよ。レスキーは『イリアス』が神々の活動に大いに関心をもっていることを根拠にこの判断を斥けているが、まさしくホメロスが神々を扱う仕方そのものがこの主張を立証しているということをニーチェは既に見て取っていた。「ホメロスが人間的になった神々の世界にあれほど通暁し、詩人としての楽しみにあれほどもあずかりえたのは、彼が深いところまで非宗教的な存在だったからにちがいない」（*We classicists* [V 196], UO p.387〔『ニーチェ全集 第五巻（第 I 期）』232 頁〕)。

16 Heracl. frag. 119 DK; Vernant, MT p.30; R. P. Winnington-Ingram, "Tragedy and Greek Archaic Thought," in *Classical Drama and Its Influence: Essays Presented to H. D. F. Kitto*, ed. M. J. Anderson.

17 *Cho.* 435–437.

18 MT p.30. エテオクレスの「意思決定」: *Sept.* 653 seq.

19 これは A. A. ロングが "Pro and Contra Fratricide — Aeschylus *Septem* 653–719," in *Studies in Honour of T. B. L. Webster* で述べた通りである。ロングは、エテオクレスの台詞――それは使者の台詞、およびその最後を締めくくる「エテオクレスは町の治め方を知っている」という発言に対する応答である――の冒頭での激情の迸りのもつ並外れた効果について注釈している。

20 γὰρ 695.

21 O. Regenbogen, quoted by R. P. Winnington-Ingram, *Studies in Aeschylus*, p.16.

22 ヘロドトス (9.16) は、ペルシア軍がもうすぐ全滅させられると悟っているあるペルシア人の話を伝えている。あるギリシア人が、それを責任者に伝えるべきではないかと問う。ペルシア人は ὅ τι δεῖ γενέσθαι ἐκ τοῦ θεοῦ ἀμήχανον ἀποτρέψαι ἀνθρώπῳ と答える。だが彼は、成り行きに影響を与えることができない理由を

与えてもいる。すなわち、真実を語っても、誰もそれを信じないのだと。Cf. Seth Benardete, *Herodotean Inquiries*, p.210.

23 エウリュマコス : *Od.* 2.181–82. 神託はアイスキュロスやソフォクレスの悲劇において最も典型的に用いられる手法である。Cf. J. C. Kamerbeek “Prophecy and Tragedy,” *Mnemosyne* 4 (1965), p.38:「演劇における人間の運命の描写におけるテュケーの役割が増大するにつれて神託や予言の本質的な重要性が小さくなるのは理の当然と言うほかない。そして実際エウリピデスには、意味の深みや範囲において『アガメムノン』のカッサンドラの場面や『オイディプス王』のテイレシアスの場面に比肩する予言の場面はほとんど見当たらない」。この一文は Bushnell, p.114 に引用されている。Parker, *Miasma*, p.13 seq. は、悲劇におけるこれらの手法が民衆の信念を直接的に表現していると想定すべきでないという有用な戒めを与えている。とりわけ彼は、古喜劇において仰々しい神的原因がないことや、高級文芸において予言者が常に正しいのに対して、喜劇においては常に間違っていることを指摘している（p.15; 参考文献は n.69 に挙げられている）。

24 *Cho.* 297–98 τοιοῖσδε χρησμοῖς ἆρα χρὴ πεποιθέναι; / κεἰ μὴ πέποιθα, τοὔργον ἔστ' ἐργαστέον. χρησμοῖς は神託のうち条件文の形で予言する部分——もし従わなければ恐ろしいことが起こるだろうと述べる箇所——を指すというのが最も単純である。この場合 300 行目の θεοῦ τ' ἐφετμαὶ や、それらが彼のその他の動機と同類であるかどうかは両義的になるが、おそらく両義的であってしかるべきである。900–901 ποῦ δαὶ [δὴ Auratus] τὸ λοιπὸν [Nauck: τὰ λοιπὰ M] Λοξίου μαντεύματα / τὰ πυθόχρηστα, πιστά τ' εὐορκώματα; この箇所や他の多くの箇所には真正のテクスト上の問題があるが、何人かの校訂者はいつものごとく、自分たち自身の当惑や不安を、テクストの不要な改竄を通じて表明している。問題全体については、Deborah H. Roberts, *Apollo and His Oracle in the Oresteia* を参照。ロバーツは神託の信頼性とその他の宗教的・倫理的考慮との関係について鋭敏である。

25 物語はこうである。バグダードに住む男が、死神が明日自分のもとにやってくると聞いて、サーマッラーに発った。別の男が死神に会い、夕食を食べていかないかと聞いたが、死神はそれを断って、サーマッラーで先約があるのだと説明した。この話はジョン・オハラの小説の表題になっている。

26 原型となったテクストは Arist. *Int.*, chap. 9, いわゆる「海戦問題」である。この問題やこれに関連する論争の歴史に関する資料は、Richard Sorabji, *Necessity, Cause and Blame: Perspectives on Aristotle's Theory* を参照。古代における最も有名な哲学的議論の一つであるディオドロス・クロノスの「支配者の議論」はこれらの問題に関わっている。参考文献については Sorabji, chap.6 を参照。

27 *Ajax* 753–757;〔英語原文は〕ジョン・ムーアの訳。756–757 ἐλᾷ γὰρ αὐτὸν τήνδ' ἔθ' ἡμέραν μόνην / δίας Ἀθάνας μῆνις P Oxy. 1615, Pearson, Kamerbeek; τῇδε θἠμέρᾳ μόνῃ A[c] rec Schol[1]. テクストは不確かであるとはいえ、ἔτι は非常に効果的である。というのも、私たちが実際に起きたことを知るときに、カルカスが述べたことの

正しさを際立たせるからである。続いて引用されている二行は *Ajax* 778–79 である。

28 Seth Schein, *The Mortal Hero*, p.127.

29 上記、第3章注42を参照。

30 *Die dramatische Technik des Sophokles*.

31 アリストパネスとエウリピデスの関係についての興味深い議論として、Harry C. Avery, " 'My Tongue Swore, But My Heart Is Unsworn,' " *TAPA* 99 (1968) を参照。

32 エウリピデスが宗教懐疑主義者であったかどうかという問題と、彼の一般的見地がより「近代的」である傾向にあるかという問題は、A. W. Verrall の有名な著書 *Euripides the Rationalist: A Study in the History of Arts and Religion* の表題と論旨において混じり合っている。ヴェラルにとってこれら二つの問題はほとんど同じに見えざるをえなかったのだろう。ミケリーニは ETT p.13 において、ヴェラルの立場はエウリピデスの作品における神々が「嘘つきであると同時に嘘でもある」ことを必要としたと指摘している。

33 エウリピデスは、彼の作品のより脱構築的な側面をよく理解することが期待されうる時代にあってさえ、当惑を生む作家であり続けている。ミケリーニは ETT chap.1 において、エウリピデス解釈の有用な変遷史を示している。そこに含まれる所見によれば (pp.49–51)、19世紀初頭にソポクレスが前5世紀の最良の表現に位置づけられ、それまで数世紀にわたって悲劇作家のなかで最も人気があったエウリピデスが格下げされたことは、それ自体古典的なものに対抗する近代的なものの自己定義の一部であった。

34 Michelini, ETT p.86 を参照。

35 Arist. *Poet.* 1453a29. この不満足な著作における他の言葉と同様、この言葉も、それに当てはめるべき考えをすでにもっていればましに見える。この評言は、惨事に終わる作品の問題に関するものである。τραγικώτατος は「最も演劇的」といった意味であるという示唆を私はグレゴリー・ヴラストスに負う。τραγικός が「大仰な」を意味する用法を参照。Plato *Meno* 76E; Ar. *Pax* 136; Dem. 18.313 ἐν τούτοις λαμπροφωνότατος, μνημονικώτατος, ὑποκριτὴς ἄριστος, τραγικὸς Θεοκρίνης; およびヒュペレイデスにおける誇張された弁論を指す τραγῳδία の用法として *Pro Lyc.* 12, *Pro Eux.* 26 を参照。紀元前3世紀までには、エウリピデスは〔定冠詞付きの〕「かの悲劇作家」(cf. LSJ s.v. τραγικός) と呼ばれていた。これはおそらく彼の絶大にして不朽であった人気を示す手がかりであろう。

36 *Catastrophe Survived: Euripides' Plays of Mixed Reversal*, p.15.

37 Bernard Knox, "The Hippolytus of Euripides," *YCS* 13 (1952); p.226 in WA. プロロゴスに関する論点は p.216 を参照。人間的な動機の十分さに関する一般的な論点は多くの論者によって指摘されてきた。例えば R. P. Winnington-Ingram, "*Hippolytus*: A Study in Causation," pp.188–189 は以下のように述べる。「私たちはこの悲劇によって当の神々を理解するのであって、この悲劇をその神々によって理解するので

はない」。これは神々の出現が何の役割も果たさないということではない。このことについては以下を参照。Charles Segal, “The Tragedy of the *Hippolytus*,” *HSCP* 70 (1965), reprinted in his *Interpreting Greek Tragedy: Myth, Poetry, Text*.

38 Plato *Phaedo* 98B–C; cf. Arist. *Metaph.* 985a18.

39 ἐνδέχεται γὰρ τὰς ξυμφορὰς τῶν πραγμάτων οὐχ ἧσσον ἀμαθῶς χωρῆσαι ἢ καὶ τὰς διανοίας τοῦ ἀνθρώπου Thuc. 1.140.1. 他のほとんどあらゆるところで、ἀμαθής はこの「能動的な」意味で用いられる。Edmunds, CI p.16; Ronald Syme, “Thucydides,” *PBA* 48 (1960), p.56; および今では LSJ s.v. の補遺を参照（これもエドモンズが引用している）。ペリクレスとソロンの対比については Edmunds, CI p.81 を参照。「ペリクレスにとって、運とは単なるランダム性である……ソロンにとって、人生の浮沈とは女神モイラとその目的の表現である」。

40 Solon 13 West 63–70, cf. Hdt. 1.32.4; Theognis 129–30; Archilochus frag. 16 West.

41 σύμβολον δ᾽ οὔ πώ τις ἐπιχθονίων / πιστὸν ἀμφὶ πράξιος ἐσσομένας εὗρεν θεόθεν / τῶν δὲ μελλόντων τετύφλωνται φραδαί. / πολλὰ δ᾽ ἀνθρώποις παρὰ γνώμαν ἔπεσεν *Ol.* 12.7–10. σύμβολον の由来を思い出しておくことには意味がある。それは、陶片などの物体が二つに割られ、符合する部分を各々の側が取っておくというものである。

42 ここでの主張は、因果的説明と、行為についての日常的心理学との間に矛盾はないということである。これはしばしば両立論と呼ばれる立場とは異なる。両立論が主張するのは、因果的説明が私たちの現在の道徳的概念と両立可能だということである。この主張は非常に疑わしい。というのも、私たちの道徳的概念のいくつかは、行為についての日常的な心理学と整合的かどうかが明らかでないからである。このことや、因果に反する（あるいはまた非決定論的な）選択概念は役に立たないだろうということを、私は “How Free Does the Will Need to Be?” で論じた。

43 *EN* 3, chap.1.

44 *Hdt.* 7.172, 174.

45 58A–B. 説得が快いものでありうるという一般的な考え方はむろんありふれている。例えば *Il.* 14.216–17; *PV* 172–73, καί μ᾽ οὔτι μελιγλώσσοις πειθοῦς / ἐπαοιδαῖσιν θέλξει. πειθώ と対比される様々な事柄について以降で触れる論点を含む有用な記述として、R. G. A. Buxton, *Persuasion in Greek Tragedy* を参照。説得される側の協力があるという、プロタルコスの発言に伏在する考えは、きわめて洗練された形で、ゴルギアス自身に妥当な仕方で帰属できる。「かくしてゴルギアスにとって、説得の過程は、ロゴスの非合理的な力による理性の単なる征服より複雑である。感情に訴えるロゴスのこの働きにおいては、むしろ、魂における共犯関係が結ばれているのだ」(Charles Segal, “Gorgias and the Psychology of the Logos,” *HSCP* 66 [1962])。

46 第 2 章、51–53 頁を参照。『国家』において性欲は食欲と同様に扱われている

(558D–559C)。しかし『パイドン』においては、賢者にとって性欲は必然的欲求ではないと見なされている (64D)。この対比は、マーサ・ヌスバウムが、セックスに対するエピクロス派の態度についての興味深い議論のなかで指摘している。“Beyond Obsession and Disgust: Lucretius’ Genealogy of Love,” *Apeiron* 1989.

47 Artemidorus *Oneirocriticon* 1.79. 私はこの参照箇所を Brown, *The Body and Society*, p.84 に負う。上記のプラトンの言葉づかいについては、例えば *Rep.* 458D を参照。

48 *Rep.* 514E. グリーンブラットの所謂「記号は充実していると同時にまた記号は空白でもある」という観念の組み合わせは、プラトンに特有のものではない。「ルネサンス期イングランドの文学において、そのパラドックスがたぶん一番精妙に実現化されているのは、プロスペローの二重の幻想の中においてである。つまり、絶対的幻覚としての芸術（「この幻しの根拠のない織物」）（4 幕 1 場 151 行）と、絶対的力としての芸術（「墓はわたしの命令で／そこに眠れる者を起こし、口を開けて、彼らを吐き出した／わたしのこれほど力のある技で」）（5 幕 1 場 48–49 行）である」(Greenblatt, *Marvelous Possessions*, p.116)〔S. グリーンブラット『驚異と占有』荒木正純訳、みすず書房、1994 年、185 頁〕。

49 第 5 章、137–138 頁および 147 頁を参照。しかしながら、アリストテレスが政治的指導者の ἀρχή と、主人の奴隷に対するそれとの違いを強調している点は重要である。例えば *Pol.* 1252a17–18、および Schofield, p.16 seq. を参照。

50 独白ではない言葉のやり取りの要求は、ソフィストや弁論家を前にしたときにとりわけ強調される。*Grg.* 462A, *Prt.* 334C–336D, *Rep.* 348A7–B9, 350E11–351A2.『パイドロス』においては、プラトンの手続きは、独白を避けることで説得の問題が必ずしも回避されるわけではないという論点をプラトン自身が受け入れていることをいっそうあからさまに示している。「プラトンは、真理は説得なしには無力であるという弁論家の主張を受け入れ、それに従っている」(Ferrari, *Cicadas*, p.58)。

51 『ティマイオス』51E はプラトンが説得と理性や知識との好ましからざる対比を行っている箇所であるが、同じ対話篇の 48E では νοῦς が ἀνάγκη を説得によって支配している。また『ゴルギアス』自体の 453E–454E においても、πειθὼ διδασκαλική というものがあり、それが ἐπιστήμη をもたらしうる。*Leg.* 719E9, 722B6 では πειθώ が刑罰によって脅すことと対比される。これは πειθώ と βία の標準的対比、さらには πειθώ と ἀνάγκη の標準的対比に即したものである。例えば Isoc. *Antid.* 293–94, Hdt. 8.111; これについては Buxton, esp. p.42 seq. を参照。

52 そうした説明はそれ自体、ある種の信念と結論は不可避である——すなわち、事実と論理の諸制約がある——という基本的な論点を考慮するものでなければならない。いかにしてある種の信念がそうした性格をもつのかは認識論の中心的問題であり続けており、合理性のプラトン的（ないしデカルト的）モデルを正しく斥けるいくつかの理論はそれに十分に答えていない。中心的な考察となるのは以

下のことである。すなわち、例えば事実についての真なる信念の形成のされ方についての正しい理解は、それらの信念を揺るがす傾向をもたないが、例えばイデオロギー的な信念の場合は典型的にはその反対が成り立つ。このことは――明白な真理とは言いがたいとはいえ――啓蒙思想の企ての中心にある真理である。

53 第4章118–119頁、125頁、および附録1を参照。プラトンが真の道徳的自律の方向にどこまで進んだかを判定する際に進歩主義的思想家たちが直面した困難をもう一度思い出す必要がある。

54 第1章注17において言及されている諸著作を参照。これと類似の論点が、Michael Sandel, *Liberalism and the Limits of Justice*〔マイケル・J. サンデル『リベラリズムと正義の限界』菊池理夫訳、勁草書房、2009年〕によるロールズ批判のなかで強調されている。サンデルの定式化が含意しているようにしばしば見える相当にヘーゲル的な選択肢に、サンデルがどれほどコミットしているのかははっきりしない。

55 *EN* 1103a24.

56 *Daybreak*, translated by R. J. Hollingdale, p.168.〔『ニーチェ全集　第九巻（第Ⅰ期）』氷上英廣訳、白水社、1980年、168頁〕。また『偶像の黄昏』中の「私が古人に負うているもの」第2節〔『ニーチェ全集　第四巻（第Ⅱ期）』西尾幹二訳、白水社、1987年、147–149頁〕をも参照。

57 完全な引用は上記20頁を参照。「道徳化されていない残酷な形式」という言葉は、より広い可能性を示唆している。

58 上述のプラトンとカントにおける無性格の道徳的自己の概念と同様に、カントは彼以前の哲学に対するこの批判に意識的であり、それどころか実質的にそれを発明したのだということを、哲学史家たちはよく主張しており、それは正しい。独断的哲学に対立するものとしての批判哲学の計画は、この問題の克服のために立案されている。だがカントは、彼の超越論的心理学と、それに依存する道徳哲学において、この問題の克服に失敗している。カントの言葉では、実践理性は自己に対して立法を行い、法を外的源泉から引き出してはいないのだが、それでも、理性の諸制約が道徳法則を内在的に生み出すということは依然として真実である。カント以降の哲学の多くは、批判哲学がこの点や他の様々な点で自己破壊的であるという事実に関心を抱いてきた。

59 トゥキュディデスとソポクレスの間のここで提案された種類の関係は、F. M. Cornford, *Thucydides Mythistoricus*〔コーンフォード『トゥーキューディデース』大沼忠弘、左近寺祥子訳、みすず書房、1970年〕が提案する、この歴史家と悲劇との関連とは混同されるべきでない。コーンフォードは、トゥキュディデスが本当の意味で実証主義的な歴史を生み出す資源を欠いていたがゆえに、悲劇的な語りの形式に無意識のうちに陥ったのだと主張した。

60 *Réflexions sur la tragédie* [1829], pp.945, 952–53. この主題についての長大な議論のなかで、コンスタンは次のようにも述べている。「社会秩序、社会が個人に及

ぼす作用、... この諸制度と諸慣習の網目は、私たちが生まれた時から私たちを包み込み、私たちが死ぬまで断ち切られることがない。これらは、私たちが取り扱うすべを心得るしかない悲劇的原動力なのである。それらは古代人における運命性と完全に等価である。それらの重圧は、その運命性のうちの抗しがたく抑圧的な側面を全て含んでいる。それに由来する習慣、思い上がり、軽薄な冷酷さ、頑固な無関心は、絶望や痛ましさの点で、古代人における運命性に含まれるものを全て含んでいる」(p.952)。

61 本章ですでに引用したヘラクレイトスの句、ἦθος ἀνθρώπῳ δαίμων は、ダイモーン的なものがなくとも成り立つ。性格、自己、個人のプロジェクトという観念自体が放棄されれば、言うまでもなく、私たちと悲劇との間の隔たりのみならず、私たちと本論考で論じた他の作品のほとんどとの間の隔たりは大きくなる。これらの観念を放棄すべきだとする議論について、私は論じてこなかった。そうした議論は、私の知る限りどれも、それらの観念がプラトン的、デカルト的ないしカント的な含意をもつという想定に基づいている。本論考のねらいの一つは、まさしくそれらの含意をこれらの観念から切り離すことであった。

62 *The Rhetoric of Reaction*〔アルバート・O. ハーシュマン『反動のレトリック』岩崎稔訳、法政大学出版局、1997年〕。これはハーシュマンが「逆転テーゼ」と呼ぶものである。彼が指摘するように (pp.16–17〔19–20頁〕)、このテーゼは例えばド・メーストルにおけるような明示的に超自然的なヴァージョンでも存在する。

63 Hes. *Op.*, esp. 90 seq., 109 seq.

64 *Pyth.* 4.263–69. ここで提案された翻訳〔"Take to heart what may be learned from Oedipus"〕はありうる翻訳であり、かつ γνῶθι νῦν τὰν Οἰδιπόδα σοφίαν という語句の意味をいっそう興味深いものとしている。これについて（およびシュレーダーが最初に提案した *Il.* 1.234–38 との関連について）Charles Segal, *Pindar's Myth-making: The Fourth Pythian Ode* を参照。B. K. Braswell, *A Commentary on the Fourth Pythian Ode of Pindar* などが採用する従来の見解は、これを謎掛けに注意を向けるものとしてのみ理解している。これは古注家に従った解釈である。Προτρέπεται τὸν Ἀρκεσίλαον ὁ Πινδάρος συνορᾶν αὐτοῦ τὸ αἴνιγμα.

附録 1

# 恥と罪のメカニズム

恥と罪それぞれの感情について、その心理学的モデルには内面化された人物存在が含まれている。恥の場合には、本文で示唆したように、観察者ないしは目撃者である。罪の場合、内面化された存在は、犠牲者ないしは執行者である。

こうしたモデルを用いた説明が有益なものとなるためには、対象の感情の最も原初的なレベルの説明において、説明されるべき当の感情に訴えてはならない。よって、「内面化された存在が主体のうちに罪や恥をもたらす」といった説明はうまくいかない。罪の場合、この条件はクリアすることができる。というのも、最も原初的なレベルにおいて、内面化された存在のもつ態度は怒りであり、それに対する主体の反応は恐れだ、と想定することができるからである。最も原初的には、これは、怒りについての恐怖（fear *of* anger）というよりも、怒りへの恐怖（fear *at* anger）である。前者は、愛を失うことについての恐怖といったものと同様、もう少し複雑に発達したものである。

このような原初的な基盤レベルから、しばしば「ブートストラップ〔自分の靴を持ち上げて自分を持ち上げようとすること〕」と呼ばれる方法において、社会的、倫理的、道徳的観念を段々とより多く伴った反応を含むように、モデルを発展させることが可能である。かくして、ただの怒りへのただの恐れが、非難されることへの恐れとなり、やがてそれは、主体が正当な非難とみなすものへの反応として限定されることが可能になる。罪中心的で自律的な道徳文化において、このような発展の到達点とは、主体と内面化された存在との間に距離がなくなり、ある抽象——つまり道徳的な法——が主体の一部となって、罪という感情をもたらすとみなされるようになることである。このような理想化された描像は、完全な道徳的自律性という虚像をもたらすのだが、それについては本文で批判しておいた。しかし、その論点に加えて、このような描像は、罪の原初的な基盤を消してしまうことでその美点まで隠してしまう、ということも指摘できる。この点については、この附録の最後

にまた立ち戻ろう。

恥の場合には、このような発達の物語は、いまひとつより複雑なものとなる。裸であることを実際に見られるという初歩的な状況から出発すると、本文中で示した通りの理由のために、内面化へ至る直接的な理路がなくなってしまう。すなわち、想像上の観察者に対して裸であるというのは、いかなる晒されでもなくなってしまうのである。いかなるものであれ、内面化のプロセスによって恥を説明するというのは奇妙に思われるかもしれない。この謎を解くのは、恥の根源が、見られた裸の状態そのものというよりも、むしろ、その強力な表現となっているような——すべてではないが多くの文化においてそうなるような——あるものに存しているという事実である（裸を見られることがこのような力を発揮する文化というのは、我々のそれやギリシア人たちのそれを含むとはいえ、何を裸とするか、あるいは何が裸を見てしまうこととして不適切であるのかといった点についての慣習は、二つの文化においてむろん異なるし、その文化の内部ですら異なるものだろう）。恥の根源は、より一般的な意味での晒され、つまり不利な状態に晒されることにある。すなわち、一般性の高い言い方で言い直せば、力の喪失と呼ぶべき状態である。恥の感覚というものは、このような力の喪失を意識した主体の生み出す反応である。本文中でも引いたガブリエル・テイラーの言葉を借りれば、それは、「自己防衛の感情（the emotion of self-protection）」である。

裸であるという状況はきわめて直接的なものであると同時に、非日常的な経験である。というのも、そこで経験される力の喪失は、現実に見られることによってそれ自体構成されるからである。この点について興味深い論点は、テイラーが引き合いに出す、マックス・シェーラーの示した事例に現れている。それは、画家のためにポージングしていたモデルが、画家の視線がモデルに対するものではなくて性的な対象に対するものになっているとわかったとき、恥ずかしさを感じるというものである。テイラーはこの事例を説明するために、第二の、想像上の見物人を導入するが、私はそれが必要であるとは考えない。むしろ、状況の変化によって、重要な種類の守られていない感覚、あるいは力の喪失が経験されたとみるのが妥当だろう。この経験は、それ自体、現実のまなざし——特別な、性的な関心によるまなざし——によっ

て構成されている。彼女はそれまではモデルという役割に覆われていた。しかし、その覆いは取り払われてしまい、彼女は欲望の眼に対して、本当の意味で晒されるがままになっているのである。

より一般的に言えば、力の喪失は実際には観察者の存在によって構成されるわけではない。たとえそれが「他の人の目の前での」力の喪失だとしてもそうである。内面化のプロセスはこの時点で可能になり、恥の発生において付与される倫理的内容の増加によって「ブートストラップ」が進みうるのである。

現実の観察者を必要とするようにみえながらも、実際はそうではない事例というものもある。例えば、私が自分の靴紐で躓いて、落とした荷物を拾おうとしてさらに帽子を落としてしまったとしよう。私は、馬鹿みたいな気分になり、ちょっとした恥じらいや決まり悪さを経験するだろう。この感情は誰かに見られていたらもっとひどいものになるが、誰もいないからといって霧消するようなものではない（孤独な漂着者が、そのような感情をなくしてもおかしくはない——だが、その人が、社会生活の可能性が途切れることを防ぐ訓練として、そうした感情を残そうとしうることは、注目に値するだろう）。「ブートストラップ」が進み、倫理的考慮がより関連づけられるにつれて、段々と観察者は現実にそこにいる必要がなくなってくる。理想化された他者がその役割を担うからである。理想化された他者はそこで観察者の機能を果たす。すなわち、その目の前で、主体が失敗してしまった、あるいは力を失ってしまったような観察者がいて、その人が不利な状況に置かれているという事実を主体に知らしめるのである。

罪の場合とは対照的に、恥において、観察者が怒っている、あるいは敵対的である必要はない。必要なのは、観察者がまさにその状況や特徴を観察しており、そこにおいて主体が不十分さ、失敗、あるいは力の喪失を感じているということである（文字通りの裸の場合では、観察者は主体にとって、その裸をまさに見てしまった存在であってこそ恥を引き起こすはずである）。しかしながら、そこで観察者がこの主体の力の喪失を、力の喪失としてみなさねばならないとまで言う必要はない。このことは、絵画モデルの事例で明らかであろう（画家は、自分の欲望を惹き起こすなんて彼女にとっては名誉なことだ、などと

考えているかもしれない)。そして、本文中で示したより一般的な論点に示されるように、人は間違った人びとから称賛されることに恥を感じるということがありうるのである。

この論点は、内面化された存在についても等しく成り立ちうる。ある人は、それをしたら校長先生に褒められてしまうだろうなと考えて、むしろその行為を恥ずかしく思うかもしれない。とはいえこれは、明らかに二次的なメカニズムであって、ある種の意識的なプロセス、あるいはそれに近いプロセスが必要とする。恥の倫理的な働きをモデル化するならば、自然な成り行きとして、それは、ある存在の内面化として理解されるだろう。すなわち、主体の失敗をただ失敗として捉える存在——言い換えれば、そこにおいて失敗が規定されるような、主体に対するある期待の基準を共有している存在の内面化である。

こうして罪と恥をモデル化することで私たちは、なぜ恥が、その本性からして罪よりも自己愛的な感情として考えられてきたのか、その理由を理解することができるだろう。観察者の視線は、観察者に対する主体の注意ではなく、むしろ主体自身への注意を喚起する。これに対して被害者の怒りは、被害者に対する注意を喚起するのである。恥に対するこのような自己愛の疑いは、本文中でも論じたように、恥が結びつくことが可能な対象への視野を広げることで、そして、『ヒッポリュトス』で特徴的にされたような種類の区別を行うことで、晴らすことができる。ここではしかし、罪についても念頭に置くべきことがあるとも指摘しておこう。恥と対比されるとき、罪それ自体に内在するよさというものが、私たちが誤って行った行為の被害者へと注意を向けることにあるとすれば、そこでの被害者やその感情といったものは、罪を構成するものとして現れていなければならない。それは、罪の原初的なモデルにおいてそうであったのと同じである。しかし、罪の概念理解の洗練といったものがある点を超えて、怒りや恐れといったその原初的な素材を忘れ去ってしまうとき、罪は、抽象的な法に対する尊敬の態度といったものとして単に表現され、犠牲者との特別なつながりをもはや欠いてしまう。被害者は、むろん法の侵害の具体的な説明においてまた現れるにせよ、そこではもはや、被害者の存在や考慮は、恥の場合よりも特別な位置を占めているわ

けではなくなっている。このことこそ、罪の概念の洗練がその美点をむしろ隠してしまうと先に指摘した際に、私の念頭にあったことである。

近代の道徳概念を擁護する者はほとんどいつも、それが四つの事柄を調和的かつ意義深い仕方で結びつけていると前提してきた。すなわち、恥に対する罪の優位性、主体ではなく被害者に注意を向けることでの自己愛の超克、道徳的自律性、そして、自発性の要求。私は本文（93 頁〔116–117 頁〕）において、最初の二つの事柄――罪の優位性と自己愛の超克――が自発性への要求と簡単に結びつくわけではないことを指摘しておいた。本附録での議論は、その二つが、道徳的な自律性とも簡単に結びつかないことを示すだろう。

附録２

## パイドラの区別
## ——エウリピデス『ヒッポリュトス』380–387

τὰ χρήστ᾽ ἐπιστάμεσθα καὶ γιγνώσκομεν,
οὐκ ἐκπονοῦμεν δ᾽, οἳ μὲν ἀργίας ὕπο,
οἳ δ᾽ ἡδονὴν προθέντες ἀντὶ τοῦ καλοῦ
ἄλλην τιν᾽. Εἰσὶ δ᾽ ἡδοναὶ πολλαὶ βίου,
μακραί τε λέσχαι καὶ σχολή, τερπνὸν κακόν,
αἰδώς τε. Δισσαὶ δ᾽ εἰσίν, ἡ μὲν οὐ κακή,
ἡ δ᾽ ἄχθος οἴκων· εἰ δ᾽ ὁ καιρὸς ἦν σαφής,
οὐκ ἂν δύ᾽ ἤστην ταὔτ᾽ ἔχοντε γράμματα.

387　　ταὔτ᾽ L; ταῦτ᾽ rell.

この一節にはいくつか問題があり、それらは専門家の注意を惹いてきた。

（1）383 行目の ἄλλην τιν᾽ は「ある他の快楽」を意味するのか、それとも、「何か他のもの、すなわち快楽」を意味するのか。バレットは（プラトン『パイドン』110E やその他いくつかの箇所を引きつつ）後者の解釈が可能であると論じ、また ἀργία が快楽ではないことを根拠に、後者の解釈が必然的であるとも論じた。しかし、この解釈がこの文脈において言葉づかいの面で自然であるかどうかは論争の種となってきた。その最大の理由は、ἄλλην ἀντί が ἀλλην ἤ の言い換え表現として広く認められていることである。いずれにしてもウィリンクとクラウスは、この解釈が必然的なわけではないことをはっきりさせた。エウリピデスまたはその登場人物が ἀργία を快楽とみなしていたと考えようと考えまいと、実際のところ、そのことはここで問題とされている対比ではない。ここでの対比はむしろ τοῦ καλοῦ との対比であって、τοῦ καλοῦ の追求はそれ自体快楽である。クラウスは適切にもデモクリトスを引用している（frag. 207 DK): ἡδονὴν οὐ πᾶσαν, ἀλλὰ τὴν ἐπὶ τῷ καλῷ αἱρεῖσθαι

χρεών.

(2) なぜ αἰδώς を快楽に分類しうるのだろうか。バレットが言うには、「文字どおりに理解すれば、パイドラは αἰδώς を快楽と呼んでいる。だが αἰδώς は快楽ではない。そこで、文字どおりに読みたがる校訂者たちは、本文に修正を加えようとしてきた。しかし、パイドラの言葉を文字どおりに理解すべきではないのだ」。そして彼は、αἰδώς が快楽ではないさらに別のもの、τὸ καλόν をなすことをやめさせるものとして導入されていると主張する。バレットの結論は正しいかもしれないが、αἰδώς が快楽でありうるかどうかという問いはこれほどさっさと答えてしまえるものではない。この問いへの答えは、αἰδώς について何が言われているかという中心的な問題に依存しているのだ。

(3) 何よりまず、ここでなされている区別は、二種類の αἰδώς の間の区別なのだろうか。そうだというのが伝統的な解釈だが、そうした解釈はしばしば言語学的な問題をもたらすと考えられてきた。その問題とは、δισσός の複数形が単数形の名詞とともに用いられる類例がなく、いわんや複数形をもたない単数形の名詞とともに用いられる例は他にないということだ。δισσός は「二つ」を意味する場合でさえ単数形で用いられる（δισσὴ μερίμνα *Hec.* 297）。「二種類の」を意味する場合はなおのことだ（と論じられる）。この議論に基づいて、例えばマハフィとビューリーによって、この一節の真正性に疑義が呈されてきた。

ウィリンクはこのことを問題だと認めた上で、δισσαὶ δ᾽ εἰσίν が αἰδώς ではなく諸快楽について述べたものだと示唆している。しかし、いったいなぜこの箇所で諸快楽の区別が問題になるのかは全く説明していない。またこの解釈は、これを採用するコヴァクスが認めるように、それだけでリストをありそうもないほど凝縮されたものにしてしまう（コヴァクス自身は悪あがきをして、一行半が脱落したのだと示唆している）。

おそらく、δισσαί の構文が普通でないという論点が、それ自身に対する答えになっている。問題とされるものは二つあり、それらは 387 行目でそれとして言及されている。すなわちそれらは同じ “αἰδώς” という名前で呼ばれる二つのものである。この語に複数形がないという事実自体が、この後に続く、

αἰδώς という一つのものは二つのものだという考え、言うなれば二つの αἰδώς どもがあるという考えを、当の構文が印象的な仕方で導入する助けになっている。

(4) では、それら二つの αἰδώς とは何なのか。バレットは、悪い αἰδώς は優柔不断に存すると示唆し、この箇所に関する「最良の注釈」は Plut. *De vit. mor.* 448 seq. に見られると述べる : παρὰ τὸν λόγον ὄκνοις καὶ μελλήσεσι καιροὺς καὶ πράγματα λυμαινόμενον. だがこの箇所は、この文脈では、助けにならない。これらのためらいは τὸ καλόν に従いそこねることそのものである。つまり、説明を与えているとされるこの箇所が示しているのは、結果であって原因ではない。バレットは正当にも、αἰδώς の二面性に関する原型的な一節である Hes. *Op.* 317–319 に注意を促しており、またそこでの αἰδώς のもつ悪い効果とは「[貧しい者が] 自ら率先して行動するのをためらわせる劣等感」であるというシンクレアの説明を引用している（*Od.* 17.347 におけるこれと関連する考えは、二種類の αἰδώς を話題にしてはおらず、間違いなく αἰδώς であるものが貧しい者にもたらす不利益を話題にしているだけである。ヘシオドスのこの箇所についての類似の見解はウェストの当該箇所の注を参照)。ヘシオドスのこの箇所はたしかに結果のみならず原因を示している。それはすなわち社会的な気恥ずかしさである（本文 98 頁で引用したイソクラテスの一節を参照)。問題は、この種の原因を、有益な影響をもたらす αἰδώς と対比して、最も一般的に記述するとどうなるのかということである。

この対比の本質はメリディエが当該箇所の注でうまく表現している。「悪い恥じらいとは、すなわち外部からの力への臆病なへつらいであり、義務を忘れさせる（そして善いことをなすのを妨げる）ものであるが、他方で善き恥じらい、すなわち慎みは、悪事を働くのを思いとどまらせる」（強調はメリディエによる)。これは当の対比についての伝統的見解である。ヴァルケナルが巧みに述べたとおり（1768)、「パイドラが非難していたのは悪い［恥じらい］である。それにより私たちは、他の人々の年齢や名声や権力を畏怖し、悪事を勧める人々に従い、そして私たちがまずもって私たち自身に負うところの恥じらいをけがすのである」。悪い種類の αἰδώς とは、外的な社会的力によって行為者を圧倒してしまうような、一種の恐れ、ないしは他のそうし

た動機である。

パイドラの言葉に関するこうした説明をもとにすると、αἰδώς が慣習的な意見への恐れ以上のものでありうる一方で、場合によっては単なるそうした恐れでしかない理由は明らかである。この説明はまた、αἰδώς が快楽でありうる理由も示している。チャールズ・シーガルが述べているように（“Shame and Purity”）、それは社会的快楽、すなわち心地よさや安心感なのである。ドッズも 1925 年の興味深い論文においてこれに似た区別を了解していた。彼はさらにそれを、パイドラが αἰδώς について行っているそれ以前の二つの言及（彼女の αἰδώς への言及はそれらに尽きている）に関連づけている：「244 行目では αἰδώς が彼女を救い、335 行目では αἰδώς が彼女を破滅させる」。

ウィリンクはバレットのアプローチが前 5 世紀の諸価値に十分に即したものではないと主張する。だがウィリンク自身の説明には進歩主義的前提が目立っており、5 世紀の作家には αἰδώς が悪事を働く原因になりうるとは考えられなかったであろうなどと彼が結論するのは、そうした進歩主義的前提の強力さを顕著に明るみに出している。だが αἰδώς の二面性はエウリピデス自身が『エレクテウス』で直接的に表現しており、複数の校訂者によって引かれている（frag. 367 Nauck）: αἰδοῦς δὲ καὐτὸς δυσκρίτως ἔχω πέρι· / καὶ δεῖ γὰρ αὐτῆς κἄστιν αὖ κακὸν μέγα.（また第 4 章注 46 で引用されているデモクリトスの frags. 244, 264 DK をも参照。）この断片で言及されている αἰδώς の両義性が、目下の箇所で二種類の αἰδώς として表されているものと同じだと想定するのは理に適っている。その両義性とは、臆病で、受け身の、慣習的な αἰδώς と、確固として、能動的で、（必要とあらば）単なる慣習的期待から独立した αἰδώς の間の両義性である。これは、本文の説明に基づくなら、恥そのものに内在的な二元性である。

上記の『エレクテウス』断片の意味するところは、単に話し手が αἰδώς の価値について心を決めかねているということではない。むしろ、αἰδώς には不明瞭、両義的ないし見分けがたいところがあるということなのである。δύσκριτος という語は、何かの正体や意味を識別しがたいという考えと結びついている。『縛られたプロメテウス』における複数の出現箇所においてもそうである。すなわち星々の出没 458, 鳴き声 486, 神託 δυσκρίτως εἰρημένους

662. また Ar. *Ran.* 1433 τὸν σωτῆρα δυσκρίτως γ᾽ ἔχω は「彼らのどちらが救い主なのか見分けがたい」という意味である。このことは一見、目下の箇所における καιρός への言及にうまく合致している。だが重大な問題がある。

（5）εἰ δ᾽ ὁ καιρὸς ἦν σαφής は何を意味しているのだろうか。少なくとも二つのことが明らかであり、そのどちらについてもバレットが見事に論じている。一つは、καιρός が時間を指す必要はなく、より一般に適切さを指しうるということである。バレットはエウリピデスから *Hec.* 593 (cf. 594), *Or.* 122, frag. 628 Nauck を引く。第二に、καιρός は実際に適切さを含意しており、ヴィラモーヴィッツが目下の箇所を説明する際に主張したように、単に中立的に「区別」を意味していることはありえない。καιρός は常に何らかの対比の正しい側を選ぶのである。

これらの論点を保持するなら、目下の文脈において καίριος「適切」でありうるもの、あるいはまた ἄκαιρος「不適切」でありうるものが何であるかを述べる必要がある。それを二種類の αἰδώς（ないしはそれらに結びつく行為や動機）であると解釈するなら、一方の αἰδώς、つまり悪い方が適切であることなど決してないという明白な問題に直面することになる。それゆえパイドラは（例えばバレットが彼女に言わせているように)、「仮に恥ずべき行為の καιρός が σαφής であるなら、異なる二種類の行為に異なる二つの語があっただろう」と言うことはできない。仮に適切な行為——すなわち善い αἰδώς を表すような行為——の機会がはっきりしているなら、これら二種類の行為の一方は存在しないであろう。

この問題の解決策は、それこそ最後の行が述べていることだと見て取ることにある。想定されている状況下では、私たちがどう対応すべきかが常にはっきりしているのだが、その場合 “αἰδώς” というこの一つの名をもつべき二つのものが存在することはないだろう。この行は、一般に想定されているように、名がもう一つあることになるだろうという意味ではない。むしろ、事物が一つ少なくなるだろうという意味なのだ。考えの中身は以下のとおりである。「仮に私たちがこれらの種類の動機から行為する適切な方法をつねにはっきり見て取れるなら、これら二つのもの——善い αἰδώς と悪い αἰδώς、すなわち自尊心と単なる気恥ずかしさや社会への順応——が存在して、現実

にそうであるようにこの一つの名を担うということはなかっただろう」。

以下のことが、この説明に対する反論になると思われるかもしれない。すなわちこの説明に従うと、καιρός が σαφής であれば正しい行為がそれに続くことになり、それゆえこの説明は、目下の箇所の冒頭で言われていることに反して、知性主義的な考え方を導入することになると。しかし、これは誤解であろう。パイドラは 381–382 で、私たちが τὰ χρηστά を知っていると述べている。これらは善い αἰδώς の典型的な表れを含んでおり、悪い αἰδώς の典型的な表れを排除している。そして、一般的な水準では、それらの表れが χρηστά であるか否かを私たちは知っている。だが、私たちはつねに正しく行為するわけではない。なぜなら、特定の場合においては、καιρός は σαφής ではないからである。私たちは何が適切な行為かを見て取ることに失敗し、どの行為がどの種類の動機の表れになるかを見て取ることに失敗する。この非常によく分かる記述が知性主義的になるのは、失敗の原因が、愚かさや無知、不注意のように、知性主義的に特徴づけられる場合に限るが、実際にはそうした特徴づけはなされていない。当の原因は、恐れや承認欲求、あるいはヴァルケナルが列挙した見当違いの敬意といった、悪い αἰδώς に属する動機に基づいている。これがパイドラの言及する（社会的な安心感という）快楽である。

この解釈は 387 行目の ταὔτ’ という読みを排除しないが、それを要求するものでもないということは、おそらく述べておくべきだろう。おそらく ταὔτ’ が正しい読みであり、L 写本の ταὔτ’ は、誰かが、その後のほとんどの学者たちと同様に、パイドラが私たちの情操の改善ではなく言葉づかいの洗練について論じていると解釈した上で行った、巧みな推測なのだろう。

# 参考文献一覧

## 略号

*AJP: American Journal of Philology.*
*BICS: Bulletin of the Institute of Classical Studies, University of London.*
*CA: Classical Antiquity.*
*CJ: Classical Journal.*
*CP: Classical Philology.*
*CQ: Classical Quarterly.*
*CR: Classical Review.*
DK: *Die Fragmente der Vorsokratiker,* ed. Hermann Diels, rev. Walther Kranz. 6th ed. Zurich, 1951.
*HSCP: Harvard Studies in Classical Philology.*
*JHS: Journal of Hellenic Studies.*
LSJ: Liddell, Scott, and Jones, *A Greek Lexicon.* 9th ed.
*PAS Suppl.: Proceedings of the Aristotelian Society, Supplementary Volume.*
*PBA: Proceedings of the British Academy.*
*PCPS: Proceedings of the Cambridge Philological Association.*
*RhM: Rheinisches Museum.*
*SHAW: Sitzungsberichte der Heidelberger Akademie der Wissenschaften.*
*TAPA: Transactions of the American Philological Association.*
*WJA: Würzburger Jahrbuch für die Altertumswissenschaft.*
*YCS: Yale Classical Studies.*


Adkins, A. H. [MR] *Merit and Responsibility: A Study in Greek Values.* Oxford, 1960.
———. [MO] *From the Many to the One: A Study of Personality and Views of Human Nature in the Context of Ancient Greek Society, Values, and Beliefs.* London, 1970.
Annas, Julia. "Plato's *Republic* and Feminism." *Philosophy* 51 (1976).
Austin, Norman. *Archery at the Dark of the Moon.* Berkeley and Los Angeles, 1975.
Avery, Harry C. " 'My Tongue Swore, But My Heart Is Unsworn.' " *TAPA* 99 (1968).
Bacon, Helen H. *Barbarians in Greek Tragedy.* New Haven, 1961.
Baiter, J. G., and H. Sauppe, eds. *Oratores Attici.* Zurich, 1839-43.
Barrett, W. S., ed. Euripides *Hippolytus.* Oxford, 1964; corrected ed., 1966.
Benardete, Seth. "XPH and ΔEI in Plato and Others." *Glotta* 43 (1965).
———. *Herodotean Inquiries.* The Hague, 1969.

Benjamin, Walter. *Ursprung des deutschen Trauerspiels.* Frankfurt, 1963. Translated by John Osborne as *The Origin of German Tragic Drama.* London, 1977.〔ヴァルター・ベンヤミン『ドイツ悲劇の根源』上下、浅井健二郎訳、ちくま学芸文庫、1999年〕

Braswell, B. K. *A Commentary on the Fourth Pythian Ode of Pindar.* Berlin and New York, 1988.

Brisson, Luc. *Le mythe de Tirésias.* Leiden, 1976.

Broadie, Sarah. *Ethics with Aristotle.* Oxford, 1991.

Brown, Peter. *The Body and Society: Men, Women, and Sexual Renunciation in Early Christianity.* New York, 1988.

Burkert, Walter. *Griechische Religion der archaischen und klassischen Epoche.* Stuttgart, 1977. Translated by John Raffan as *Greek Religion.* Cambridge, Mass., 1985.

Burnet, John. *The Ethics of Aristotle.* London, 1900.

Burnett, Anne Pippin. *Catastrophe Survived: Euripides' Plays of Mixed Reversal.* Oxford, 1971.

Bushnell, Rebecca W. *Prophesying Tragedy: Sign and Voice in Sophocles' Theban Plays.* Ithaca, N.Y. and London, 1988.

Butler, E. M. *The Tyranny of Greece over Germany.* Boston, 1958.

Buxton, R. G. A. *Persuasion in Greek Tragedy.* Cambridge, 1982.

Clarke, Howard. *Homer's Readers.* New Brunswick, N.J., 1981.

Claus, David. "Phaedra and the Socratic Paradox." *YCS* 22 (1972.).

———. [TS] *Toward the Soul.* New Haven, 1981.

Constant, Benjamin. *Réflexions sur la tragédie* [1829]. In *Oeuvres.* Pléiade ed. Paris, 1957.

Cooper, John. "Plato's Theory of Human Motivation." *Hist. Phil. Quarterly* 1 (1984).

Cornford, F. M. *Thucydides Mythistoricus.* London, 1907.〔コーンフォード『トゥーキューディデース――神話的歴史家』大沼忠弘、左近司祥子訳、みすず書房、1970年〕

Coulton, James. *Ancient Greek Architects at Work.* Ithaca, N.Y., 1977.

Crosby, Harry. *Transit of Venus.* Paris, 1931.

Davidson, Donald. *Essays on Actions and Events.* Oxford, 1980.〔D. デイヴィドソン『行為と出来事』服部裕幸、柴田正良訳、勁草書房、1990年〕

Davies, John K. "Athenian Citizenship." *CJ* 73 (1977).

Denniston, J. D. *The Greek Particles,* 2nd ed. Oxford, 1954.

Denniston, J. D., and Denys Page, eds. Aeschylus *Agamemnon.* Oxford, 1957.

Descartes, René. *Les Passions de l'âme.* In *Oeuvres de Descartes,* vol. 2, edited by C. Adam and P. Tannery. Paris, 1974.〔デカルト『情念論』谷川多佳子訳、岩波文庫、2008年〕

Diggle, J., ed. Euripides *Fabulae.* Vol. 1. Oxford, 1984.

Dihle, Albrecht. *The Theory of Will in Classical Antiquity.* Berkeley and Los Angeles, 1982.
Diller, Hans. "ΘΥΜΟΣ ΔΕ ΚΡΕΙΣΣΩΝ ΤΩΝ ΕΜΩΝ ΒΟΥΛΕΥΜΑΤΩΝ." *Hermes* 94 (1966).
Dodds, E. R. [GI] *The Greeks and the Irrational.* Berkeley and Los Angeles, 1951.〔E. R. ドッズ『ギリシァ人と非理性』岩田靖夫、水野一訳、みすず書房、1972 年〕
Dover, K. J. [GPM] *Greek Popular Morality in the Time of Plato and Aristotle.* Oxford, 1974.
Easterling, Pat. "The Tragic Homer." *BICS* 31 (1984).
Edmunds, Lowell. [CI] *Chance and Intelligence in Thucydides.* Cambridge, Mass., 1975.
Ellmann, Richard. "The Uses of Decadence." Reprinted in *a long the riverrun.* New York, 1989.
Engels, F. *Anti-Dühring.* Marx-Engels-Werke 20. Berlin, 1962.〔エンゲルス『反デューリング論』上下巻、秋間実訳、新日本出版社、2001 年〕
Euben, J. Peter. *Greek Tragedy and Political Theory.* Berkeley and Los Angeles, 1986.
———. *The Tragedy of Political Theory: The Road Not Taken.* Princeton, 1990.
Ferrari, G. R. F. *Listening to the Cicadas: A Study of Plato's Phaedrus.* Cambridge, 1987.
Finley, M. I. [AS] *Ancient Slavery and Modern Ideology.* London, 1980.
Foley, Helene P. *Ritual Irony: Poetry and Sacrifice in Euripides.* Ithaca, N.Y., and London, 1985.
———. "Attitudes to Women in Greece." In *Civilization of the Ancient Mediterranean,* edited by M. Grant and R. Kitzinger. New York, 1988.
———. "Medea's Divided Self." *CA* 8 (1989).
Fortenbaugh, W. "Aristotle on Slaves and Women." In *Articles on Aristotle,* vol. 2, edited by J. Barnes, M. Schofield, and R. Sorabji. London, 1977.
Fraenkel, E., ed. Aeschylus *Agamemnon.* Oxford, 1950.
Fränkel, Hermann. [EGP] *Early Greek Poetry and Philosophy.* Translated by M. Hadas and J. Willis. Oxford, 1975.
Furley, David. "Euripides on the Sanity of Herakles." In *Studies in Honour of T. B. L. Webster,* vol. 1, edited by J.H. Betts, J. T. Hooker, and J. R. Green. Bristol, 1986.
Galilei, Galileo. *Dialogue Concerning the Two Chief World Systems.* Translated by Stillman Drake. Berkeley and Los Angeles, 1962.〔ガリレオ・ガリレイ『天文対話』上下巻、青木靖三訳、岩波文庫、1959 年〕
Gaskin, Richard. "Do Homeric Heroes Make Real Decisions?" *CQ* n.s. 40 (1990).
Gauthier, R. A., and J. Y. Jolif. Aristote: *L'Éthique à Nicomaque.* Vol. 2. Louvain, 1970.
Gibbard, Allan. *Wise Choices, Apt Feelings.* Cambridge, Mass., 1990.
Gill, Christopher. "Did Chrysippus Understand Medea?" *Phronesis* 28 (1983).
———. "Two Monologues of Self-Division." In *Homo Viator: Classical Essays for John Bramble,* edited by M. and M. Whitby and P. Hardie. Bristol, 1987.

Goldhill, Simon. *Reading Greek Tragedy.* Cambridge, 1986.

Gomme, A. W. "The Position of Women in Athens in the Fifth and Fourth Centuries." *CP* 20 (1925).

———. *A Historical Commentary on Thucydides.* Vol. 1. Oxford, 1959.

Gould, John J. "Law, Custom and Myth: Aspects of the Social Position of Women in Classical Athens." *JHS* 100 (1980).

Gould, Stephen Jay. *The Mismeasure of Man.* New York, 1982.〔スティーヴン・J. グールド『人間の測りまちがい——差別の科学史』上下巻、鈴木善次、森脇靖子訳、河出文庫、2008 年〕

Greenblatt, Stephen. *Marvelous Possessions.* Oxford, 1991.〔S. グリーンブラット『驚異と占有——新世界の驚き』荒木正純訳、みすず書房、1994 年〕

Griffith, Mark. *The Authenticity of "Prometheus Bound."* Cambridge, 1977.

Guthrie, W. K. C. *A History of Greek Philosophy.* Vol. 2. Cambridge, 1965.

Hampshire, Stuart, ed. *Public and Private Morality.* Cambridge, 1978.

Harrison, Jane. *Prolegomena to the Study of Greek Religion.* Cambridge, 1903.

Hart, H. L. A. *Punishment and Responsibility.* Oxford, 1968.

Hart, H. L. A., and A. M. Honoré. *Causation in the Law.* Oxford, 1959.〔H. L. A. ハート、トニー・オノレ『法における因果性』井上祐司、植田博、真鍋毅訳、九州大学出版会、1991 年〕

Hirschman, Albert. *The Rhetoric of Reaction.* Cambridge, Mass., 1991.〔アルバート・O. ハーシュマン『反動のレトリック——逆転・無益・危険性』岩崎稔訳、法政大学出版局、1997 年〕

Homer. *Iliad.* Translated by Richmond Lattimore. Chicago, 1951.

———. *Odyssey.* Translated by Richmond Lattimore. New York, 1965.

Hooker, J. T. "Homeric Society: A Shame-culture?" *Greece and Rome* 34 (1987).

Hornsby, Jennifer. "Bodily Movements, Actions, and Mental Epistemology." *Midwest Studies in Philosophy* 10 (1986).

Housman, A. E. M. Manilii *Astronomicon* Liber I. Cambridge, 1937.

Hume, David. *An Enquiry Concerning the Principles of Morals,* edited by L. A. Selby-Bigge. Oxford, 1894.〔デイヴィッド・ヒューム『道徳原理の研究』渡部峻明訳、哲書房、1993 年〕

Humphreys, S. C. *The Family, Women and Death.* London, 1983.

Irwin, T. H. *Plato's Moral Theory: The Early and Middle Dialogues.* Oxford, 1977.

Jahn, Thomas. *Zum Wortfeld 'Seele-Geist' in der Sprache Homers.* Munich, 1987.

Jaynes, Julian. *The Origin of Consciousness in the Breakdown of the Bicameral Mind.* Boston, 1976.〔ジュリアン・ジェインズ『神々の沈黙——意識の誕生と文明の興亡』柴田裕之訳、紀伊國屋書店、2005 年〕

Jenkyns, Richard. *The Victorians and Ancient Greece.* Oxford, 1980.

Kamerbeek, J. C. "Prophecy and Tragedy." *Mnemosyne* 4 (1965).
Kassel R., and C. Austin. *Poetae comici Graeci.* Vol. 7. Berlin and New York, 1989.
Keuls, Eva C. *The Reign of the Phallus.* New York, 1985.
Kierkegaard, Søren *Fear and Trembling.* 1843. Translated by Alastair Hannay. Harmondsworth, 1985.〔キェルケゴール「畏れとおののき」『キェルケゴール著作全集』第3巻所収、尾崎和彦訳、創言社、2010年〕
Kirk, G. *The Iliad Books I–IV.* Cambridge, 1985.
Knox, Bernard. "The *Hippolytus* of Euripides." *YCS* 13 (1952).
———. "Why Is Oedipus Called Tyrannos?" *CJ* 50 (1954).
———. *The Heroic Temper.* Berkeley and Los Angeles, 1964.
———. "Second Thoughts in Greek Tragedy." *Greek, Roman and Byzantine Studies* 7 (1966).
———. "The *Medea* of Euripides." YCS 25 (1977).
———. [WA] *Word and Action.* Baltimore and London, 1979.
Kock, T. *Comicorum Atticorum fragmenta.* Leipzig, 1880.
Kovacs, D. "Shame, Pleasure and Honor in Phaedra's Great Speech." *AJP* 101 (1980).
Laqueur, Thomas. "Orgasm, Generation, and the Politics of Reproductive Biology." *Representations* 14 (1986).
———. *Making Sex.* Cambridge, Mass., 1990.〔トマス・ラカー『セックスの発明』高井宏子、細井等訳、工作舎、1998年〕
Lefkowitz, M. R., and M. Fant. *Women's Life in Greece and Rome.* London and Baltimore, 1982.
Lesky, Albin. [GM] "Göttliche und menschliche Motivation in Homerischen Epos." *SHAW* 1961.
———. "Decision and Responsibility in the Tragedy of Aeschylus." *JHS* 86 (1966). Reprinted in Erich Segal, ed., OGT.
Lloyd, G. E. R. *Magic, Reason and Experience.* Cambridge, 1979.
———. [SFI] *Science, Folklore and Ideology*. Cambridge, 1983.
———. *The Revolutions of Wisdom.* Berkeley and Los Angeles, 1987.
Lloyd-Jones, Hugh. "The Guilt of Agamemnon." *CQ* n.s. 12 (1962).
———. [JZ] *The Justice of Zeus.* Berkeley and Los Angeles, 1971; 2d edn., 1983.〔ロイド＝ジョーンズ『ゼウスの正義——古代ギリシア精神史』眞方忠道、眞方陽子訳、岩波書店、1983年〕
———. "Euripides *Medea* 1056-80." *WJA* N.F. 6 (1980).
———. *Blood for the Ghosts.* London, 1982.
Long, A. A. [MV] "Morals and Values in Homer." *JHS* 90 (1970).
———. "Pro and Contra Fratricide—Aeschylus *Septem* 653-719." In *Studies in Honour of T. B. L. Webster,* vol. 1, edited by J. H. Betts, J. T. Hooker, and J. R. Green. Bristol, 1986.

———. Review of Nussbaum, FG. *CP* 83 (1988).
———. Review of Jahn. *CR* n.s. 42 (1992).
Loraux, Nicole. “Socrate, contrepoison de l’oraison funèbre.” *L’antiquité classique* 43 (1974).
———. *Les enfants d’Athéna.* Paris, 1981.
———. “Corps des dieux.” *Le temps de la réflexion* 7 (1986).
———. [FT] *Façons tragiques de tuer une femme.* Paris, 1985. Translated by Anthony Forster as *Tragic Ways of Killing a Woman.* Cambridge, Mass., 1987.
———. *Les expériences de Tirésias.* Paris, 1989.
Lunhrman, T. M. *Persuasions of the Witch’s Craft: Ritual Magic in Contemporary England.* Cambridge, Mass., 1989.
MacCary, W. Thomas. *Childlike Achilles: Ontogeny and Phylogeny in the Iliad.* New York, 1982.
Maclntyre, Alasdair. *After Virtue.* London, 1981.〔アラスデア・マッキンタイア『美徳なき時代』新装版、篠﨑榮訳、みすず書房、2021 年〕
———. *Whose Justice? Which Rationality?* London, 1988.
Mazon, Paul. *Introduction à l’Iliade.* Paris, 1948.
Méridier, L., ed. Euripide. Vol. 2. Budé ed. 2d ed. Paris, 1956.
Merkelbach, R., and M. L. West, eds. *Fragmenta Hesiodea.* Oxford, 1967.
Michelini, Ann Norris. [ETT] *Euripides and the Tragic Tradition.* Madison, 1987.
Morris, Herbert. “Guilt and Shame.” In *On Guilt and Innocence.* Berkeley and Los Angeles, 1976.
Mulgan, R. G. *Aristotle’s Political Theory.* Oxford, 1977.
Murnaghan, Sheila. *Disguise and Recognition in the Odyssey.* Princeton, 1987.
Nauck, A. *Tragicorum Graecorum fragmenta,* 2d ed. Leipzig, 1889.
Newman, W. L. *The Politics of Aristotle.* Oxford, 1887.
Nietzsche, F. *The Birth of Tragedy.* 1872. Translated by Walter Kaufmann. New York, 1974.〔ニーチェ「悲劇の誕生」『ニーチェ全集』第 1 巻（第 I 期）所収、浅井真男訳、白水社、1979 年〕
———. [UO] *Unmodern Observations.* 1873. Edited by William Arrowsmith. New Haven and London, 1990.〔「反時代的考察」『ニーチェ全集』第 2 巻（第 I 期）所収、大河内了義訳、白水社、1980 年／「遺された断想（一八七五年初頭──一八七六年春）」『ニーチェ全集』第 5 巻（第 I 期）所収、高辻知義、谷本慎介訳、白水社、1980 年〕
———. *Human, All Too Human.* 1878. Translated by R. J. Hollingdale. Cambridge, 1986.〔「人間的な、あまりに人間的な──自由なる精神のための書 上」『ニーチェ全集』第 6 巻（第 I 期）所収、浅井真男訳、白水社、1980 年／「人間的な、あまりに人間的な──自由なる精神のための書　下」『ニーチェ全集』第 7 巻（第 I 期）

所収、浅井真男、手塚耕哉訳、白水社、1980 年〕
———. *Daybreak.* 1881. Translated by R. J. Hollingdale. Cambridge, 1982.〔「曙 光」『ニーチェ全集』第 9 巻（第 I 期）所収、氷上英廣訳、白水社、1980 年〕
———. *The Gay Science.* 1882. Translated by Walter Kaufmann. New York, 1974.〔「華 やぐ知慧」『ニーチェ全集』第 10 巻（第 I 期）所収、氷上英廣訳、白水社、1980 年〕
———. *The Genealogy of Morals.* 1887. Translated by Walter Kaufmann and R. J. Hollingdale. New York, 1967.〔「道徳の系譜」『ニーチェ全集』第 3 巻（第 II 期）所収、秋山英夫訳、白水社、1983 年〕
———. *The Twilight of the Idols.* 1888. Translated by R. J. Hollingdale. Harmondsworth, 1968.〔「偶像の黄昏」『ニーチェ全集』第 4 巻（第 II 期）所収、西尾幹二訳、白水社、1987 年〕
———. *The Anti-Christ.* 1888. Translated by R. J. Hollingdale. Harmondsworth, 1968.〔「アンチクリスト」『ニーチェ全集』第 4 巻（第 II 期）所収、西尾幹二訳、白水社、1987 年〕
———. *Nietzsche contra Wagner.* 1888. Translated by Walter Kaufmann. New York, 1954.〔「ニーチェ対ヴァーグナー」『ニーチェ全集』第 3 巻（第 II 期）所収、浅井真男訳、白水社、1983 年〕
Nussbaum, Martha C. "Consequences and Character in Sophocles' *Philoctetes.*" *Philosophy and Literature* 1 (1976–77).
———. [FG] *The Fragility of Goodness.* Cambridge, 1986.
———. "Beyond Obsession and Disgust: Lucretius' Genealogy of Love." *Apeiron* 1989.
O'Brien, Michael J. *The Socratic Paradoxes and the Greek Mind.* Chapel Hill, 1967.
Page, D. L. *The Homeric Odyssey.* Oxford, 1955.
Parker, Robert. *Miasma: Pollution and Purification in Early Greek Religion.* Oxford, 1983.
Pateman, Carole. "Sex and Power." Review of *Feminism Unmodified,* by Catherine Mackinnon. *Ethics* 100 (1990).
Powell, Anton, ed. *Euripides, Women and Sexuality.* London, 1990.
Rahn, H. "Tier und Mensch in der Homerischen Auffassung der Wirklichkeit." *Paideuma* 5 (1953–54).
Rawls, John. *A Theory of Justice.* Cambridge, Mass., 1971.〔ジョン・ロールズ『正義論 改訂版』川本隆史、福間聡、神島裕子訳、紀伊國屋書店、2010 年〕
Redard, G. *Recherches sur χρή, χρῆσθαι.* Paris, 1953.
Redfield, James M. *Nature and Culture in the Iliad.* Chicago and London, 1975.
Reeve, M. "Euripides *Medea* 1021-1080." *CQ* n.s. 22 (1972).
Regenbogen, O. "Bemerkungen zu den *Sieben* des Aischylos." *Hermes* 68 (1933).
*Restatement of the Law of Torts.* Promulgated by the American Law Institute. St. Paul, 1965.
Ricks, Christopher. *T. S. Eliot and Prejudice.* London, 1988; Berkeley and Los Angeles,

1989.
Roberts, Deborah H. *Apollo and His Oracle in the Oresteia.* Göttingen, 1984.
Romilly, Jacqueline de. “Le refus du suicide dans *l'Héraclès* d'Euripide.” *Archaiognosia* 1 (1980).
Rorty, Amélie Oksenberg. *Mind in Action.* Boston, 1988.
Roth, Paul. “Teiresias as *Mantis* and Intellectual in Euripides' *Bacchae.*” *TAPA* 114 (1984).
Sandel, Michael. *Liberalism and the Limits of Justice.* Cambridge, 1982.〔M.J. サンデル『リベラリズムと正義の限界』菊池理夫訳、勁草書房、2009 年〕
Schein, Seth. *The Mortal Hero.* Berkeley and Los Angeles, 1984.
Schofield, Malcolm. “Ideology and Philosophy in Aristotle's Theory of Slavery.” In *Aristoteles' “Politik”,* XI Symposium Aristotelicum, edited by G. Patzig. Göttingen, 1990.
Segal, Charles. “Gorgias and the Psychology of the Logos.” *HSCP 66* (1962).
———. “The Tragedy of the *Hippolytus.*” *HSCP* 70 (1965). Reprinted in *Interpreting Greek Tragedy.*
———. “Shame and Purity in Euripides' *Hippolytus.*” *Hermes* 98 (1970).
———. *Tragedy and Civilization.* Cambridge, Mass., 1981.
———. *Interpreting Greek Tragedy: Myth, Poetry, Text.* Ithaca, N.Y., 1986.
———. *Pindar's Mythmaking: The Fourth Pythian Ode.* Princeton, 1986.
Segal, Erich, ed. [OGT] *Oxford Readings in Greek Tragedy.* Oxford, 1983.
Sharples, R.W. “But Why Has My Spirit Spoken with Me Thus?” *Greece and Rome* 30 (1983).
Shipp, G. P. *Studies in the Language of Homer,* 2d ed. Cambridge, 1972.
Sicherl, M. “The Tragic Issue in Sophocles' *Ajax.*” *YCS* 25 (1977).
Silk, M.S., and J.P. Stern. *Nietzsche on Tragedy.* Cambridge, 1981.
Sinclair, T. A. “On αἰδώς in Hesiod.” *CR* 39 (1925).
Skorupski, John. *Symbol and Theory.* Cambridge, 1976.
Smith, Nicholas D. “Aristotle's Theory of Natural Slavery.” *Phoenix* 37 (1983).
Snell, Bruno. *Die Entdeckung des Geistes.* Hamburg, 1948. Translated by T. G. Rosenmeyer, with the addition of an extra chapter, as *The Discovery of the Mind in Greek Philosophy and Literature.* New York, 1953.〔B. スネル『精神の発見——ギリシア人におけるヨーロッパ的思考の発生に関する研究』新井靖一訳、創文社、1974 年〕
Sophocles. *Oedipus at Colonus.* Translated by Robert Fitzgerald. New York, 1941; Chicago, 1954.
———. *Ajax.* Translated by John Moore. Chicago, 1957.
Sorabji, Richard. *Necessity, Cause and Blame: Perspectives on Aristotle's Theory.* London, 1980.
Ste. Croix, G. E. M. de. *The Origins of the Peloponnesian War.* London, 1972.
———. “Slavery and Other Forms of Unfree Labour.” In a volume of that title, edited by

Leonie Archer. London, 1988.
Stanton, G. R. “The End of Medea’s Monologue: Euripides *Medea* 1078–80.” *RhM* N.F. 130 (1987).
Steiner, George. *Antigones.* Oxford, 1984.〔ジョージ・スタイナー『アンティゴネーの変貌』海老根宏、山本史郎訳、みすず書房、1989 年〕
Stich, Stephen. *From Folk Psychology to Cognitive Science: The Case against Belief.* Cambridge, Mass., 1983.
Strong, Tracy B. *Friedrich Nietzsche and the Politics of Transfiguration.* Berkeley and Los Angeles, 1975.
Syme, Ronald. “Thucydides.” *PBA* 48 (1960).
Taylor, Charles. *Sources of the Self.* Cambridge, Mass., 1989.〔チャールズ・テイラー『自我の源泉——近代的アイデンティティの形成』下川潔、桜井徹、田中智彦訳、名古屋大学出版会、2010 年〕
Taylor, Gabriele. *Pride, Shame and Guilt.* Oxford, 1985.
van Fraassen, Bas. “The Peculiar Effects of Love and Desire.” In *Perspectives on Self-Deception,* edited by Brian McLaughlin and Amélie Rorty. Berkeley and Los Angeles, 1988.
Verdenius, W. J. “*Aidos* bei Homer.” *Mnemosyne,* 3d ser., 12 (1945).
Vernant, Jean-Pierre. [IMA] *L’individu, la mort, l’amour.* Paris, 1989.
Vernant, Jean-Pierre, and Pierre Vidal-Naquet. [MT] *Mythe et tragédie en Grèce ancienne.* Vol. 1. Paris, 1972. Translated by Janet Lloyd as *Tragedy and Myth in Ancient Greece.* Brighton, 1981. Vol. 2. Paris, 1986.
Verrall, A. W. *Euripides the Rationalist: A Study in the History of Arts and Religion.* Cambridge, 1913.
Vlastos, Gregory. “Happiness and Virtue in Socrates’ Moral Theory.” *PCPS* 1984.
———. “Was Plato a Feminist?” *Times Literary Supplement,* 17–23 March 1989.
———. *Socrates.* Cambridge, 1991.
von Staden, Heinrich. “Nietzsche and Marx on Greek Art and Literature: Case Studies in Reception.” *Daedalus.* Winter 1976.
Warren, Mark. *Nietzsche and Political Thought.* Cambridge, Mass., 1988.
West, M. L., ed. Hesiod *Theogony.* Oxford, 1966.
———, ed. *Iambi et Elegi Graeci.* Oxford, 1971–72, 2nd ed. 1989.
———, ed. Aeschylus *Tragoediae.* Stuttgart, 1990.
Whitlock-Blundell, Mary. *Helping Friends and Harming Enemies: A Study in Sophocles and Greek Ethics.* Cambridge, 1989.
Wiedemann, Thomas. *Greek and Roman Slavery.* London, 1981.
Wilamowitz, Tycho von. *Die dramatische Technik des Sophokles.* Zurich, 1969.
Wilamowitz-Möllendorff, U. von. “Excurse zu Euripides *Medeia.*” *Hermes* 15 (1880).
Wilde, Oscar. *The Critic as Artist.* In *Intentions.* London, 1913.〔オスカー・ワイルド「藝

術家としての批評家」『オスカー・ワイルド全集 4』西村孝次訳、青土社、1989 年〕

Willetts, R. F. "The Servile Interregnum at Argos." *Hermes* 87 (1959).

Williams, Bernard. "Ethical Consistency." *PAS Suppl.* 39 (1965). Reprinted in *Problems of the Self.*

———. "The Analogy of City and Soul in Plato's *Republic.*" In *Exegesis and Argument: Essays Presented to Gregory Vlastos,* edited by E. N. Lee, A. P. Mourelatos, and R. M. Rorty. Assen, 1973.

———. *Problems of the Self.* Cambridge, 1973.

———. "Moral Luck." *PAS Suppl.* 50 (1976). Reprinted in *Moral Luck.*

———. *Moral Luck.* Cambridge, 1981.〔バーナード・ウィリアムズ『道徳的な運——哲学論集 一九七三～一九八〇』双書現代倫理学 5、伊勢田哲治監訳、勁草書房、2019 年〕

———. *Ethics and the Limits of Philosophy.* London and Cambridge, Mass., 1985.〔バーナード・ウィリアムズ『生き方について哲学は何が言えるか』森際康友、下川潔訳、ちくま学芸文庫、2020 年〕

———. "How Free Does the Will Need to Be?" Lindley Lecture 1985. Lawrence, Kans., 1986.

———. Review of *Whose Justice? Which Rationality?* by Alasdair Maclntyre. *London Review of Books,* January 1989.

Willink, C. W. "Some Problems of Text and Interpretation in *Hippolytus.*" *CQ* n.s. 18 (1968).

Winnington-Ingram, R. P. "*Hippolytus:* A Study in Causation." In *Euripide: Entretiens sur l'antiquité classique.* Vol. 6. Geneva, i960.

———. "Tragedy and Greek Archaic Thought." In *Classical Drama and Its Influence: Essays Presented to H. D. F. Kitto,* edited by M.J. Anderson. London, 1965.

———. *Sophocles: An Interpretation.* Cambridge, 1980.

———. *Studies in Aeschylus.* Cambridge, 1983.

Wollheim, Richard. *The Thread of Life.* Cambridge, Mass., 1984.

Woods, Michael. "Plato's Division of the Soul." *PBA* 73 (1987).

# 古典文献一覧

・原著の index locorum に準じて主要な古典文献と本書で用いた邦訳を記す。
・人名は凡例に従って日本語での通用名と英語表記を記し、略称を [ ] に記す。
・著作名はラテン語表記とし、略記を［　］で記す。
・邦訳文献に収録されている著作名を記す。

**アイリアノス AELIAN [Ael.]**

*De Natura Animalium* [*NA*]（『動物奇譚集 1』中務哲郎訳、京都大学学術出版会、2017 年）

**アイスキュロス AESCHYLUS [Aesch.]**

*Agamemnon* [*Ag.*]（「アガメムノーン」『ギリシア悲劇全集 1』所収、久保正彰訳、岩波書店、1990 年）

*Choephoroe* [*Cho.*]（「コエーポロイ」『ギリシア悲劇全集 1』所収、久保正彰訳、岩波書店、1990 年）

*Septem contra Thebas* [*Sept.*]（「テーバイを攻める七人の将軍」『ギリシア悲劇全集 2』所収、池田黎太郎訳、岩波書店、1991 年）

*Prometheus vinctus* [*PV.*]（「縛られたプロメーテウス」、『ギリシア悲劇全集 2』所収、伊藤照夫訳、岩波書店、1991 年）

**アガトン AGATHON**　fragments Nauck 参照

**アリストテレス ARISTOTOLE [Arist.]**

*Athenaia Politica* [*Athe. Pol.*]（「アテナイ人の国制」『新版　アリストテレス全集 19』所収、橋場弦訳、岩波書店、2014 年）

*Ethica Nicomachea* [*EN*]（「ニコマコス倫理学」『新版　アリストテレス全集 15』所収、神崎繁訳、岩波書店、2014 年）

*De Generatione Animalium* [*GA*]（「動物の発生について」『新版　アリストテレス全集 11』所収、今井正浩・濱岡剛訳、岩波書店、2020 年）

*De Interpretatione* [*de Int.*]（「命題論」『新版　アリストテレス全集 1』所収、早瀬篤訳、岩波書店、2013 年）

*Metaphysica* [*Met.*]（『形而上学』上下、出隆訳、岩波文庫、1961 年）

*Poetica* [*Poet.*]（「詩学」『新版　アリストテレス全集 18』所収、朴一功訳、岩波書店、2017 年）

*Politica* [*Pol.*]（「政治学」『新版　アリストテレス全集 17』所収、神崎繁、相澤康隆・瀬口昌久訳、岩波書店、2018 年）

*Rhetorica*[*Rtht.*]（「弁論術」『新版　アリストテレス全集 18』所収、堀尾耕一訳、岩波書店、2017 年）

**アリストパネス ARISTOPHANES [Ari.]**

*Aves* [*Av*.]（「鳥」『ギリシア喜劇全集 2』所収、久保田忠利訳、岩波書店、2008 年）

*Lysistrata* [*Lys*.]（「リューシストラテー（女の平和）」『ギリシア喜劇全集 3』所収、丹下和彦訳、岩波書店、2009 年）

*Nubes*[*Nub*.]（「雲」『ギリシア喜劇全集 1』所収、橋本隆夫訳、岩波書店、2008 年）

*Pax*（「平和」『ギリシア喜劇全集 2』所収、佐野好則訳、岩波書店、2008 年）

*Plutus* [*Plut*.]（「プルートス」『ギリシア喜劇全集4』所収、安村典子訳、岩波書店、2009 年）

*Ranae* [*Ran*.]（「蛙」『ギリシア喜劇全集 3』所収、内田次信訳、岩波書店、2009 年）

*Thesmophoriazusae* [*Thesm*.]（「テスモポリア祭を営む女たち」『ギリシア喜劇全集 3』所収、荒井直訳、岩波書店、2009 年）

*Vespae* [*Vesp*.]（「蜂」『ギリシア喜劇全集 2』所収、中務哲郎訳、岩波書店、2008 年）

**アルキダマス ALCIDAMAS**　fragments Baiter-Sauppe 参照

**アルキロコス ARCHILOCHUS**　fragments West 参照

**アルテミドロス ARTEMIDORUS**

*Oneirokritica* [*Oneir*.]（『アルテミドロス　夢判断の書』城江良和訳、国文社、1994 年）

**アンティポン ANTIPHON**

*1 Tetralogia* [*1 Tetral*.]（「四部作集　一」『アンティポン／アンドキデス　弁論集』所収、高畠純夫訳、京都大学学術出版会、2002 年）

*2 Tetralogia* [*2 Tetral*.]（「四部作集　二」『アンティポン／アンドキデス　弁論集』所収、高畠純夫訳、京都大学学術出版会、2002 年）

*3 Tetralogia* [*3 Tetral*.]（「四部作集　三」『アンティポン／アンドキデス　弁論集』所収、高畠純夫訳、京都大学学術出版会、2002 年）

**イソクラテス ISOCRATES [Isoc.]**

7.48（「第七弁論」『イソクラテス　弁論集 1』所収、小池澄夫訳、京都大学学術出版会、1998 年）

15.293-94（「第一五弁論」『イソクラテス　弁論集 2』所収、小池澄夫訳、京都大学学術出版会、2002 年）

**エウリピデス EURIPIDES [Eur.]**

*Bacchae* [*Bacch*.]（「バッカイ――バッコスに憑かれた女たち」『ギリシア悲劇全集 9』所収、逸見喜一郎訳、岩波書店、1992 年）

*Hecuba* [*Hec*.]（「ヘカベー」『ギリシア悲劇全集 6』所収、丹下和彦訳、岩波書店、1991 年）

*Helena* [*Hel.*]（「ヘレネー」『ギリシア悲劇全集 8』所収、細井敦子訳、岩波書店、1990 年）
*Hercules Furens* [*HF*]（「ヘーラクレース」『ギリシア悲劇全集 6』所収、内田次信訳、岩波書店、1991 年）
*Hippolytus* [*Hipp.*]（「ヒッポリュトス」『ギリシア悲劇全集 5』所収、川島重成訳、岩波書店、1990 年）
*Ion*（「イオーン」『ギリシア悲劇全集 7』所収、松平千秋訳、岩波書店、1991 年）
*Iphigenia in Tauris* [*IT*]（「タウリケーのイーピゲネイア」『ギリシア悲劇全集 7』所収、久保田忠利訳、岩波書店、1991 年）
*Medeia* [*Med.*]（「メーデイア」『ギリシア悲劇全集 5』所収、丹下和彦訳、岩波書店、1990 年）
*Orestes* [*Or.*]（「オレステース」『ギリシア悲劇全集 8』所収、中務哲郎訳、岩波書店、1990 年）

**オウィディウス OVID [Ov.]**　*Metamorphoses* [*Met.*]（『変身物語』中村善也訳、岩波文庫、上巻 1981 年、下巻 1984 年）

**クセノポン XENOPHON [Xen.]**
*Cyropaedia* [*Cyr.*]（『キュロスの教育』松本仁助訳、京都大学学術出版会、2004 年）
*Memorabilia* [*Mem.*]（「ソクラテスの思い出」『ソクラテス言行録 1』所収、内山勝利訳、京都大学学術出版会、2011 年）
*Poroi* [*Por.*]（「政府の財源」『小品集』所収、松本仁助訳、京都大学学術出版会、2000 年）

**ルキウス・アンナエウス・セネカ SENECA, L. ANNAEUS**
*De Benficiis* [*Ben.*]（「恩恵について」『セネカ哲学全集 2』所収、小川正廣訳、岩波書店、2006 年）
*Medea* [*Med.*]（「メデア」『セネカ悲劇集 1』所収、小林標訳、京都大学学術出版会、1997 年）

**マルクス・アンナエウス・セネカ SENECA, M. ANNAEUS**　*Cntroversiae* [*Contro.*]（『論争集』）

**ソポクレス SOPHOCLES [Soph.]**
*Ajax*（「アイアース」『ギリシア悲劇全集 4』所収、木曾明子訳、岩波書店、1990 年）
*Antigone* [*Ant.*])（「アンティゴネー」『ギリシア悲劇全集 3』所収、柳沼重剛訳、岩波書店、1990 年）
*Electra* [*El.*]（「エーレクトラー」『ギリシア悲劇全集 4』所収、大芝芳弘訳、岩波書店、1990 年）
*Oedipus Coloneus* [*OC*]（「コローノスのオイディプース」『ギリシア悲劇全集 3』所収、引地正俊訳、岩波書店、1990 年）

*Oedipus Tyrannus* [*OT*]（「オイディプース王」、『ギリシア悲劇全集 3』所収、岡道男訳、岩波書店、1990 年）
*Philoctetes* [*Phil.*]（「ピロクテーテース」、『ギリシア悲劇全集 4』所収、片山英男訳、岩波書店、1990 年）
*Trachiniae* [*Trach.*]（「トラーキーニアイ」、『ギリシア悲劇全集 4』所収、竹部琳昌訳、岩波書店、1990 年）
fragments　Nauck 参照

**ソロン SOLON**　fragments West 参照（ソロン「断片」『エレゲイア詩集』所収、西村賀子訳、京都大学学術出版会、2015 年）

**テオグニス THEOGNIS [Thuc.]**　*Elegeia*（テオグニス「エレゲイア詩集」『エレゲイア詩集』西村賀子訳、京都大学学術出版会、2015 年）

**デモクリトス DEMOCRITUS**　fragments DK 参照

**デモステネス DEMOSTHENES [Dem.]**
1.27（「第一弁論」『デモステネス　弁論集 1』所収、加来彰俊訳、京都大学学術出版会、2006 年）
4.10（「第四弁論」『デモステネス　弁論集 1』所収、加来彰俊訳、京都大学学術出版会、2006 年）
8.51（「第八弁論」『デモステネス　弁論集 1』所収、田中美知太郎、北嶋美雪訳、京都大学学術出版会、2006 年）
18.131（「第十八弁論」『デモステネス　弁論集 2』所収、木曽明子訳、京都大学学術出版会、2010 年）
22.3（「第二十二弁論」『デモステネス　弁論集 3』所収、木曽明子訳、京都大学学術出版会、2003 年）
25.93（「第二十五弁論」『デモステネス　弁論集 4』所収、杉山晃太郎訳、京都大学学術出版会、2003 年）

**トゥキュディデス THUCYDIDES [Thuc.]**　*Historiae*（『歴史 1』藤縄謙三訳、京都大学学術出版会、2000 年／『歴史 2』城江良和訳、京都大学学術出版会、2003 年）

**パウサニアス PAUSANIAS**　*Pausaniae Graeciae Descriptio*（『ギリシア案内記』上下、馬場恵二訳、岩波文庫、1991 年）

**ヒポクラテス HIPPOCRATES [Hippoc.]**
*De Morbo Sacro* [*De Morb. Sacr.*]（「神聖病について」『ヒポクラテス医学論集』所収、國方栄二訳、岩波文庫、2022 年）

**ヒュギヌス HYGINUS [Hyg.]**
*Fabulae* [*Fab.*]（「神話集」『神話伝説集』所収、五之治昌比呂訳、京都大学学術出版会、2021 年）

**ヒュペレイデス HYPERIDES**
*Pro Euxenippus* [*Pro Eux.*]（「エウクセニッポス擁護」）

*Pro Lycophron* [*Pro Lyc.*]（「リュコプロン擁護」）

**ピレモン [PHILEMON]**　fragments Knock 参照

**ピンダロス PINDAR**

*Olympian* [*Ol.*]（「オリュンピア祝勝歌集」『祝勝歌集／断片選』所収、内田次信訳、京都大学学術出版会、2001 年）

*Pythian* [*Pyth.*]（「ピュティア祝勝歌集」『祝勝歌集／断片選』所収、内田次信訳、京都大学学術出版会、2001 年）

**プラウトゥス PLAUTUS [Plaut.]**　*Captivi* [*Capt.*]（「捕虜」『ローマ喜劇集 1』所収、竹中康雄訳、京都大学学術出版会、2000 年）

**プラトン PLATO**

*Apologia Socratis* [*Apol.*]（「ソクラテスの弁明」『プラトン全集 1』所収、田中美知太郎訳、岩波書店、1975 年）

*Gorgias* [*Gorg.*]（「ゴルギアス」『プラトン全集 9』所収、加来彰俊訳、岩波書店、1974 年）

*Leges* [*Leg.*]（「法律」『プラトン全集 13』所収、森進一、池田美恵、加来彰俊訳、岩波書店、1976 年）

*Meno*（「メノン」『プラトン全集 9』所収、藤沢令夫訳、岩波書店、1974 年）

*Phaedo*（「パイドン」『プラトン全集 1』所収、松永雄二訳、岩波書店、1975 年）

*Philebus* [*Phil.*]（「ピレボス」『プラトン全集 4』所収、田中美知太郎訳、岩波書店、1975 年）

*Politicus* [*Pol.*]（「ポリティコス（政治家）」『プラトン全集 3』所収、水野有庸訳、岩波書店、1976 年）

*Protagoras* [*Prot.*]（「プロタゴラス」『プラトン全集 8』所収、藤沢令夫訳、岩波書店、1975 年）

*Res publica* [*Rep.*]（「国家」『プラトン全集 11』所収、藤沢令夫訳、岩波書店、1976 年）

*Timaeus* [*Tim.*]（「ティマイオス」『プラトン全集12』所収、種山恭子訳、岩波書店、1975 年）

**プルタルコス PLUTARCH [Plut.]**

*Cleomenes* [*Cleom.*]（『英雄伝 5』所収、城江良和訳、京都大学学術出版会、2019 年）

*Lycurgus* [*Lyc.*]（『英雄伝 1』所収、柳沼重剛訳、京都大学学術出版会、2007 年）

*Pericles* [*Per.*]（『英雄伝 2』所収、柳沼重剛訳、京都大学学術出版会、2007 年）

*Solon*（『英雄伝 1』所収、柳沼重剛訳、京都大学学術出版会、2007 年）

**ヘシオドス HESIOD [Hes.]**

*Opera et Dies* [*Op.*]（「仕事と日」『ヘシオドス全作品』所収、中務哲郎訳、京都学術出版会、2013 年）

*Theogonia* [*Theog.*]（「神統記」『ヘシオドス全作品』所収、中務哲郎訳、京都学術

出版会、2013 年）
fragment 275 MW 参照（「断片」『ヘシオドス全作品』所収、中務哲郎訳、京都学術出版会、2013 年）
**ヘラクレイトス HERACLEITUS**　fragments DK 参照
**ヘロドトス HERODOTUS [Hdt.]**
*Historiai*（『歴史』松平千秋訳、岩波文庫、上巻 1971 年、中・下巻 1972 年）
**ホメロス HOMER**
*Ilias* [*Il.*]（『イリアス』上下、松平千秋訳、岩波文庫、1992 年）
*Odysseia* [*Od.*]（『オデュッセイア』中務哲郎訳、京都大学学術出版会、2022 年）
**ホラティウス HORACE [Hor.]**
*Sermones* [*Serm.*]（「諷刺詩」『ホラティウス全集』所収、鈴木一郎訳、玉川大学出版部、2001 年）
**アエリウス・マルキアヌス MARCIANUS**　*Digest*（『学説彙纂』）
**リュクルゴス LYUCURGUS [Lycurg.]**　*Leocrates* [*Leoc.*]（「レオクラテス弾劾」）
**リュシアス LYSIAS**　4.10-17（「第四弁論」『リュシアス　弁論集』所収、細井敦子訳、京都大学学術出版会、2001 年）